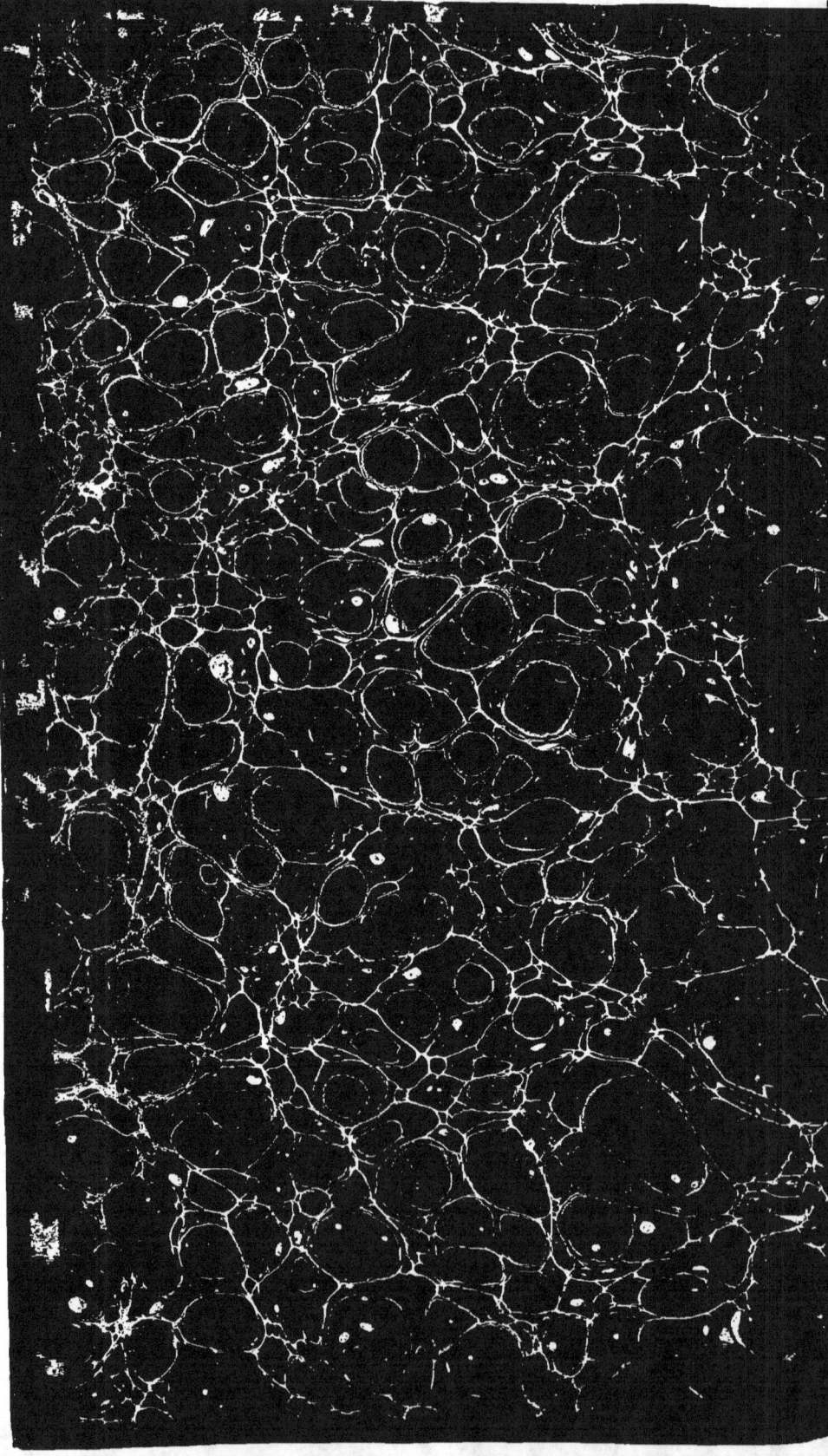

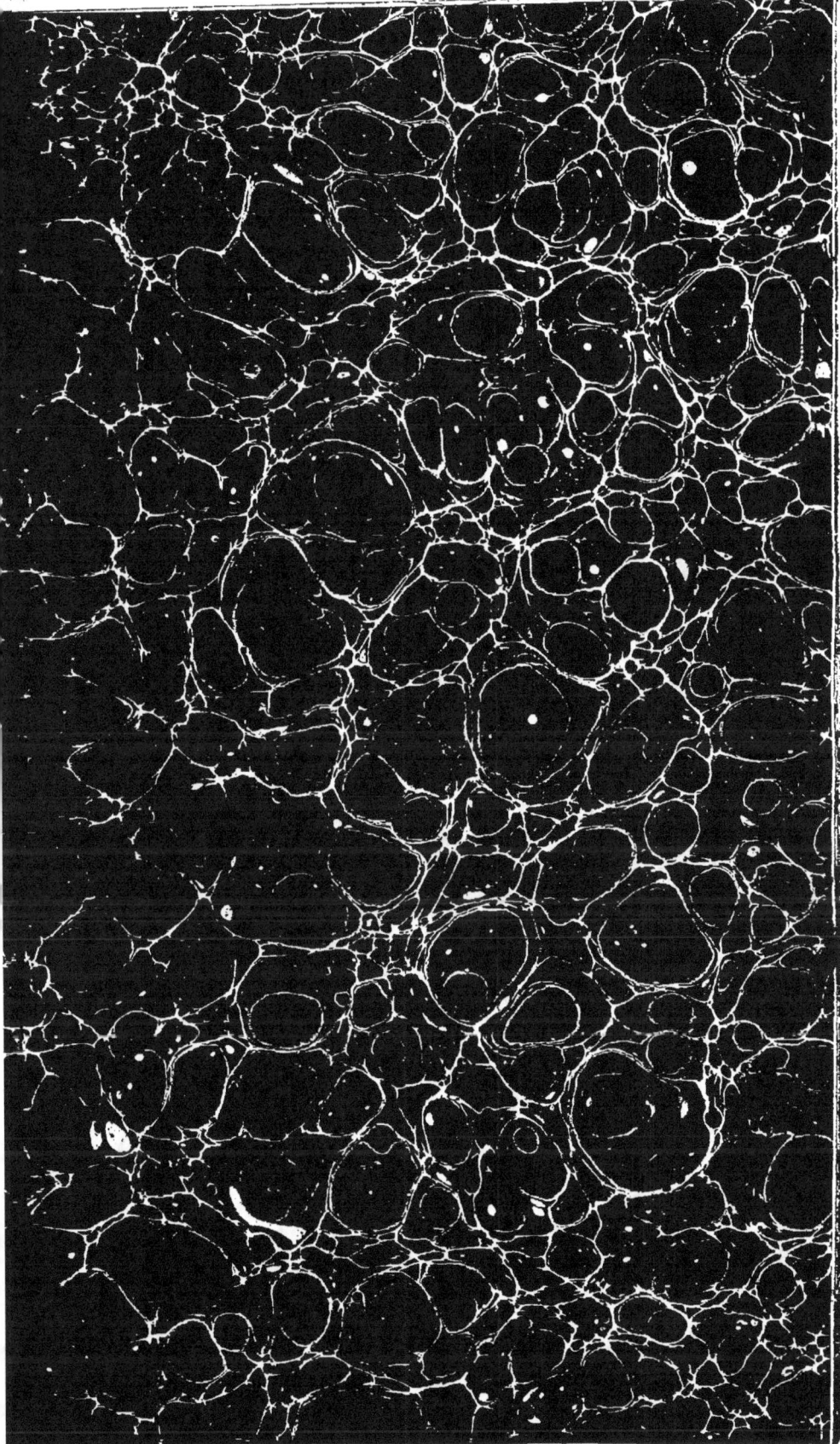

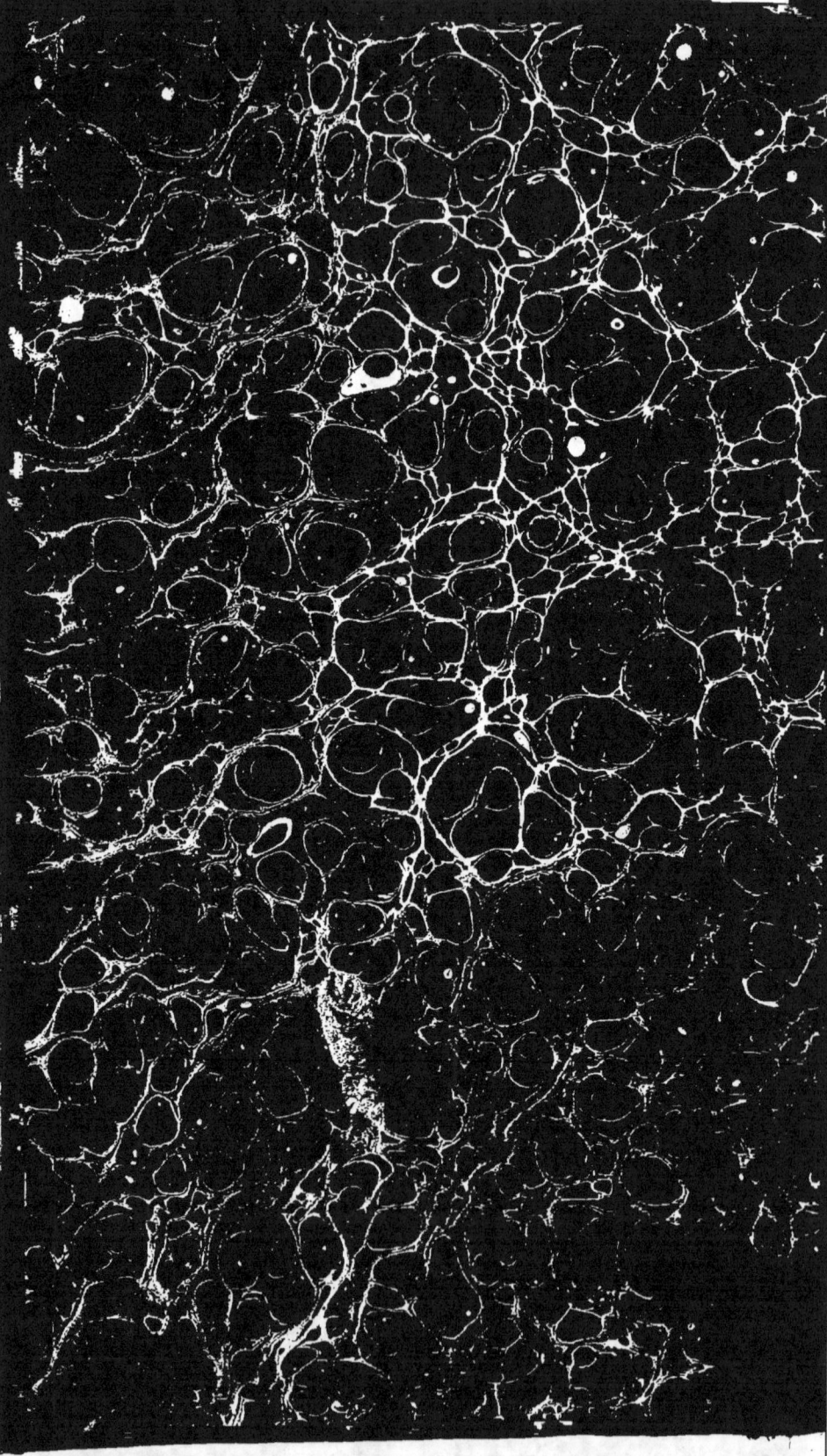

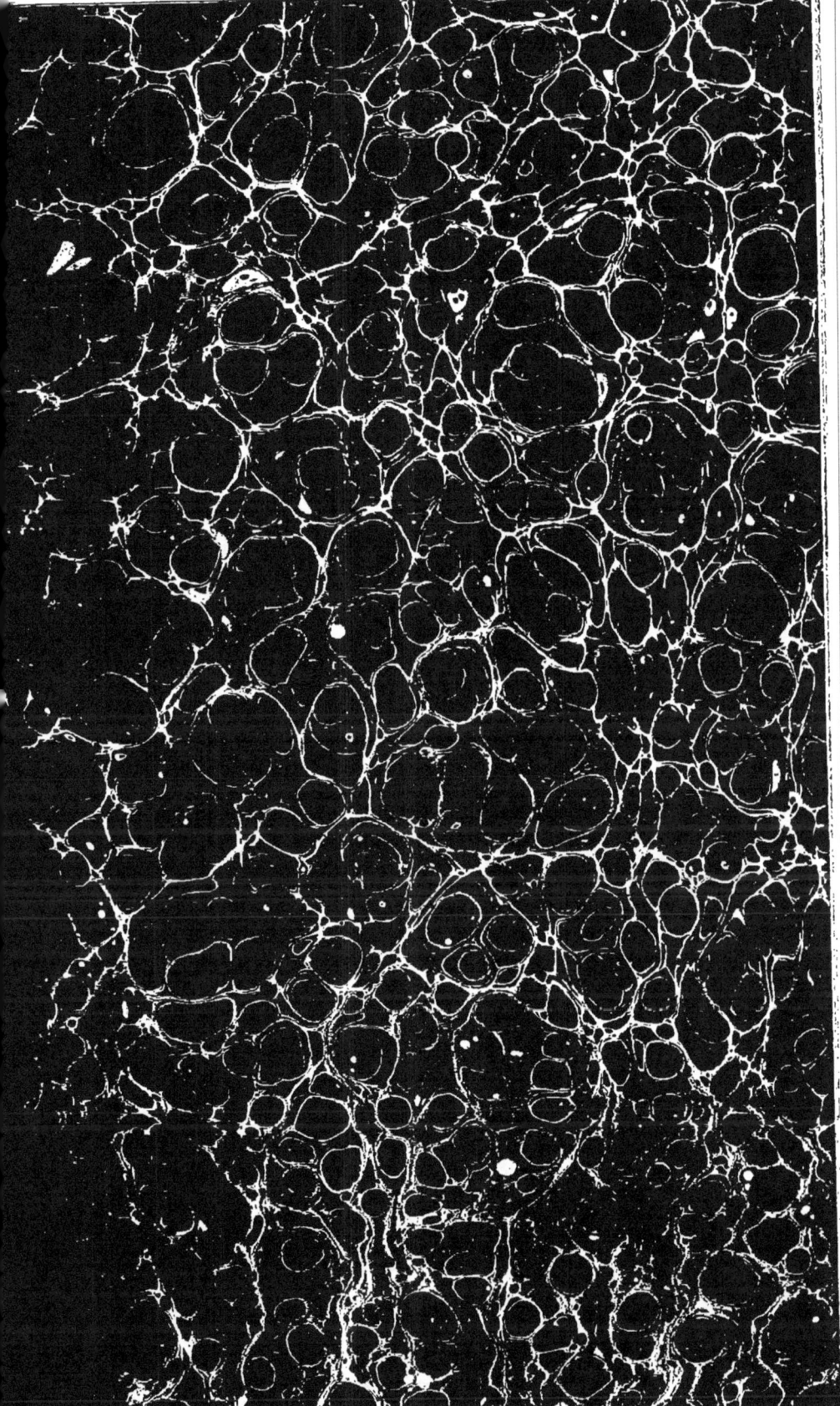

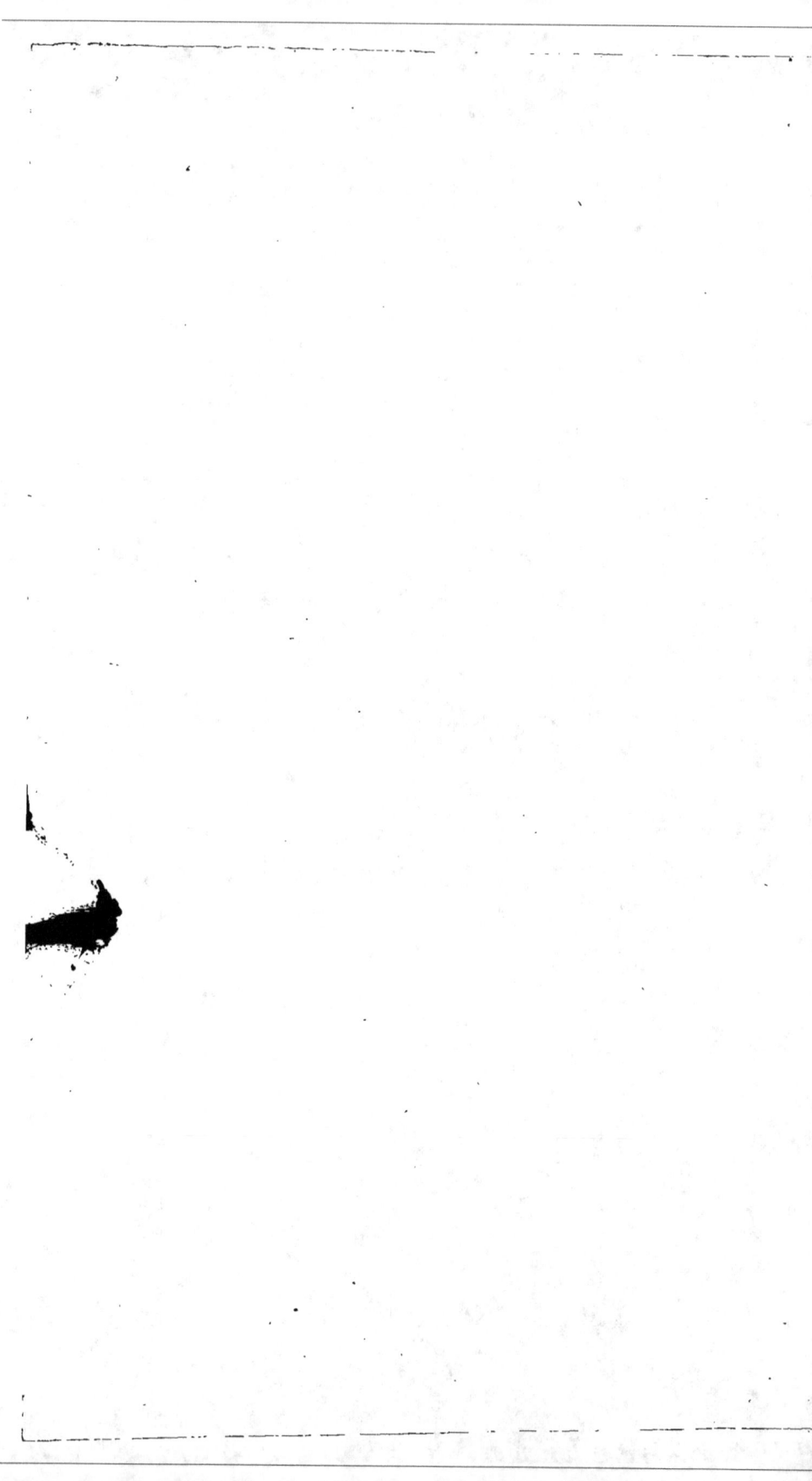

MÉMOIRES

SUR LA COUR

DE LOUIS NAPOLÉON

ET SUR LA HOLLANDE.

PARIS,

LADVOCAT, LIBRAIRE

DE S. A. R. M. LE DUC DE CHARTRES,

QUAI VOLTAIRE ET PALAIS-ROYAL.

1828.

PRÉFACE.

Plus une époque est riche en faits remarquables, et plus les moindres renseignemens deviennent des matériaux précieux pour écrire l'histoire. Rien ne s'oppose aujourd'hui à ce que la vérité se présente comme une autorité que nulle considération ne peut affaiblir; d'après ce principe on peut avoir la confiance de voir accueillir un ouvrage qui a pour but de rendre un véritable service à ceux qui voudront suivre la marche du temps pendant lequel un grand homme a présidé aux destinées de l'Europe.

L'auteur, par ses fonctions et ses relations sociales, placé sur le théâtre des événemens, a vu se dérouler sous ses yeux les scènes de ce grand spectacle, dont l'exposition, l'intrigue et le dénouement ont marché avec une rapidité étonnante. Il a assisté à cette représentation ; il a vu les acteurs qui y figuraient, et il a rassemblé avec autant de soin que d'exactitude les différens rôles épars sur la scène.

Fidèle rapporteur des faits, mais historien moins éloquent que peintre exact, sans avoir besoin du passé pour en faire la leçon de l'avenir, l'auteur de ces mémoires n'a d'autre ambition, surtout quand l'œil des contemporains est ouvert sur lui, que de convaincre le public qu'il a rapporté des faits dont l'authenticité peut être facilement reconnue par tout lecteur instruit et impartial.

MÉMOIRES

SUR LA COUR

DE

LOUIS NAPOLÉON,

ET SUR

LA HOLLANDE.

CHAPITRE PREMIER.

Situation de la Hollande pendant la république Batave. — Création du titre de grand pensionnaire. — Vains efforts du grand pensionnaire pour le maintien de la république. — La Hollande constituée en royaume. — Le prince Louis Bonaparte désigné pour être roi de Hollande.

Dès que la Hollande cessa d'être assez forte pour se défendre contre les prétentions du dehors, et que des discordes intérieures eurent rompu le faisceau de l'union, elle a constamment porté le joug de la domination : l'Angleterre et la France l'ont alternativement asservie.

Sous le règne de Louis XVI, dès les premières agitations révolutionnaires en France, les *Patriotes* hollandais commencèrent à s'agiter; et, encouragés par un parti considérable, ils se montrèrent ouvertement impatiens de s'affranchir du Stathoudérat; mais les Prussiens, commandés par le prince de Brunswick, en entrant en Hollande, détruisirent toutes leurs prétentions, et le Stathouder triompha.

En 1795, après la retraite des Prussiens, les *Patriotes* triomphèrent à leur tour; et le prince d'Orange, en s'échappant de la Hollande, fut chercher un asile en Angleterre.

A cette époque la Hollande, obligée de réclamer l'appui de la France et abandonnée de tous ses alliés, se constitua en *république Batave*, et l'armée française occupa son territoire.

L'autorité législative résidait dans une assemblée représentative, et le pouvoir exécutif dans un directoire. La Hollande, par un traité onéreux, abandonna à la France plusieurs de ses provinces méridionales, s'engagea à une alliance, et lui compta deux cents millions de francs : à ce prix elle eut l'espoir de conserver l'intégrité de son territoire.

Cette nouvelle république n'était pas celle qui, jadis à l'ombre de la liberté, avait vu fleurir un pays qui rassemblait dans son sein des richesses immenses; et, dès l'année 1801, le nouveau gouvernement fit d'importans changemens à sa constitution. La Hollande fut divisée en huit provinces, et la représentation nationale réduite de beaucoup. Quoi qu'il en soit, la république n'obtenait pas plus de stabilité, et chaque jour l'Angleterre diminuait ses forces maritimes. Ses colonies dévastées, son commerce étonnamment appauvri, et la paix d'Amiens, qui lui enlevait encole l'île de *Ceylan*, tout semblait se réunir pour préparer sa ruine.

Tous ces événemens, qui surgissaient autour de la république, firent éprouver à la banque d'Amsterdam une des plus violentes secousses, qui, en répendant partout l'épouvante, restreignit encore davantage les opérations commerciales.

Mais par sa sagesse, sa patience et son économie, la république serait parvenue à triompher des malheurs dont elle était entourée, si, en 1803, la France ne l'eût point engagée avec elle dans une nouvelle guerre contre l'Angleterre : *Surinam* et le *Cap-de-bonne-Espérance* lui furent ravis par cette puissance, dont les vaisseaux faisaient le blocus de toutes les côtes de la Hollande. Tout espoir de salut s'évanouit en voyant tarir entièrement les sources de son industrie.

Sans renverser leur constitution, les Hollandais, en 1804, lui firent subir de graves modifications. En 1805, *Schimmelpenninck*, sous le titre de grand pensionnaire de la république, fut revêtu du pouvoir exécutif; et, appréciant comme il le devait l'honneur qu'il recevait, il promit de s'en rendre digne.

Mais les vues du chef du gouvernement Hollandais étaient en opposition avec le système de Napoléon. Le grand pensionnaire favorisa le commerce de son pays avec l'Angleterre ; et les spéculations de ses administrés étaient d'autant plus brillantes, que les produits des fabriques anglaises étaient alors prohibés dans presque toute l'Europe. L'empereur des Français trouva dans cette opération, dans ces rapports d'intérêts avec l'ennemi juré de la France, et dans la cécité dont venait d'être atteint Schimmelpenninck, le prétexte d'opérer en Hollande le changement politique qu'il méditait depuis long-temps. Il érigea donc la république batave en monarchie, et lui donna pour souverain le prince Louis Bonaparte, l'un de ses frères.[1]

---

[1] Voyez aux notes n. 1, 1° le discours de la députation Batave demandant à Napoléon le prince Louis pour roi de Hollande; 2° la réponse de Napoléon; 3° celle du roi; 4° le traité entre la France et la Hollande.

CHAPITRE II.

Députation hollandaise au prince Louis pour lui offrir la couronne. — Napoléon proclame son frère roi de Hollande. — Le roi conserve la dignité de connétable de l'empire. — Difficultés dans l'organisation de la cour. — Arrivée du roi et de la reine à la *Maison du Bois*. — Leur entrée à La Haye. — Refus par le roi d'une escorte française. — Jalousie des Hollandais contre les Français. — Grands dignitaires et fêtes à la cour. — Composition du corps diplomatique. — La cour divisée en deux partis. — Point de vue politique. — Méfiance de Napoléon sur les intentions de Louis. — Composition du ministère Hollandais. — Nouvelle rédaction de la constitution du royaume. — Cultes. — Travaux du roi sur la situation administrative du pays. — Le roi veut apprendre la langue hollandaise.

Au mois de mai 1806, une députation de la république Batave, députation composée de MM. *Verhuell*, vice-amiral; *Brandzen*, ambassadeur à la cour de France, *Van Styrum*, membre des hautes puissances; *Gogel*, ministre des finances; et *W. Six*, conseiller d'état, vint offrir au prince Louis Napoléon [1] de régner sur la Hollande; et, le 5 juin de la même année, l'empereur des Français proclama, à Saint-Cloud, Louis, son frère, roi de Hollande, en lui conservant la dignité de connétable de l'empire.

Le roi et la reine s'étaient fait devancer dans la résidence royale, à la Haye, par des amis sur le dévouement desquels ils croyaient pouvoir compter. Ces personnages distingués, réunis aux hommes les plus recommandables du pays, établirent entre eux les différens services destinés à former la maison du roi. Rien de ce qui avait existé sous le gouvernement qui venait de cesser ne pouvait aider à la composition de la cour d'un roi. A la simplicité du régime républicain devait succéder, sinon le faste, au moins une sorte de somptuosité, un entourage d'un rang plus élevé que tout ce qui constituait le service du grand pensionnaire. Les Hollandais voulaient décider sur la formation de la nouvelle cour; mais les Français, prenant pour modèle la cour impériale de France, se trou-

---

[1] Marié le 4 janvier 1802 à Hortense-Fanny de Beauharnais, fille de l'impératrice Joséphine.

vèrent en opposition avec les Hollandais; et ce fut tandis que les petites prétentions nationales et d'amour-propre étaient aux prises, que le roi et la reine arrivèrent, le 18 juin, dans leurs états.

Les députations se présentèrent bientôt en foule à la maison du Bois [1], où le roi et la reine les accueillirent toutes avec une gracieuse affabilité, et une touchante bonté.

Lorsqu'un gouvernement est renversé, quelles que puissent avoir été les causes du renversement, on est porté à croire que le chef de l'État, qui succède à celui qui n'est plus, mettra tous ses soins à protéger les personnes et les propriétés; mais il faut des garanties à une nation républicaine, à qui la force impose un roi, et un roi étranger. Aussi Louis, à travers les exaltations populaires, aperçut bien que ceux qui raisonnent leurs affections ne semblaient que conditionnellement s'engager avec lui, et attendre que sa conduite déterminât celle qu'ils tiendraient avec lui.

Quand Louis et Hortense eurent passé quelques jours à la maison du Bois, où le roi s'était

[1] Maison royale à une lieue de La Haye.

beaucoup entretenu avec ses ministres et ses secrétaires d'état, ils firent leur entrée à la Haye, le 23 juin; mais Louis, soit par modestie, soit qu'il eût préféré être escorté par des légions nationales, refusa l'assistance d'un corps de troupes françaises, qui, d'après l'ordre de l'empereur, devait accompagner le nouveau souverain.

Le roi les congédia immédiatement; et, quoiqu'il se fût empressé de bien accueillir ces troupes, qu'il combla d'éloges, ce refus déplut fort à Napoléon, qui crut y voir le présage d'une opposition formelle, le premier degré d'une volonté absolue. Les Hollandais, au contraire, applaudirent à cette résolution, en pensant, avec raison, que dans la circonstance l'escorte du souverain devait être confiée aux habitans sur lesquels il venait régner.

Bientôt à la cour les vanités se trouvèrent excitées sur tous les points, et les Hollandais virent avec beaucoup de mécontentement les charges de grands officiers de la couronne données à des Français [1].

---

[1] Le comte d'*Arjuzon*, premier chambellan de la reine, faisant les fonctions de grand-chambellan; le

Ce mécontentement donna naissance à de fâcheuses mésintelligences, et amena successivement à la cour des changemens, qui en troublèrent la bonne harmonie. Cependant toutes les ambitions auraient dû être satisfaites; car si ces premières dignités de la couronne étaient le partage des Français, tous les ministres et ambassadeurs étaient choisis parmi les Hollandais; et, sous beaucoup de rapports, il eût été fort inconvenant que cela fût autrement. Mais cette jalousie fit de tous côtés de rapides progrès; et quoique les Hollandais reconnussent bien la supériorité de la nouvelle administration publique, établie en grande partie à l'instar de

major *de Broc*, grand-maréchal du palais; le général Auguste de *Caulaincourt*, grand-écuyer; le général *Noguès*, gouverneur de La Haye et grand-veneur; M. de *Sénégra*, grand-maître de la maison.

M. Van Heckeren remplaça M. Noguès, dans les fonctions de grand-veneur; à la retraite de M. Caulaincourt, le général Bruno fut nommé grand-écuyer; M. Zeulen Van Nyveld, remplaça M. d'Arjuzon; le baron Roest d'Alkemade devint grand-maréchal du palais; et M. Twent, fut appelé aux fonctions d'intendant-général à la place de M. Lanswerde, qui avait succédé à M. de Sénégra.

celle de France, ils regrettaient leurs vieilles pratiques, tout en aspirant aux emplois, et surtout à ceux qui rapprochaient davantage de la personne du roi.

Des fêtes, des bals et des concerts rassemblaient à la cour le corps diplomatique [1], et un nombre considérable de personnes de distinction. A ces réunions nombreuses, où étaient invitées beaucoup de personnes des départemens, on en remarquait dont le costume et les manières contrastaient plaisamment avec l'aisance de ceux qui étaient habitués au grand monde; et la toilette des dames de la Nord-Hollande et de la Zélande parut aux étrangers d'une très-piquante originalité : cette variété d'habillemens et de prétentions offrait un coup-d'œil fort amusant. La reine embellissait ces réunions par les agrémens de son esprit et par la gracieuse bienveillance avec laquelle elle accueillait indistinctement tout le monde.

[1] M. de Nesselrode, envoyé de Russie; le baron de *Feltz*, ministre d'Autriche; le chevalier d'*Anduaga*, ministre d'Espagne; le chevalier *Bezerra*, ministre de Portugal; le prince *Serge d'Olgorouki*, ministre de Russie; le comte de *Lowendal*, ministre de Danemarck; M. *Dupont-Chaumont*, ambassadeur de France.

Le roi qui savait bien que la cour était déjà divisée en deux partis, cherchait sans cesse à les concilier; et, sans le vouloir, peut-être, il favorisa les Hollandais qui, en lui en témoignant leur vive reconnaissance, firent naître dans le cœur de Louis le germe de cette prédilection nationale, très-louable sans doute, mais qui le plaçait dans une fausse position vis-à-vis de la France et de Napoléon. La reine semblait, au contraire, accorder plutôt sa protection aux Français qui, par cette raison, s'occupaient constamment à se rendre dignes de ses bontés; et il résultait de cette rivalité un schisme très-apparent, qui bannissait toute idée de bonne intelligence.

Placé entre ses devoirs comme roi de Hollande, et sa conscience comme mandataire de l'empereur, il était bien difficile à Louis de concilier ce que la France attendait de lui, et ce qu'exigeaient les intérêts de la nation, qui l'avait appelé à régner sur elle. Ce fut sans doute pour se livrer sans restriction à ce dernier sentiment que Louis, en acceptant la couronne de Hollande, avait voulu renoncer au titre de connétable de France; mais Napoléon le devina, et l'obligea à garder cette haute dignité militaire, qui, en lui retraçant, disait-il, ses devoirs envers l'empereur des Français, lui rappellerait sans cesse qu'il ne régnait que sous ses auspices et par sa protection.

C'est de cette position qu'il faut toujours envisager le roi, pour apprécier sa conduite politique pendant qu'il fut à la tête du gouvernement hollandais, et pour le laver en quelque sorte de l'accusation d'ingratitude envers son frère. Dès lors on cessera d'attribuer exclusivement à la mobilité du caractère de Louis les décisions, sans cesse renouvelées pendant la courte durée de son règne. Il faut l'observer luttant avec l'empereur, dont il tient sa puissance, et auquel il résista pourtant, parce qu'il voulait remplir ses obligations envers sa nouvelle patrie. Le prince Louis qui d'abord ne se souciait pas de ceindre le bandeau royal, dès qu'il se sentit la couronne sur la tête, voulut user et jouir d'un pouvoir indépendant; mais il n'était pas assez fort pour lutter avec succès contre la France, à qui rien alors ne résistait; et il devait infailliblement succomber.

Le roi voulait franchement le bien de ses sujets : cette pensée l'occupait constamment; mais ce qu'il voulait faire pour atteindre son but n'entrait pas dans les vues de Napoléon, et presque toutes celles de Louis, à cet égard, étaient autant de protestations contre le grand système continental.

Pour arriver à cette fin salutaire, objet de sa sollicitude, le roi s'entoura d'hommes, pour lesquels il avait beaucoup d'estime, et les prit exclusivement parmi des Hollandais : MM. *Molerus, Gogel, Twent* et *Roëll* avaient tous donné des preuves d'une grande capacité, et leur délicatesse garantissait leur dévouement, leur fidélité. Le premier fut appelé au ministère de l'intérieur, le second eut le portefeuille des finances, le troisième fut chargé de l'administration des digues, et le dernier prit le titre de ministre d'état. M. *Van der Goes* qui, sous les états-généraux de Hollande, avait rempli des missions diplomatiques dans les principales cours de l'Europe, fut appelé au ministère des affaires étrangères : M. Van der Goes réunissait toutes les qualités sociales et politiques qui font les bons ministres et les citoyens précieux : *Statdhoudérien*, ou républicain, il n'importe.

M. Van der Goes, quoiqu'il se fût ostensiblement et franchement opposé au régime monarchique, donna au roi des marques d'un dévouement sur lequel il pouvait compter : *habile et vrai,* telle était sa devise. Le général Bonhomme passa au ministère de la guerre, M. Vander Heim à celui des colonies, et à la justice et la police M. Van Hof, qui eut pour successeurs M. Van Maanen, un des plus ardens républicains du pays, et M. Hugenpoth, catholique distingué [1].

Le roi ayant reconnu que la constitution qu'il avait d'abord adoptée offrait quelques points assez obscurs, lui fit subir des changemens assez importans, et cette réforme avait pour but de donner à son peuple plutôt l'application des principes, selon les circonstances et les temps, qu'une nouvelle constitution. Il s'occupa ensuite à connaître la situation des affaires du pays, et quand il vit l'appauvrissement du trésor, il en fut vivement alarmé. L'administration des digues était dans un désordre épouvantable, et pourtant, malgré l'exiguité

---

[1] M. Van Maanen, né à La Haye, où il avait exercé les fonctions d'avocat, quoiqu'il ait été un des *patriotes* les plus opposés à la maison d'Orange, quoiqu'il eût été le ministre du roi Louis, le devint encore, en 1825, de S. M. le roi des Pays-Bas.

des ressources, il fit continuer les importantes écluses de *Catwyk*, commencées sous l'ancien gouvernement. Louis trouva la jurisprudence soumise à des lois incohérentes. L'armée de terre ne présentait rien de tranquillisant, et le corps d'artillerie ne donnait pas plus de sécurité; la marine était dans une meilleure situation : elle avait deux flottilles; l'une destinée à la garde des côtes et des ports, et l'autre en station à Boulogne sur mer. Le Helder, Amsterdam et Rotterdam possédaient un assez grand nombre de vaisseaux, et les officiers qui commandaient alors ce service étaient MM. Verhuell, Dewinter, Kikkert, Blogs Van Frèslong, Lemmers et Hartzinck.

L'exercice des cultes était libre, et l'État salariait seulement les ministres de la religion réformée (religion dominante de la nation) : toutes les autres communautés supportaient elles-mêmes les frais de leur culte et de leurs écoles. L'église catholique végétait dans une profonde misère, et ceux qui la professaient n'étaient admis à aucun emploi public ; les juifs surtout, les juifs allemands, étaient comme autrefois, en France, partout rebutés, et presque tous méprisés.

Le commerce était languissant; les manufactures et les fabriques presque réduites à rien, par la supériorité des établissemens du même genre chez les autres nations. Cultivés avec beaucoup moins de succès qu'ailleurs, les sciences et les arts n'étaient point appliqués au développement de l'industrie; mais l'institution publique se montrait sous un jour plus favorable, grâce à un assez grand nombre d'universités, dans lesquelles se trouvaient des hommes d'un vrai mérite.

Il ne suffisait point encore au souverain d'acquérir la connaissance de toutes les branches de l'administration, il voulut aussi apprendre la langue du peuple; il s'en occupa sérieusement. Mais soit que ses occupations ne lui en laissassent pas le temps, ou qu'il éprouvât trop de difficultés pour se familiariser avec une langue aussi *rocailleuse* que le hollandais, le roi n'y fit pas de grands progrès; et il pouvait, sans inconvénient, se dispenser de parler le hollandais chez une nation où toutes les personnes bien élevées connaissent et parlent bien la langue française, devenue presque européenne, et l'organe des nations et des traités étrangers.

CHAPITRE III.

Le roi demande le renvoi de Hollande des troupes françaises. — L'empereur y consent. — Augmentation de l'armée hollandaise. — Mouvement des troupes prussiennes. — Le roi à l'armée. — Craintes du roi sur le rôle qu'il y jouera. — Ordre de Napoléon à Louis de s'emparer du Hanovre. — Le roi refuse et quitte l'armée.

Le roi, affecté de la situation déplorable des finances et voulant réduire les dépenses de l'État, sollicita de la France le renvoi de ses troupes, ainsi que la diminution des armemens maritimes; sa sollicitude à cet égard était si vive, si pressante, qu'en écrivant directement à l'empereur, il lui déclara avec énergie « qu'il
» abdiquerait sur-le-champ, si le gouvernement
» français ne s'acquittait point vis-à-vis de la
» Hollande, et si les troupes françaises restaient
» davantage à la solde du pays. »

Napoléon, quoiqu'il dût être étonné de cette

dignité énergique, accorda néanmoins ce que lui demandait son frère; mais cette condescendance, qu'il n'eût pas eue dans une autre circonstance, ne fut due qu'à la nécessité où il était d'augmenter l'armée française en Allemagne, pour s'opposer aux dispositions hostiles du roi de Prusse.

Après ce succès, Louis s'occupa du soin important d'augmenter son armée de terre : ce qu'il venait d'exiger de la France, et ce qu'il n'avait obtenu que contre le gré de l'empereur, l'obligeait à se mettre sur ses gardes; car la Hollande avait, pour ainsi dire, rompu en visière avec la France; et, dans cet état de choses, Louis sentit la nécessité d'ajouter à ses forces militaires, afin de pouvoir, dans toute hypothèse, se suffire à lui-même.

Les troupes prussiennes, s'agitant sur les frontières de la Hollande, et la France gardant le silence sur ces mouvemens, le roi prit de promptes mesures pour se mettre sur une défensive imposante; car, dans sa position avec la France, il n'avait point de secours à en attendre.

Le roi divisa son armée en deux corps : l'un de quinze mille hommes, dont il se réserva le commandement, et qui dut être dirigé sur Wesel; l'autre, commandé par le général Michaud, devait se mettre en station au camp de Zeist. Louis se disposait à partir, lorsqu'il reçut des dépêches de l'empereur qui le confirmèrent dans la crainte que ses troupes ne fussent point réunies en corps d'armée particulière. Cette disposition l'affligea beaucoup, et porta une sorte de découragement dans le corps de ses officiers.

Quoi qu'il en soit, le roi, accompagné du général Michaud, se rendit à Wesel, et de là à Cassel, où tout lui prouva que l'intention de l'empereur était qu'à l'armée le roi de Hollande ne fût considéré que comme prince français.

A dater de ce moment, le système d'oppression de Napoléon, à l'égard de la Hollande, se déroula complétement aux yeux du roi, et c'est dès-lors que Louis, abjurant toute condescendance envers son frère, prit la ferme résolution de ne plus agir désormais que comme roi de Hollande, et dans toute la plénitude des devoirs que lui imposait ce titre. En revenant, il bloqua les places fortes de *Hameln* et *Nieubourg*, où étaient les troupes prussiennes; *Rintelm* fut occupé par le général Dandels. Un officier d'ordonnance apporta au roi un ordre de l'empereur lui enjoignant d'aller prendre possession du Hanôvre. Le roi, offensé de cet ordre, répondit à l'empereur qu'il retournait à sa résidence, donna ensuite le commandement de toutes ses troupes au général Dumonceau, et rentra dans sa capitale avec la conviction que Napoléon ne l'avait placé sur le trône de Hollande que comme un préfet français.

CHAPITRE IV.

Retour de Louis à La Haye. — Blocus des Iles britanniques. — Décret du roi sur l'exécution de ce blocus. — Codes et contributions. — Institution des grands officiers du royaume. — Détails sur la maison du roi, et désastre de Leyde. — Désir du roi d'habiter Amsterdam. — Création de l'ordre de l'Union. — Nouveaux impôts et création d'une direction des beaux-arts. — Séquestre des marchandises anglaises. — Députation hollandaise à Napoléon en Allemagne.

En rentrant à la résidence royale, Louis, apprenant le système du blocus des Iles britanniques, en ressentit un vif chagrin; car cette mesure pouvait amener la ruine de ses états. Il chercha à éluder l'exécution du fatal décret de Napoléon; mais, quels que fussent ses efforts et sa prudence, l'empereur apprit qu'il le trompait sur ce point important. Napoléon, indigné d'être abusé de la sorte, redoubla de sévérité, et éleva la voix plus despotiquement encore.

Cédant à la force d'un pouvoir aussi absolu, le roi, par un décret du 15 décembre 1806, s'était résigné à ne plus s'opposer à l'exécution du blocus, et pourtant l'empereur n'était pas satisfait. Ses agens lui persuadaient qu'il existait toujours des relations commerciales entre la Hollande et l'Angleterre; et ces rapports, sans doute exagérés, mais basés sur un fond de vérité, furent sur le point de provoquer des visites domiciliaires dans toute la Hollande.

Malgré tant de contrariétés, Louis s'occupa encore des institutions qui pouvaient être utiles à son gouvernement. Un code civil et un code criminel furent rédigés par des jurisconsultes dont les mœurs et les connaissances garantissaient la bonté d'un travail si important. On compléta aussi le nouveau système des contributions, système qui établissait une égalité parfaite entre tous les habitans, et il parut de sages réglemens sur les corporations et les maîtrises. A l'imitation de la France, le roi Louis institua les grands officiers du royaume, maréchaux et colonels-généraux, et proposa au corps législatif une loi portant création de l'ordre de l'Union et de l'ordre du Mérite.

Quoique l'administration de la maison du

roi fût placée sous la surveillance immédiate des grands officiers de la couronne, Louis s'arrachait à des travaux de la plus haute importance pour descendre à de minutieux détails, qui, s'ils prouvent l'ordre chez un particulier, semblent au-dessous de la dignité souveraine. Il fallait que chaque grand officier soumît au roi l'organisation de son service, lui présentât sur chaque individu des renseignemens spéciaux. Cette inquiétude du roi, causée par la crainte que l'empereur ne le fît constamment observer, s'étendait sur le grand officier de la couronne, comme sur le dernier valet de pied. S'agissait-il d'un Français? ses informations étaient bien plus sévères, et il n'était guère admis que si on n'avait pas trouvé un Hollandais capable de remplir les fonctions de la place [1].

[1] Louis se faisait raser tous les jours, et sachant qu'un sieur *Rasin*, Français d'origine, avait la réputation d'exceller dans l'art de faire la barbe, il l'attacha à son service comme valet-de-chambre de toilette; mais ce barbier si habile, qui n'avait pas son pareil en Hollande, déjà âgé de 38 à 40 ans, fut obligé de produire au grand chambellan des certificats de bonne vie et mœurs, depuis le moment où il entra en apprentissage, jusqu'à celui où il vint faire la barbe au roi de Hollande.

Cette préférence accordée aux Hollandais entretenait dans la maison du roi un élément de jalousie qui s'accroissait chaque jour d'une manière sensible.

En janvier 1807, la ville de Leyde éprouva un épouvantable désastre causé par l'explosion d'un bateau de poudre ; le bateau sauta au milieu de la ville. Le roi se rendit sur-le-champ à Leyde, et déploya dans cette horrible catastrophe un noble caractère d'humanité, une bienveillance vraiment royale ; il prodigua des secours et des consolations aux infortunés que ce malheur venait d'atteindre. Indépendamment des nombreux actes de générosité que le roi fit en faveur des malheureux habitans de la ville de Leyde, il étendit plus loin encore sa bienveillante sollicitude, car il les dispensa pendant dix années de toute contribution, et fit la remise aux débiteurs des arrérages des impôts non acquittés au moment du désastre [1].

Partout ces grands accidens sont diversement

---

[1] La société Philanthropique de Paris adressa au roi de Hollande, l'expression de son admiration à l'occasion de la conduite généreuse qu'il avait tenue envers les habitans de Leyde, et le pria de permettre à la société

envisagés, et il est rare qu'on ne les attribue pas à la malveillance : on prétendait en Hollande que ce fatal événement devait arriver à La Haye, et l'explosion avoir lieu de manière à ce que l'habitation du roi en fût atteinte. Pour ajouter foi à cette version, il aurait fallu que le conducteur du bateau, qui à coup sûr eût été dans la confidence, se fût sauvé, et le malheureux a été une des premières victimes de l'explosion.

Quoi qu'il en soit, peu de temps après, le roi fit pressentir qu'il avait le désir de faire sa résidence à Amsterdam, et cette nouvelle se serait promptement accréditée, sans l'installation qui eut lieu à La Haye des chevaliers de l'ordre de l'Union, dont la devise était : *Fais ce que doys, advienne que pourra.* (*Doc wel en zie ni et om.*) La décoration était une croix en or à rayons émaillés, et des abeilles d'or entre les rayons : d'un côté on voyait, au milieu de la croix, les Faisceaux d'union des Provinces-Unies, et on lisait ces mots : *L'union fait la force (lendragt*

d'offrir à cette malheureuse ville les secours dont elle pourrait disposer.

(Séance du 28 janvier 1807.)

maakt magt); de l'autre côté était figuré le lion de la Zélande, à la nage, avec l'exergue de la devise. La croix était suspendue à un ruban de couleur bleu clair.

La France avait tellement exigé de sacrifices de la part de la Hollande, que le roi se vit, à regret, obligé d'établir de nouveaux impôts, ce qui n'eut point lieu sans blesser l'esprit national et sans contrarier d'antiques usages; mais comme les circonstances étaient impérieuses, il fallut bien se soumettre. On adopta un système présenté par le ministre Gogel, chargé des finances. Après cette grande opération, le roi proposa un nouveau cadastre, créa une direction des beaux-arts, dont le savant Halman eut la direction; l'instruction publique fut réunie aux beaux-arts; comme en France, il y eut une grande exposition de toutes les productions de l'industrie nationale, et la bibliothèque publique reçut de nombreuses augmentations.

On attendait en vain la fin du blocus qui avait presque anéanti le commerce de la Hollande, car l'empereur Napoléon, par un nouveau décret, y avait ajouté le sequestre de toutes les marchandises anglaises.

Cherchant toujours à obtenir la bienveillance de l'empereur, la Hollande lui adressa une députation qui le rejoignit en Allemagne; il la reçut au château de Finkenstein, et l'accueil qu'il lui fit fut assez gracieux, quoiqu'il ne dissimulât pas qu'il était convaincu que son frère se plaisait à favoriser le commerce de la Hollande avec l'Angleterre; il ne déguisa point à la députation qu'à la paix générale il serait obligé de rappeler à la Hollande qu'elle avait continuellement contrarié ses vues, bien qu'elle les connût positivement.

CHAPITRE V.

Mésintelligence entre le roi et la reine. — Réflexions sur leur mariage. — Voyage du roi dans ses états. — Mort du prince royal et absence du roi et de la reine. — Réflexions des Hollandais sur l'absence du roi. — Retour du roi sans la reine. — Arrestations faites pendant l'absence du roi. — La résidence royale transférée à Utrecht. — Réunions au palais. — Traité entre la France et la Hollande. — Le roi veut habiter Amsterdam. — Encouragemens accordés par le roi à une actrice.

La reine exerçait un grand empire de bienveillance; mais elle ne partageait pas le bonheur qu'elle répandait autour de sa personne : il existait entre elle et le roi une désunion fâcheuse, et dont l'évidence affligeait toute la nation. Ceux qui étaient dans le secret des antécédens, assuraient que cet éloignement de Louis pour sa femme existait même avant l'époque de leur mariage, qui fut décidé entre

Napoléon et Joséphine, sans que ni Louis ni Hortense aient été consultés [1].

Toujours animé du désir de connaître ses états, Louis entreprit un voyage vers le mois d'avril; dans les lieux qu'il visitait, il donnait à tout la plus grande attention, et ses encouragemens amenèrent des améliorations sensibles dans beaucoup d'établissemens publics; mais aussi, de tous côtés, il trouva la récompense de sa sollicitude dans les félicitations les plus franches comme les plus touchantes.

A son retour, un événement cruel lui causa la plus vive douleur. Son fils, le jeune prince royal, attaqué *du croup*, fut tout à coup dangereusement malade et succomba en quelques jours. La désolation du roi et de la reine fut à son comble; ils s'éloignèrent non-seulement

---

[1] On lit dans un ouvrage allemand, ayant pour titre, *Conversations Lexicon*, t. 2, p. 155 : « Louis Bonaparte, ex-roi de Hollande, fut marié en 1802 à Hortense de Beauharnais. La chronique scandaleuse qui parle des liaisons galantes qui existaient entre Hortense et Napoléon, n'accorde point à Louis les honneurs de la paternité, par rapport aux enfans issus de son mariage, d'où il résulta une telle désunion entre les époux, qu'ils ne vivaient point ensemble. »

des lieux témoins de cette perte affreuse, mais encore de la Hollande; l'un et l'autre allèrent en France prendre les eaux dans les Pyrénées.

Le comte d'Arjuzon accompagna à Paris la dépouille mortelle du jeune prince, mais jamais ce grand dignitaire de la couronne ne reparut à la cour de Hollande. Sa disgrâce qu'on expliquait difficilement, tant on était loin de la soupçonner, alarma tous les Français qui étaient au palais, et qui à chaque instant pouvaient éprouver le même sort.

Les Hollandais, malgré la juste douleur du roi et le besoin qu'il pouvait avoir de prendre les eaux, s'étonnèrent de le voir s'éloigner de ses états dans un moment aussi critique. Leurs réflexions à cet égard étaient pleines de sens et de justesse; car ce fut précisément pendant l'absence de Louis qu'eut lieu le traité de Tilsitt, où il s'agissait de puissans intérêts pour la Hollande. On pensait que des chagrins domestiques, quelques légitimes qu'ils fussent, ne justifiaient pas aux yeux de la politique l'éloignement du souverain, surtout dans les circonstances où se trouvait son royaume. Ce fut aussi pendant l'absence de Louis que les troupes hollandaises se distinguèrent à l'armée, et que leur roi fut le dernier de ses états à apprendre leurs victorieux succès.

En revenant des Pyrénées et passant par Paris, Louis apprit de l'empereur même que le gouvernement français avait cru devoir user de rigueur contre des contrebandiers hollandais dont la hardiesse allait toujours croissant, et dont il fallait enfin empêcher le commerce clandestin. Beaucoup d'arrestations furent faites au nom du gouvernement français, et dès que Louis en fut informé il ne put plus se faire d'illusion sur le but de Napoléon. Le roi dut attribuer encore à son absence ces arrestations, et il fut très-long-temps à pouvoir obtenir la mise en liberté des personnes détenues.

A son retour en Hollande, où la reine ne l'accompagna pas, Louis, soit qu'il revît avec trop de peine les lieux qui lui rappelaient sans cesse la perte de son fils, soit qu'il ne se crût pas convenablement placé à La Haye pour l'exécution de tous ses desseins, se dégoûta de l'ancienne résidence des stathouders, et voulut habiter la ville d'Utrecht. Pendant son absence il avait fait faire l'acquisition de plusieurs maisons qui prirent le titre de palais. Louis partit donc pour Utrecht au mois d'octobre 1807, accompagné de toute la cour, qui se logea difficilement et très-incommodément dans une espèce de palais, dans une ville silencieuse et distribuée depuis long-temps pour un tout autre usage qu'une résidence royale. Le langage, les manières, les habitudes, les mœurs, l'esprit, rien ne ressemblait à ce que l'on trouvait dans la jolie ville de La Haye, depuis des siècles en possession de la cour. Les habitans d'Utrecht furent d'abord enchantés de la résidence du roi, parce que tout ce qui est nouveau a le don de plaire à la multitude; mais on se lasse de tout, et les citadins d'Utrecht le prouvèrent bientôt.

Malgré son déplacement et les travaux importans dont il s'occupait, le roi semblait porter partout un air ennuyé qui n'échappait à personne, et le secours des comédiens français, qui venaient donner des représentations dans la nouvelle résidence, ne contribuait que faiblement à égayer Louis et la cour. Indépendamment du spectacle, il y avait au palais des réunions familières et des bals où la meilleure société de la province assistait; mais l'absence de la reine frappait toutes ces assemblées consacrées au plaisir, d'une langueur, d'une monotonie très-apparente; on se rappelait comment à La Haye sa spirituelle vivacité savait animer les cercles où elle brillait par ce charme qui accompagne toujours une souveraine jeune et aimable.

Après beaucoup d'instances, Louis obtint enfin un traité entre la France et la Hollande; mais ce traité sembla tellement onéreux à la Hollande, que le roi fit beaucoup de difficulté pour le ratifier. La France par ce traité s'appropriait le port de Flessingue, ville importante de la Zélande, et en consentant péniblement à cet abandon, Louis se flattait de pouvoir éviter des sacrifices encore plus pénibles [1].

Le roi s'étant promptement lassé de tenir sa cour dans la ville d'Utrecht, allégua des raisons de politique pour justifier le désir de porter la résidence royale dans Amsterdam, et d'en faire désormais la capitale du royaume. Les habitans de cette grande cité, quoi qu'en ait dit obligeamment la députation de la ville au roi, se trouvèrent peu flattés, à cause de leurs relations commerciales, de se voir auprès de la cour, dont la dissipation pouvait amener une influence contraire à leurs intérêts.

[1] Voyez aux notes n° 11 l'extrait du traité.

En attendant la réalisation de ce changement de résidence, l'année 1807 s'acheva assez tristement au palais d'Utrecht, où les réunions d'agrément étaient bien moins fréquentes, et où le roi, pour combattre les soucis dont il paraissait de plus en plus obsédé, faisait souvent de la musique avec le directeur de sa chapelle [1].

Les rois ont aussi leurs faiblesses, et Louis, en allant souvent au spectacle, s'était, dit-on, doucement habitué à encourager particulièrement le talent fort distingué d'une jeune actrice, digne émule de la célèbre *Mars*, et dont les attraits brillans et la conduite réservée avaient bien pu fixer l'attention d'un souverain encore jeune.

[1] M. Plantade.

CHAPITRE VI.

Mauvaise santé du roi. — Ambassadeur de France à la cour de Hollande. — La cour habite Amsterdam, déclarée capitale. — Exposition à Utrecht des produits de l'industrie, et création d'un institut des sciences et arts. — Louis refuse la couronne d'Espagne. — Police française en Hollande, et voyage du roi dans les départemens. — Hollandais qui regrètent le passé. — Désunion entre Napoléon et Louis. — Le code Napoléon pris pour base de celui de Hollande. — Le blocus ruine le commerce. — Inondations. — Dévouement du roi. — Loi sur la noblesse. — Le grand duché de Berg donné au prince royal. Voyage du roi dans ses états. — Trait d'humanité. — Changement dans le ministère. — Mécontentement de l'empereur à cause de la contrebande en Hollande. — Pressentiment sur de grands événemens. — Descente des Anglais dans l'île de Walkeren. — Troupes hollandaises envoyées contre cette expédition. Trahison du général Bruce, et prise du fort de Batz par les Anglais. — Voyage du roi à Anvers. — Le roi commande les troupes, et le prince de Ponte-Corvo lui succède. — Prise de Flessingue, et trahison du général Monnet. — Fête du roi. — Reprise du Fort de Batz par les Hollandais. — Les Anglais abandonnent l'île de Walkeren.

Le roi était habituellement d'une mauvaise santé, et cette disposition, qui augmentait sans cesse, donnait à son caractère quelque chose de triste et de morose qui affligeait les officiers de sa maison. Le malaise presque continuel qu'il éprouvait ne l'empêchait pourtant pas de travailler avec ses ministres ; et, néanmoins, malgré ses efforts, il ne put détourner le gouvernement français du blocus contre l'Angleterre, dont l'effet devenait de plus en plus désastreux pour la Hollande.

Napoléon avait long-temps dédaigné d'avoir un ambassadeur en Hollande ; enfin il y envoya M. de La Rochefoucauld, dont tous les efforts, si l'on en croit quelques diplomates hollandais, tendirent à préparer la réunion du pays à la France.

Peu de temps après l'arrivée du nouvel ambassadeur en Hollande, le bruit de la cession du Brabant et de la Zélande, en échange des villes Anséatiques, commença à se répandre. Louis, offensé de cette nouvelle, que la diplomatie française accréditait dans l'ombre, s'en expliqua sévèrement avec l'empereur, qui lui répondit d'une manière aussi ironique qu'évasive [1].

---

[1] Voyez aux notes n° 4 la lettre de l'empereur à ce sujet.

Louis serait peut-être parvenu à assurer la prospérité de l'État, si son frère, dans ses vastes desseins, ne l'eût pas paralysé dans les siens. Il semblait permis de croire à cette prospérité, car il résulta des mesures de finances, prises jusqu'alors, un succès qu'on n'avait pas osé espérer, et qui dut être attribué en grande partie au ministre des finances, M. Gogel.

Quand le superbe hôtel-de-ville d'Amsterdam fut transformé, à ce que l'on crut, en palais royal, lorsqu'à grands frais on l'eût disposé et meublé somptueusement, le roi reçut à Utrecht une députation des habitans d'Amsterdam chargée de l'engager à prendre leur hôtel-de-ville pour sa demeure, et à déclarer Amsterdam la capitale du royaume [1]. Le roi, acceptant une offre pour ainsi dire demandée, fit son entrée à Amsterdam le 20 avril 1808; le peuple alla au-devant de lui, et lui donna, par ses acclamations, de touchantes marques de son affection et de sa joie.

Le roi ayant choisi Utrecht pour le lieu de

---

[1] Cette députation était composée de MM. Volters, Van de Poll, Van Brienen, Willimck, Jean Van de Poll, Van Iddekinge et Rendorp.

l'exposition des produits de l'industrie nationale, s'y rendit avec toute la cour pour y distribuer des médailles d'encouragement. De retour dans la capitale, Louis y fonda l'institut général des sciences et des arts, divisé en quatre classes : les noms de deux Français figuraient dans celle des beaux-arts, et tous les autres membres des autres classes étaient choisis parmi des Hollandais.

Joseph Bonaparte, l'aîné des frères de Napoléon, n'était point encore sur le trône d'Espagne, que l'empereur avait fait proposer à Louis de quitter les Hollandais pour venir régner sur les Espagnols [1]. Louis refusa sans hésiter; et ce refus, auquel toute l'Europe applaudit plus tard, augmenta puissamment l'attachement et le dévouement des Hollandais en faveur de leur roi, qui leur accordait une si éclatante préférence.

La France, voulant avoir en Hollande une police secrète bien organisée, chargea un nommé *Gateau* de venir sonder le terrain; et ce lévrier d'espionnage intrigua tellement, que, sous un

[1] Voyez aux notes n° 3 la lettre de l'empereur au roi de Hollande.

prétexte d'apparence honnête, il arriva jusqu'au roi, qui, le devinant, ne voulut point d'abord le déconcerter en le démasquant ; mais Louis s'arrangea de telle façon, que cette police ne fut point organisée, quoique l'envoyé de Paris eût déjà beaucoup de gens qui lui étaient dévoués, et même jusque dans les services subalternes de la maison du roi.

Tous les ans le roi avait le bon esprit de vouloir faire une visite dans quelque partie de ses états ; ces excursions dans les départemens ajoutaient à toutes les connaissances qu'il avait besoin d'acquérir sur un pays neuf pour lui : et d'ailleurs les souverains doivent bien se persuader que les peuples aiment toujours à voir ceux dont ils attendent leur félicité. Le roi qui visite souvent ses sujets obtiendra d'eux plus facilement les sacrifices qu'il en exigera.

Le peuple hollandais, essentiellement religieux, aima beaucoup à voir le roi s'occuper des affaires concernant les cultes ; il sut concilier toutes les croyances, ce que la diversité des dogmes en Hollande rendait très-difficile ; mais que ne peut la patience réunie à la volonté de faire le bien ! Néanmoins, malgré cette constance à vouloir assurer la prospérité de tous, quelques-uns doutaient encore de ses intentions, c'était de ces Hollandais de vieille roche, fidèles partisans des *Stathoudériens*, des *Orangistes*, qui regrettaient toujours le passé. Eh! qui pourrait les blâmer, si la reconnaissance était le mobile de leur éloignement pour le présent? A ceux que le nouveau régime n'accommodait pas, se réunissaient tous ceux que la perte de leur hôtel-de-ville affligeait réellement. Le palais était exclusivement au roi, tandis que l'hôtel-de-ville appartenait à tous les habitans.

Deux ans s'étaient à peine écoulés depuis l'avénement de Louis au trône de Hollande, que tous ses rapports avec Napoléon étaient empreints d'aigreur; ces deux frères étaient en guerre ouverte. Pour plaire à l'empereur, il aurait fallu que Louis ne régnât en Hollande que d'après le système du gouvernement français. Le devait-il? Non! s'il voulait se dévouer tout à la nation. Mais qui l'avait fait roi? il faut bien distinguer ici l'homme du souverain. C'est à Louis Bonaparte, c'est au connétable de France à répondre à cette question, et non point à Louis Napoléon, roi de Hollande. On l'a toujours pensé, et maintenant on peut le dire sans déguisement, les frères de Napoléon, tout rois qu'ils fussent, n'étaient réellement que ses lieutenans; leur élévation était toujours subordonnée à sa puissance : c'était au nom de l'empereur des Français qu'ils régnaient en Espagne, en Italie, en Wesphalie et en Hollande. Sans juger ici du mérite de la politique de Napoléon, cette politique exigeait que, maître des puissances vaincues, il plaçât à leur tête des hommes agissant dans toute la plénitude de son système. Il avait son but : qu'il fût sage ou non de l'atteindre, ce n'était point à ses lieutenans, souverains il est vrai, mais toujours ses subordonnés, à gêner sa marche par des entraves.

Louis cédant donc au désir de gouverner d'après ses propres vues, contrariait tellement celles de l'empereur, qu'il devait bien s'attendre à tous les événemens qui furent la conséquence de son opposition au sytème du chef de l'empire français.

Si la politique de l'empereur n'avait pas l'assentiment de Louis, en revanche le Code-Napoléon lui plaisait beaucoup, car il demanda au Corps-Législatif d'en adopter les bases pour la rédaction du Code de la Hollande, qui fut approuvé en 1809.

Le désastreux blocus et par mer et par terre existait toujours, et quoique le commerce fût dans une position désespérée, il se faisait encore quelques affaires avec l'Angleterre : quelques bâtimens échappaient à la surveillance des douaniers ; mais ce n'était que quelques gouttes d'eau pour étancher une soif ardente.

Il n'est pas rare en Hollande que de terribles inondations portent sur quelques points le deuil et l'épouvante. Le roi n'avait encore rien vu d'aussi effroyable que l'inondation de la Gueldre : quoique malade, il accourut avec les principaux officiers de sa maison. Ses souffrances, devenues plus vives, ne l'empêchèrent pas de s'occuper des maux de ses sujets ; il voulut voir par lui-même le théâtre des ravages causés par les eaux, auxquelles les digues rompues n'opposaient plus de frein, et pour soulager des malheureux que l'inondation menaçait d'engloutir, Louis s'exposa plusieurs fois à d'imminens dangers. Son exemple, sa patience et son courage éxcitaient les travailleurs à l'imiter ; il récompensait généreusement ceux qui s'exposaient le plus : la ville de *Gorcum* eût été submergée si le roi ne s'y fût pas rendu, et n'eût ordonné des travaux qui la ravirent à l'inondation complète dont elle était menacée. Louis, quoique harassé, exténué de fatigues, prit très-peu de repos en revenant à Utrecht, et repartit le lendemain pour se rendre sur un autre point, où son active sollicitude pouvait être aussi utile qu'à *Gorcum*, entièrement rassurée par les secours qu'on lui avait prodigués.

Depuis long-temps le roi était sollicité de s'occuper d'un projet de loi sur la noblesse; et ce fut le baron de Pallandt, premier chambellan, qui le lui présenta. Le roi, avec quelques modifications, voulut bien approuver la loi, à la grande satisfaction de ceux dont elle flattait l'ambition. L'enchantement ne fut pas de longue durée, car Napoléon obligea bientôt Louis à rapporter cette loi de faveur, et à annuler aussi le titre de maréchal de Hollande, qui avait été conféré à quelques officiers-généraux, titre que Napoléon, dans sa correspondance, désigne sous le nom de *caricature* dans un État secondaire.

Rien ne pouvait mieux tempérer la mortification que le retrait de la loi sur la noblesse faisait éprouver au roi, que l'investiture du grand duché de Berg en faveur du jeune prince royal de Hollande, bienveillance affectueuse de Napoléon, qui pourtant n'aveugla pas Louis au point de ne pas y reconnaître quelque dessein caché de l'empereur. Celui-ci n'avait pas même daigné informer le père d'une donation faite à son fils, encore sous la puissance paternelle. Ce n'était plus un problème; et il était bien évident que depuis quelque temps Napoléon voulait s'attribuer un empire despotique sur tous les membres de sa famille et sa politique l'avait amené à faire peut-être à cet égard ce que son cœur n'autorisait pas.

Le roi, qui savait déjà par expérience combien un souverain peut acquérir de connaissances utiles en parcourant ses états, et combien un prince peut se faire aimer de ses sujets en montrant le désir de les visiter chez eux, se détermina à aller faire une tournée dans le Brabant et dans la Zélande. Il se plut à visiter tous les établissemens publics, les églises, les couvens, écoutant avec bonté, et sans impatience, toutes les réclamations qui lui étaient adressées, et accordant avec justesse des encouragemens que la faveur n'obtenait pas sur la raison et l'équité. Mais ce qui surtout inspira pour le roi une espèce de vénération, ce fut son dévouement dans un village (Aerle), où il s'exposa volontairement aux dangereux effets d'une maladie contagieuse, en visitant des habitans en proie à une épouvantable épidémie, et dont un grand nombre était déjà victime. Des chirurgiens furent envoyés par lui et des secours distribués sous ses yeux même; ne se contentant pas d'offrir sa bourse et de fuir la présence des malheureux, qui, grâce à son ardente et pieuse humanité, virent bientôt disparaître le fléau dévastateur, dont toute la province aurait pu être la victime.

A son retour, le roi, écoutant peut-être trop facilement de trompeuses insinuations concertées pendant son absence, fit encore des changemens très-importans dans le ministère, sans examiner si ce jeu de bascule politique, ce dérangement d'hommes en place n'était pas plus nuisible que profitable aux intérêts de son gouvernement. En général les Hollandais voyaient toujours avec inquiétude ces mouvemens, ces mutations poussés par l'envie des courtisans, rarement utiles à la prospérité d'un État, et si opposés à l'esprit flegmatique et stationnaire des Hollandais.

Qu'on est à plaindre lorsqu'on emploie tout

pour obtenir la confiance et qu'on a fait de vains efforts pour l'inspirer. La Hollande se trouvait dans ce cas, vis-à-vis de la France ; car après avoir coopéré par de grands sacrifices à faire la guerre en Allemagne, dans l'intérêt de la France seulement, Napoléon croyait toujours avoir à se plaindre de la Hollande, « nation » *souple et fallacieuse*, dit-il, dans un moment » d'humeur, chez laquelle se fabriquent toutes » les nouvelles qui peuvent être défavorables à » la France. » Ses agens de police secrète lui affirmaient que les Hollandais faisaient avec l'Angleterre d'importantes affaires par la contrebande. Il en était bien quelque chose et plusieurs négocians hollandais se sont souvent exposés dans ce tortueux genre d'opérations commerciales, où l'appât des bénéfices leur était adroitement présenté par leurs correspondans anglais [1]. La *gazette de Leyde*, dans ses feuilles toutes dévouées aux intérêts du pays, chercha à détruire ces mauvaises impressions : elle cria très-haut à la calomnie pour étouffer la voix de la médisance, et en appela, disait-

---

[1] Voyez aux notes n° 5 la lettre de Napoléon au roi Louis.

elle, à la raison et à la loyauté. Les observateurs surent bien à quoi s'en tenir, sans être guidés par la gazette; et l'empereur, de son côté, n'en persista pas moins à dire : « que tout le pays de » Hollande était *entaché d'anglomanie et que le* » *roi en était le premier smogleur.*

L'homme le moins expert en affaires d'état, eût trouvé, dans les dispositions de la France, le pressentiment de quelques grands événemens; l'horizon politique s'obscurcissait, tous rapports affectueux entre Napoléon et Louis avaient disparu et l'on pensait, ou que l'empereur était trop absolu, ou que le roi, s'il devait se soumettre, ne le faisait jamais que de mauvaise grace, et en désespoir de cause. Dans cette lutte où les sentimens de fraternité semblaient étouffés, où les liens du sang étaient méconnus, qui cédera? Louis pressé par une puissance formidable, à laquelle il ne voudrait pas sacrifier les intérêts de sa nation, résiste avec l'arme de la raison et de l'amour de la patrie ; mais son adversaire ne peut lui tenir compte des sentimens dont il est animé, et s'il résiste encore il peut ajouter aux maux dont il n'est déjà que trop assailli. Il se résigna et trouva l'occasion d'apprendre à l'empereur qu'il n'était pas aussi dévoué à l'Angleterre qu'on voulait bien le lui persuader. Le roi était allé à Aix-la-Chapelle pour y voir *madame*, *mère*; là, il apprit que les Anglais occupaient l'*île de Walkeren* et qu'ils avaient le projet de s'emparer de la flotte française, en station sur l'Escaut. Louis n'hésita point un instant et expédia sur-le-champ l'ordre à ses généraux en Hollande de se rapprocher avec leurs forces de la ville d'Anvers, pour protéger la flotte contre les entreprises des Anglais ; toutes leurs tentatives eussent été vaines, si le général *Bruce* officier hollandais, qui commandait le fort de Batz, n'eût trahi ses devoirs en secondant les vues de l'ennemi et en laissant sans défense ce fort où il pouvait long-temps résister. Mais les troupes hollandaises, offensées d'une trahison à laquelle elles n'avaient eu aucune part, signalèrent bientôt leur courage et leur indignation en reprenant ce fort, abandonné par la lâcheté du commandant Bruce, dont le gouvernement français obtint la destitution et l'emprisonnement.

D'Aix-la-Chapelle, en passant par Amsterdam, le roi rejoignit ses généraux dans les parages d'Anvers, où il rassembla beaucoup de ses troupes, dont il forma un corps d'armée capable d'imposer aux Anglais, et déjoua une grande partie de leurs projets. Des troupes françaises se réunirent à l'armée hollandaise ; et quoiqu'il s'y refusât de bonne foi vis-à-vis des généraux français, le roi fut obligé de prendre le commandement de toutes les forces réunies sur ce point. Il se rendit à la déférence qu'on lui marquait, mais avec la crainte qu'elle ne fût point approuvée par l'empereur. Louis ne s'était point trompé, car le prince de Ponte-Corvo[1] vint bientôt prendre ce même commandement au nom de Napoléon. Louis quitta Anvers, emmenant sa garde et laissant le commandement de ses troupes au général Dumonceau. Cette conduite de l'empereur, si mortifiante pour le roi, n'était pas difficile à expliquer : il jugea qu'on se méfiait de lui, et ses conjectures, sur des événemens qu'il pressentait depuis long-temps, se justifiaient chaque jour par la quantité des troupes françaises que l'on rassemblait dans le Brabant.

La ville de *Flessingue*, bien défendue,

[1] Charles Jean Bernadote, alors maréchal de France, et aujourd'hui roi de Suède.

pouvait opposer une longue résistance, et peut-être même en faire abandonner le siége; mais après une défense très-faible, le général *Monnet*, avec quatre mille hommes de garnison, se rendit aux Anglais. Il fut mis en jugement, et sa culpabilité bien constatée.

Comme l'occupation de la Zélande par les Anglais n'avait point altéré l'amour des Hollandais pour leur souverain, on célébra la fête du roi Louis à Amsterdam, et dans toute la Hollande avec les démonstrations de l'enthousiasme et de la joie; jamais la cour n'avait été plus brillante, et pendant trois jours que durèrent les fêtes, le roi s'y montra dans une recherche toute particulière, et, quoique souffrant, il avait toujours l'expression de la bienveillance.

A l'anniversaire de la fête de sa majesté, on joignit la fête de l'ordre de l'union; le roi y distribua des décorations, et parmi les nouveaux chevaliers figuraient de braves officiers dont les honorables blessures attestaient l'intrépidité avec laquelle ils avaient reconquis, sur les Anglais, le fort de *Batz*.

Quand les Anglais eurent inondé la Zélande de leurs marchandises, ils jugèrent à propos de l'évacuer après trois mois d'occupation. Malgré l'amour de la patrie, on les vit s'éloigner avec peine, parce qu'ils avaient ravivé le commerce dans cette partie de la Hollande, et en Hollande le commerce l'emporte sur toutes les autres affections : c'est l'ame du pays. Les produits des fabriques anglaises refluaient jusque dans le palais du roi, où tout le monde, depuis le grand dignitaire jusqu'au plus simple serviteur, voulait en avoir et s'en parer : on en trouvait partout, et partout on en désirait, en dépit du décret du roi, qui les prohibait; et c'est ainsi que sont ordinairement exécutées les lois et les ordonnances qui ne sont point dans l'intérêt des peuples.

CHAPITRE VII.

Réunion à Paris des souverains alliés. — Le roi Louis hésite à s'y rendre. — Conseil des ministres à cet égard. — Le roi va à Paris. — Assemblée du corps législatif. — Arrivée du roi à Paris. — Visite à l'empereur. — Accueil fraternel. — Inquiétude du roi. — Le roi voit peu de monde à Paris. — Fâcheux pressentimens de Louis justifiés. — Réflexions à cet égard.

Quand Napoléon eut résolu de réunir à Paris tous les souverains alliés de la France, le roi de Hollande se montra peu jaloux de quitter ses états, tant il redoutait qu'un enchaînement de circonstances ne l'en éloignât peut-être pour toujours. La reine était restée à Paris depuis la mort de son fils, ayant auprès d'elle le second de ses enfans, devenu prince royal, que le roi aimait tendrement; mais Louis était peu désireux de se prêter à un rapprochement avec sa femme, et pourtant c'était le seul moyen de voir son fils chéri. Rien n'égalait son anxiété : sa tendresse paternelle le poussait vers la France, et la politique le retenait en Hollande. L'éloignement du roi pour ce voyage s'accroissait chaque jour en apprenant le nombre considérable des troupes françaises incessamment dirigées sur la Belgique. Ces mouvemens avaient tout le caractère de sourdes hostilités, et inquiétaient singulièrement le roi; refuser d'aller à Paris, c'était détruire toute harmonie entre la France et la Hollande, et préparer à celle-ci un avenir épouvantable; c'était rompre entre les deux frères, c'était une déclaration de guerre entre les deux nations : la Hollande, comme la plus faible, succomberait nécessairement, et la France lui imposerait toutes les conditions qu'exigerait sa puissance.

Avant de prendre un parti, le roi consulta ses ministres, exposa franchement toutes ses craintes, toutes ses inquiétudes, et dans le malaise d'une situation aussi délicate, il demandait avec instance, il écoutait avec beaucoup de calme les avis de tous ceux qu'il avait appelés à son conseil : il s'agissait du salut de l'État, de l'État menacé de perdre la dernière lueur d'indépendance qui lui restait encore, et avec elle le roi que la nation chérissait, quoiqu'on le lui avait imposé. Un seul des ministres, M. *Kraayenhoff*, ministre de la guerre! était d'avis que le roi ne fût point à Paris, et que l'on opposât une vigoureuse résistance à la France, si elle mettait la Hollande dans la pénible nécessité de se défendre. Les troupes affluaient de plusieurs côtés sur les frontières de la Hollande : garder le silence sur de semblables dispositions, c'était en provoquer de plus fortes encore, et se laisser entourer de légions étrangères sans se mettre sur la défensive ; c'était sans coup férir s'avouer vaincu. Mais, où prendre un point d'appui? Comment tenter une défense que les événemens rendraient extrêmement difficile? Fallait-il tourner les yeux du côté de l'Angleterre? Une alliance ouverte avec cette puissance était bien dangereuse; car, en s'affranchissant d'un côté, c'était peut-être d'un autre s'asservir davantage. Quoique Louis penchât vers l'opinion du ministre de la guerre, trouvant dans les autres ministres une opposition formelle à un projet de défense, et malgré le désir sincère de résister à l'agression de la France, il déclara qu'il irait à Paris, et qu'il cédait à la nécessité dans l'espoir que son absence pourrait être utile à l'État, améliorer le sort de la nation, au bonheur de laquelle il se sentait plus que jamais le besoin de contribuer.

Avant son départ, le roi assembla le corps législatif, auquel il annonça la résolution qu'il avait prise, sans toutefois dissimuler le danger qui pouvait suivre cette démarche ; et il eut la naïveté de demander le secret de ces aveux et de ces réticences à un corps assemblé.

Sans faste et sans l'étalage pompeux de la souveraineté, le roi partit pour Paris à la fin de novembre 1809, n'emmenant avec lui que quelques officiers [1] et un très-petit nombre de gens de service. Plein du désir de conserver à la Hollande tous ses avantages, Louis, tant qu'il fut sur les terres du royaume, ordonna toutes les mesures qui prouvaient qu'au besoin il opposerait d'abord la force aux envahissemens qu'on pourrait tenter. Son cœur était plein de

---

[1] M. Roell, ministre des affaires étrangères ; M. Roest d'Alkemade, grand maréchal du Palais ; Bloys Van Treslong, aide de camp ; M. le comte de Bylandt et le colonel Trip, écuyers ; M. Corverhoff, chambellan ; M. Snoekaert faisant fonctions de trésorier, et un secrétaire du Palais.

l'amour de la patrie. Arrivé à Paris, il descendit chez *madame, mère;* il aurait pu occuper son hôtel, mais la reine l'habitait, et c'était pour le roi une puissante raison de s'en éloigner.

D'après le peu d'harmonie qui régnait entre la France et la Hollande, et Louis se rappelant les mortifications dont il avait été abreuvé au nom de l'empereur, il s'attendait à un accueil peu fraternel : il en fut tout autrement ; Napoléon reçut son frère fort gracieusement, et avec le ton d'une amitié vive et sincère. Le roi en fut surpris, mais son cœur en fut touché. Débarrassés du fatigant cortège de l'étiquette, les deux monarques disparurent un instant devant la simple et bonne amitié : c'étaient deux frères qui, après de pénibles contestations, se revoyaient avec plaisir. On ne s'occupa point d'affaires ; on fut tout au sentiment de la satisfaction qu'on éprouvait ; mais le roi aurait voulu qu'on abordât sans hésiter, et franchement, la question, des intérêts qui depuis quelque temps divisaient les deux nations; les antécédens le rendaient méfiant, et le silence de Napoléon lui laissa peu d'illusions ; il dut voir à la manière dont on le traitait sans conséquence, qu'il serait seulement informé, par forme de simple communication, de ce qu'on exigerait de la Hollande, sans le consulter, ni s'assurer si cela entrait dans ses vues, et si de telles dispositions conviendraient aux intérêts du royaume.

Dans ce congrès de rois réunis à la cour de France, le roi de Hollande fut de tous les souverains étrangers le moins ennuyé des visites de corps, des civilités d'étiquette, dont il eut le bon esprit de s'affranchir autant que possible. Il s'en applaudissait, et disait à son aide-de-camp : « Autant j'aimerais à revoir mes anciens amis, autant je suis peu jaloux de ces honneurs rendus à mon rang seulement. » Combien il est sage le prince qui n'oublie pas plus ses premiers plaisirs que ses anciens amis!

Les fâcheux pressentimens de Louis ne se réalisèrent que trop, et le discours que Napoléon prononça au corps législatif annonça bien quel était le triste sort réservé à la Hollande; le roi eût peut-être protesté séance tenante; mais on avait eu soin de ne pas le convoquer à cette séance à laquelle assistaient tous les autres souverains alliés de la France. Le malheureux Louis fut donc réduit à dissimuler son chagrin, à concentrer son dépit; il regretta trop tard de n'être pas resté en Hollande [1].

En quittant Amsterdam, le roi, quoique pressentant bien quelques entraves, avait annoncé qu'il serait de retour dans ses états vers la fin de l'année ; mais les choses se compliquèrent à un tel point qu'il ne lui fut plus possible d'en assigner l'époque. Les affaires de la Hollande se traitaient dans le cabinet de l'empereur sans la participation du roi, parce qu'on avait la conviction qu'il ne consentirait point aux sacrifices qu'on exigerait, ni à coopérer à la direction qu'on voulait imposer à son gouvernement.

Le siècle et la postérité accorderont toujours au prince Louis Bonaparte le tribut d'éloges que lui ont justement acquis un cœur droit et un véritable amour du bien ; mais il n'a pas paru comprendre le rôle qui lui était destiné sur le trône de Hollande: il n'aurait pas dû croire un instant à la possibilité de conduire le vaisseau de l'État confié à sa surveillance autrement que dans les intérêts de la France ; il n'avait point à juger la question de savoir si le

[1] Voyez aux pièces justificatives n° 6.

système de Napoléon s'accordait avec les intérêts de la Hollande : l'empereur des Français, en le créant roi de ce pays, dont sa puissance pouvait disposer à son gré, lui avait tacitement imposé l'obligation d'un dévouement exclusif, et d'une obéissance aveugle à ses volontés suprêmes.

CHAPITRE VIII.

Tourmens du roi à Paris. — Divorce de l'empereur avec Joséphine. — Craintes du roi sur l'envahissement de la Hollande, et projet de quitter Paris incognito. — Le roi mis en surveillance. — Bruits en Hollande sur le séjour forcé du roi à Paris. — Ordres du roi pour la défense de la Hollande. — Révocation de ces ordres, et la Hollande menacée d'être réunie à la France. — Le roi forme le projet de défendre le pays. — Occupation de Berg-op-Zoom et de Bréda par les troupes françaises. — Tentatives de paix avec l'Angleterre. — Maladie du roi et visite de l'empereur. — Ordre du roi de défendre la capitale de la Hollande. — Pour conserver la Hollande, le roi consent à de nouveaux sacrifices. — Les arrêts du roi sont levés. — Apparente réconciliation entre l'empereur et le roi. — Le roi va au-devant de l'archiduchesse Marie-Louise. — Dernière entrevue de Louis avec Napoléon.

Jamais souverain ne se trouva, peut-être, dans une position aussi affligeante que celle où les circonstances avaient placé le roi de Hollande. Arraché, pour ainsi dire, du sein de son royaume, par un pouvoir despotique auquel il ne peut résister; prévoyant l'inévitable envahissement de ses états, usurpation à laquelle il lui est impossible de s'opposer ; époux malheureux ; excellent père sans pouvoir jouir du bonheur de posséder ses enfans, et voyant combler la mesure de toutes ses anxiétés par la dissolution du mariage de l'impératrice Joséphine pour laquelle il avait toujours eu une affection aussi vive que respectueuse.

La conduite de l'empereur ne pouvait plus laisser de doute au roi sur l'intention de s'emparer de la Hollande, et quoique la diplomatie dont on l'entourait cherchât encore à lui fasciner les yeux, il n'en distinguait pas moins le but proposé. Les dangers s'accroissant de jour en jour, Louis se décida, sans en prévenir l'empereur, à retourner dans ses états, afin de s'opposer, si cela était encore possible, aux violentes et injustes prétentions de son frère. Il donna secrètement ses ordres de départ ; mais l'empereur qui le faisait observer connut bientôt son projet d'évasion, et, de son côté, le roi sut qu'il était gardé à vue par des gendarmes déguisés. Parmi ces gendarmes se trouvait un ancien soldat au cinquième régiment de dragons, qui crut pouvoir trahir son incognito en faveur de son ancien colonel.

Le roi dissimula et feignit de ne pas apercevoir la surveillance dont il était l'objet, espérant trouver le moyen d'abuser son entourage. Vain espoir ! Toute tentative devint inutile ; ni la corruption, ni la ruse ne purent le débarrasser du filet dans lequel on l'avait enlacé. Il ne lui restait plus que d'avoir recours à un déguisement pour se sauver de son hôtel ; mais quitter Paris à la nuit close, monter à cheval à la barrière et courir seul à francétrier, c'est ce qu'un homme mieux portant et plus déterminé que Louis, aurait pu entreprendre ; pour lui, quoiqu'il fût jeune, sa santé toujours chancelante ne lui permettait pas une fuite aussi hardie [1].

Toutes les nouvelles politiques ressemblent au corps humain, elles ont leur adolescence et leur maturité. Les nouvelles de Paris relatives à la Hollande pénétrèrent d'abord doucement dans le royaume, et sans causer trop d'a-

---

[1] Louis avait eu une assez forte constitution ; mais depuis long-temps des douleurs rhumatismales lui avaient paralysé la main droite, et il boitait des suites d'une chute de cheval ; mais cela n'empêchait pas que le roi de Hollande, d'ailleurs occupé de sa toilette, n'eût une fort bonne tournure et c'était extérieurement le mieux des hommes de la famille.

larmes; mais chacun, en les commentant, y ajoutait et s'apprêtait à croire le mal plus grand qu'on ne l'avait envisagé. L'un disait le roi prisonnier chez lui, un autre qu'il avait eu avec l'empereur des entretiens très-orageux et que probablement il ne reviendrait point en Hollande; d'autres avaient tiré les plus fâcheuses conséquences du ton et des manières impérieuses que l'ambassadeur de France prenait avec les ministres du roi à Amsterdam. Tout concourant à accréditer ces bruits, que l'interception de toute correspondance du roi, ou des siens, ne permettrait pas de détruire, le roi se détermina à envoyer secrètement à Amsterdam un de ses écuyers, avec l'ordre positif au ministre de la guerre de mettre le pays en état de défense au moyen des inondations et de tout tenter pour s'opposer à l'occupation de la capitale par les troupes françaises. Le moyen était violent, mais c'était peut-être le seul de soustraire la Hollande à une domination imminente. On vit plus tard en Russie ce qu'on pouvait attendre d'une détermination grande et désespérée : l'incendie de Moscou a sauvé la Russie.

C'est ici le lieu de placer une observation sur l'un des traits les plus caractéristiques du génie de Napoléon. On vient de voir comment on répandait des bruits sur l'occupation de la Hollande avant que ce projet eût en apparence atteint sa maturité; il était mur pourtant, et bien arrêté, mais seulement dans la tête de l'empereur. Sa profonde connaissance des hommes lui avait montré que les peuples sont plus émus par les bruits, avant-coureurs d'un événement, que par l'événement lui-même. C'est ainsi qu'un homme illustre par son talent, par son caractère et sa fidélité à toutes les gloires légitimes, fut enfermé au Temple pour avoir parlé d'un divorce déjà résolu deux ans avant ce divorce. C'est ainsi que le rédacteur d'un journal de Milan fut jeté dans une prison pour avoir prophétisé la réunion à la France du royaume d'Etrurie. Ceux qui n'ont pas été à même de connaître la politique de Napoléon se sont faits d'étranges illusions sur la cause réelle de ces châtimens despotiques. L'empereur voulait jeter de l'éclat sur des projets non encore avoués, user l'opinion, la consulter peut-être, et frapper ensuite comme un coup de foudre quand le temps était venu d'exécuter.

Revenons aux affaires de la Hollande : Napoléon connut bientôt les mesures que le roi

avait prescrites de Paris pour la défense de ses états ; il s'en plaignit au roi et s'emporta contre lui ; mais Louis poussé dans ses derniers retranchemens opposa la fermeté à la violence, convint que tous les préparatifs de la défense pour la capitale avaient été ordonnés par lui. « J'ai été, osa-t-il dire, trompé par des pro-
» messes qu'on n'a jamais eu la volonté d'exé-
» cuter; la Hollande est lasse d'être le jouet de
» la France. » Cette dignité inaccoutumée irrita l'empereur qui s'abandonna à tout l'excès de la colère: Louis opposa le calme de résignation et le sang-froid d'une bonne conscience. L'empereur par un prompt retour sur lui-même se calma tout à coup, et annonça froidement au roi « qu'il fallait sur-le-champ révoquer
» l'ordre de la défense de la ville d'Amsterdam,
» destituer le ministre de la guerre, ou voir *la*
» *Hollande réunie à la France* et supprimer le
» titre de maréchal de Hollande pour le rem-
» placer par celui de général ou d'amiral. »

Cette entrevue étant précisément ce que le roi craignait le plus, le coup le plus terrible qu'il voulait éviter, il céda encore à l'impérieuse nécessité, et souscrivit à tout ce qu'on exigea de lui dans cette circonstance.

Au fond de son cœur, il nourrissait toujours le noble projet de garantir son pays du péril qui le menaçait; mais pour cela il fallait s'affranchir de l'espèce de captivité dans laquelle on le retenait : il voulait absolument se défendre, et pensait comme cet orateur français qui, en se proposant de défendre à la tribune une des plus essentielles de nos libertés publiques, disait : « Dans une semblable cause, comme en défendant son pays, combattre c'est vaincre, succomber c'est triompher encore ! »

Louis tenta de nouveau, mais toujours en vain, de tromper la surveillance de ses obvervateurs, espions de bon ton, et qui tous, avec les marques de la respectueuse déférence due à son rang, contrariaient ouvertement ses vues, en l'accompagnant partout, mais qui s'opposaient toujours à ce qu'il dirigeât ses promenades du côté de la barrière de Flandre.

Le premier acte d'usurpation exercé contre la Hollande fut, sans en prévenir le roi, l'occupation, par le maréchal duc de Reggio, des places de Berg-op-zoom et de Bréda : l'empereur réunit en même temps à la France tous les pays situés entre la *Meuse*, *l'Escaut* et *l'Océan*. Du lieu de sa captivité le roi, ne pouvant faire aucune résistance armée, protesta contre cette violation du droit des nations.

Sans être affranchi de ses entraves, le roi crut remarquer quelque relâchement dans la surveillance de ses gardes étrangers; il vit bientôt où tendaient ces adoucissemens dans les procédés du gouvernement français : on voulait le rendre médiateur entre la France et l'Angleterre, en faisant pressentir aux Anglais que la Hollande ne pouvait éviter d'être réunie à la France. Le roi ne partageait point cette opinion, qui alors n'était en effet, de la part de la France, qu'un piège tendu à l'Angleterre; et quoiqu'il en coutât beaucoup à sa loyauté de se prêter à un pareil artifice, Louis se rendit aux instances de la France, et envoya, en Angleterre M. *Labouchère,* homme de beaucoup de mérite, d'un esprit conciliant, très-considéré des Anglais, mais dont pourtant tous les efforts furent vains pour arriver à des négociations sérieuses.

Tant d'agitations et de contrariétés altérèrent encore plus la santé du roi; et comme en politique l'éloignement grossit souvent les objets, de sinistres bruits se répandirent en Hollande : on y publiait la nouvelle de la mort du roi; on disait que la reine, devenue régente, escortée d'un ministre étranger à la Hollande, allait changer la forme du gouvernement, et donner à la cour une physionomie plus enjouée et plus brillante; d'autres assuraient qu'un décret impérial réunissait la Hollande à la France : rien de tout cela ne se réalisa pour le moment. La seule chose qui se justifia fut la maladie du roi, qui effectivement garda le lit quelque temps, par suite des affections nerveuses, auxquelles il était sujet. Tous les souverains, assemblés alors à Paris, s'empressèrent d'aller visiter le roi de Hollande pendant sa maladie; Napoléon seul s'en était abstenu; et Louis s'affligeait de cette indifférence fraternelle, lorsqu'enfin, un jour, l'empereur parut chez son frère, et l'aborda fort amicalement. La conversation ne roula que sur des sujets assez insignifians; et si des indiscrets, les surprenant dans leur tête-à-tête, eussent pensé recueillir quelques traits intéressans de l'entretien de deux têtes couronnées, ils eussent été singulièrement trompés dans leur attente.

Louis, informé par ses ministres que l'armée française, en Brabant, s'approchait toujours de plus en plus de la ville d'Amsterdam, trouva moyen de donner des ordres précis pour mettre la capitale dans le plus imposant état de défense ; et aussitôt que sa santé le lui permit, il sortit pour s'assurer par lui-même s'il était relevé des arrêts auxquels on le condamnait depuis trop long-temps : il alla à son château de Saint-Leu, et demeura bientôt convaincu qu'il n'était point encore en liberté.

La mesure des sacrifices que la France prétendait obtenir de la Hollande n'était point encore arrivée à son comble : on voulait arracher au roi des concessions bien plus importantes que celles qu'il avait déjà faites ; il résista d'abord, et, comme de coutume, il finit par céder. Et quel autre moyen avait-il de conserver une souveraineté à laquelle il tenait beaucoup moins personnellement qu'à l'espoir de maintenir la nation hollandaise sur le tableau des puissances européennes. Il adhéra à beaucoup de choses, dont l'abandon lui coûtait infiniment ; mais rien ne put le faire consentir à la conscription ni à une imposition sur les rentes. Dans ces malheureuses négociations Louis croyait gagner tout ce qu'il ne perdait pas. Enfin cessa la surveillance qui pesait depuis si long-temps sur le malheureux Louis. Lorsque Napoléon eut obtenu de lui à peu près tout ce qu'il souhaitait, il le vit avec aménité, et chercha à rétablir entre eux des rapports d'amitié; l'empereur lui témoigna même le désir qu'il allât à Soissons au devant de l'archiduchesse *Marie-Louise*, pour l'accompagner au château de Compiègne, où il devait l'attendre, et où devaient aussi se trouver tous les autres souverains alliés de la France, à l'occasion de son mariage avec l'archiduchesse Marie-Louise.

La destinée d'une puissance du second ordre est d'être toujours soumise. Louis, pénétré de cet axiome de politique, avait, quoique à regret, mais sagement, accédé à toutes les exigeances de la puissance supérieure qui tourmentait la Hollande; et quoiqu'il fût accablé par tous les sacrifices qu'avait été obligée de faire la nation, et par une foule de tracasseries personnelles, depuis son raccommodement avec l'empereur, il se sentait soulagé d'un poids douloureux; son cœur était plus à l'aise, et sa santé meilleure : il se livra même à quelques distractions, assista comme les autres souverains à toutes les cérémonies, et à une partie des fêtes qui se donnèrent à Paris, à l'occasion du mariage de l'empereur.

Après une dernière conférence avec Napoléon, le roi ne resta que quelques heures à Paris. Son absence, qui ne devait être que d'un mois au plus, en dura quatre. Combien il souffrit de la nécessité d'être aussi long-temps éloigné de ses états; mais il oublia presque tous ses chagrins en reprenant la route de Hollande, sa chère patrie.

CHAPITRE IX.

Retour du roi dans ses états. — Députations. — La reine reparaît pour quelque temps et quitte ensuite la Hollande pour toujours. — Leyde, la Haye et Utrecht occupées par les troupes françaises. — L'autorité du roi balancée par celle du commandant français. — Le roi songe à abdiquer. — Inquiétude des esprits en Hollande. — Rixe entre un bourgeois d'Amsterdam et le cocher de l'ambassadeur de France. — L'ambassadeur prend fait et cause. — L'empereur ne veut plus d'ambassadeur de France en Hollande. — Travaux importans du roi avec ses ministres, et nominations d'ambassadeurs dans plusieurs cours. — Le duc de Reggio, au nom de la France, demande l'occupation d'Amsterdam. — Indignation du roi, et ordre d'inonder pour se défendre. — Les ministres s'opposent à ce parti. — Le roi abdique en faveur de son fils. — Message au corps législatif. — Entrée de l'armée française à Amsterdam. — Le roi quitte la Hollande. Le prince royal reconnu par le corps législatif comme roi de Hollande. — L'empereur décrète la réunion de la Hollande à la France.

Après une longue absence, Louis éprouva que la plus douce jouissance d'un souverain est celle de contempler la joie du peuple. Le retour du roi produisit une sensation d'autant plus vive, qu'on n'osait plus l'espérer. La reine aussi était très-prochainement attendue, et cet espoir présageait pour l'avenir entre les deux époux un accord, une harmonie sans lesquels il ne pouvait y avoir de beaux jours à la cour.

Les différens corps de l'État affluèrent au palais qui ne retentissait que de respectueuses félicitations et de touchantes expressions de reconnaissance et d'attachement; mais le roi, dont la bonté pourtant aurait voulu épargner la sensibilité de ceux qui lui donnaient tant de marques d'attendrissement, ne put leur cacher quelles étaient ses craintes, ses alarmes pour l'avenir. Les prétentions de la France, ses troupes sur les terres de la Hollande, le découragement de plusieurs hommes d'état, tout affligeait le roi, qui néanmoins résistait avec courage aux événemens, et s'efforçait de ranimer l'énergie des ministres.

La reine arriva; mais c'est en vain qu'on avait compté sur sa présence pour ramener quelques beaux jours à la cour. L'intérieur du palais était devenu d'une tristesse affreuse, et la désunion évidente du roi et de la reine ajoutait encore aux inquiétudes vraies ou fausses que les affaires publiques donnaient aux courtisans. Sous le prétexte de sa santé, la reine fut passer quelques jours au château du Loo, et de là, sans que son époux connût ses intentions, elle s'échappa de la Hollande, où le roi, malgré son éloignement pour elle, voulait la retenir [1].

La France, conformément aux clauses de son dernier traité avec la Hollande, fit occuper Leyde et La Haye par ses troupes, sous le commandement du maréchal duc de Reggio; d'autres troupes furent dirigées sur la Frise, et le quartier général de l'armée française en Hollande s'établit à Utrecht. Il était évident qu'on s'emparait du pays; mais, qu'opposer à d'impérieuses et irrésistibles volontés? Déjà l'autorité royale était affaiblie, balancée par celle du maréchal de France; le roi était indigné des usurpations d'autorité qu'on se permettait chaque jour, et, à ses plaintes, le duc de Reggio répondait par des ordres de l'empereur, qui

---

[1] On a trouvé au château de Loo, dans quelques papiers oubliés par la reine une lettre intéressante du marquis de Beauharnais. (Voyez les notes n° 8.) Cette lettre est autographe entre les mains de l'éditeur.

voulait tout ce que le maréchal exigeait en son nom.[1]

Depuis long-temps, on devait savoir à quoi s'en tenir sur le sort de la Hollande, mais il n'y avait plus même à se faire d'illusions. Par tous ses actes, le maréchal semblait déjà y exercer la puissance impériale qui, pour être déléguée, n'en était pas moins absolue. La couronne du roi chancelait sur sa tête, son sceptre se brisait entre ses mains, et les degrés du trône étaient plus qu'ébranlés. Comme roi, Louis, en voulant se soustraire à toute dépendance de la France, devait nécessairement heurter les vues de Napoléon, trop puissant et trop absolu pour céder à des représentations contraires à son vaste système. Ce fut alors que, ne conservant plus d'espoir, Louis voulut abdiquer en faveur de son fils : « Eh bien ! disait-il, si Napoléon a
» tellement la soif du pouvoir suprême en Hol-
» lande, son ambition sera satisfaite, puisque,
» par mon abdication, la tutelle du roi mineur
» appartenant à la France, il pourra tout à son

---

[1] Voyez à la note 8 la lettre de Napoléon au roi, l'une des pièces les plus remarquables sorties du cabinet impérial.

» aise faire exécuter ses volontés et atteindre
» son but. »

Tous les esprits en Hollande étaient dans une grande agitation, et souvent à l'agitation succédait un sombre silence qui peignait encore mieux la douloureuse inquiétude dont on était tourmenté. Chaque jour on s'attendait à de grandes nouvelles, à des événemens capables de combler la mesure des anxiétés.

A quoi tient le sort des nations! Un événement fort simple vint tout à coup résoudre une grande question politique. M. le comte de la Rochefoucauld [1] était ambassadeur de France ; son cocher, fier comme tout ce qui porte la livrée, étant un jour en grande tenue, se prit de querelle avec un habitant d'Amsterdam ; la querelle prit un caractère national, et dégénéra en rixe sérieuse. Comme la scène se passait dans

---

[1] M. Alexandre de la Rochefoucauld, fils du duc de la Rochefoucauld-Liancourt, que la France en deuil a perdu tout récemment, s'attacha au gouvernement impérial, fut successivement préfet du département de Seine et Marne, chargé de différentes missions étrangères, et notamment de l'ambassade de France en Hollande. Ses relations avec le roi Louis ne lui valurent point la bienveillance du souverain de la Hollande.

le voisinage du palais, la garde du palais s'y rendit pour rétablir l'ordre. Le parti des Hollandais, et c'était celui du roi, accusait le cocher d'avoir excité une dispute pour fournir à la France une nouvelle occasion de montrer son mécontentement contre la Hollande.

Il résulta des informations, prises par ordre du roi, que le cocher de l'ambassadeur avait réellement été insulté sans avoir fait aucune provocation. M. de la Rochefoucauld prit fait et cause, et demanda une réparation ostensible, comme si quelques sottises adressées à un homme en livrée pouvaient prendre le caractère d'une offense grave envers une puissance; si l'étiquette dit oui, au moins la raison dit non. Quoi qu'il en soit, cette misérable affaire, dont on s'efforça de tirer de grandes conséquences, occupa sérieusement le roi. L'empereur, soit qu'il eût effectivement pensé qu'on avait manqué à la France en maltraitant le cocher de son ambassadeur, soit que le plus petit prétexte lui fût bon pour arriver à la réunion de la Hollande à l'empire français, rompit tout-à-fait avec le roi, rappela son ambassadeur, déclara à l'ambassadeur de Hollande à la cour de France, M. Verhuell, qu'il ne le recevrait plus, qu'il ait à prendre ses passe-ports, et à quitter Paris dans les vingt-quatre heures[1].

Quoique l'arrêt de mort de la royauté en Hollande fut à peu près prononcé, le roi ne s'en occupait pas moins encore d'indiquer à ses ministres attristés tout ce qu'il croyait pouvoir améliorer dans les branches de l'administration. Prêt à déposer les insignes du pouvoir suprême, Louis nomma encore des ambassadeurs dans plusieurs cours, et échangea des décorations avec le roi de Prusse.

Chaque jour la France manifestait de nouvelles prétentions, et quand le roi apprit que le duc de Reggio demandait l'occupation de la capitale, et l'établissement de son quartier général dans la ville d'Amsterdam, il éprouva tout ce que l'indignation a de plus violent; cédant à un emportement trop bien justifié, il résolut de défendre sa capitale jusqu'à la dernière extrémité. En désespoir de cause il voulait user de tous les moyens en son pouvoir, et il y en a de bien puissans dans un pays arraché à la mer, par des siècles de peines et de travaux, et qu'on peut lui rendre en un instant, en détruisant

---

[1] Voyez les pièces justificatives, n° 9.

les digues. Son cœur frémit d'épouvante en songeant à la déplorable extrémité à laquelle on le réduisait; mais cette extrémité même lui semblait moins affreuse que l'humiliation à laquelle on exposait son peuple, que les usurpations incessamment exercées sur les droits et les propriétés de la nation. Pour l'aider dans ses moyens désespérés, le roi comptait et sur le peuple et sur l'armée qui l'un et l'autre étaient mécontens, et il ne doutait point qu'ils n'embrassassent sa cause qui n'était que la leur.

Le roi était au pavillon royal de Haarlem; il y convoqua à la hâte et ses ministres et ses généraux; rappela avec véhémence l'énormité des sacrifices faits par la nation, les envahissemens qui avaient lieu de tous côtés, et son autorité méconnue; il proposa enfin, pour sauver l'honneur du pays, d'inonder d'abord la capitale plutôt que de l'abandonner sans la défendre. Tout ceux qui l'écoutaient, tout en partageant son indignation ne partageaient pas l'idée du parti désespéré qu'il indiquait, pour affranchir la capitale d'une occupation de troupes étrangères.

La prudence de la propriété eut, au Conseil, plus de voix que la gloire outragée, et le roi, dont il était facile d'apaiser la colère en parlant à sa bonté, écouta des avis plus sages et renonça à toute idée d'inondation. Mais un roi dans son conseil n'est jamais seul de son opinion, et quand il change, pour se rendre à la raison, il compromet fort ceux des conseillers qui ont comme de coutume exagéré les idées du maître. C'est ce qui advint à Louis, contraint de devenir médiateur en faveur de ceux qui avaient pensé comme lui, aussitôt qu'il eut reconnu l'impossibilité d'une lutte trop inégale. L'héroïsme même peut devenir ridicule quand il n'a aucune chance de succès.

Après avoir long-temps délibéré avec ses ministres, convaincu qu'il n'y avait plus d'espérances, plus d'illusions possibles, et qu'il ne pouvait plus rien pour l'avenir de ses sujets, le roi *abdiqua en faveur de ses deux fils, sous la régence de la reine, assistée d'un conseil de régence.* Il adressa ensuite au peuple hollandais une proclamation pleine de sensibilité, et dans laquelle il poussa la magnanimité jusqu'à laisser croire à la nation qu'il chérissait et qu'il abandonnait avec tant de regret, qu'il était peut-être le seul obstacle au bonheur des Hollandais, et que dès-lors il regardait comme un devoir de se sacrifier à la tranquillité du peuple [1].

Cette proclamation au peuple, ce dernier acte d'un souverain qui se dévoue au bonheur de ses sujets, imprima partout la tristesse; on se pressait en foule pour lire ces adieux touchans d'un bon roi, oui d'un bon roi, car il aimait la religion, les lois et la patrie.

L'armée française commandée par le duc de Reggio [2], entra donc dans Amsterdam, mais le roi ne voulant pas être témoin de l'occupation de sa capitale, avait abandonné la Hollande quelques jours avant cette occupation; au moment où il remit le prince royal entre les mains

---

[1] Voyez aux notes, n⁰ˢ 10, 11, 12 et 13.

[2] Après l'abdication du roi, le maréchal Oudinot resta chargé du commandement des troupes françaises en Hollande jusqu'au commencement de la guerre de Russie. On conservera long-temps à Amsterdam le souvenir de la conduite du duc de Reggio en Hollande, où il diminua autant qu'il était en son pouvoir les charges accablantes de l'occupation militaire par l'armée française. Aussi les magistrats de la capitale, pour lui prouver leur reconnaissance, l'invitèrent le jour de la Saint-Charles à poser la première pierre d'une caserne qui devait porter son nom, et lui offrirent avant son départ une magnifique épée.

du général Bruno, l'un des grands officiers de la couronne, il laissa couler des larmes en lui faisant les plus tendres et les plus douloureux adieux. Le cœur navré, l'ame abattue, appuyé sur le bras de son aide-de-camp, M. Bloys-Van-Treslong, à minuit Louis sortit mystérieusement de son pavillon royal, à Haarlem, trouva à peu de distance une voiture, et sortit, plus en fugitif qu'en roi, de sa patrie adoptive.

Avant de quitter ses états, Louis, par un message particulier, fit connaître à Napoléon le parti qu'il venait de prendre. L'empereur reçut fort mal le chargé de cette communication (le général Vichery), non pas que l'abdication du roi déplût précisément à Napoléon, car par sa retraite il lui abandonnait la Hollande, où désormais il aurait le champ libre; mais la fuite et l'éloignement du roi n'entraient nullement dans la politique de l'empereur. Y aurait-il donc des circonstances où un conquérant ne veut pas qu'on lui donne ce qu'il veut prendre ?

Pour se conformer aux derniers vœux du roi au moment de son abdication, le ministre de l'intérieur adressa une proclamation aux habitans d'Amsterdam, afin de les engager à recevoir *comme des alliés, comme des amis* les soldats français. Le Corps législatif, aussi pour remplir les dernières instructions du roi, s'assembla immédiatement après son départ et reconnut le jeune prince qui fut complimenté sous le titre de *Louis II*, roi de Hollande.

Dans sa retraite en Allemagne, le roi eut le chagrin d'apprendre que ses plus chères volontés n'avaient point été exécutées. Son fils bien aimé ne régna pas après lui. L'empereur Napoléon, par un décret du 10 juillet 1810, réunit la Hollande à la France; Amsterdam prit le titre de troisième bonne ville de l'empire français; l'armée entière et toute la marine furent incorporées dans les armées et dans les flottes françaises, et la dette publique fut réduite au tiers.

Louis, en quittant Haarlem, se rendit d'abord à Tœplitz d'où il protesta contre la réunion de la Hollande à la France; et, ayant cessé d'être roi, n'obéit point à l'ordre de rentrer en France, transmis par l'empereur au prince grand connétable de l'empire [1].

---

[1] Voyez aux notes n° 14.

CHAPITRE X.

Le régime impérial substitué au pouvoir royal.—Le prince Lebrun gouverneur-général de la Hollande. — Le comte Daru organise les revenus de la couronne de France en Hollande. — Maison du gouverneur. — Courtisans chez le gouverneur. — Fêtes. — Auditeurs près le gouverneur. Taxe de 50 pour 0/0 sur les denrées coloniales. — Division de la Hollande par départemens. — Travaux du comte Daru, et opinion des Hollandais sur lui. — Fusion des employés subalternes de la maison du roi dans celle de l'empereur, à Paris.

La politique de Napoléon avait placé la Hollande dans cette cruelle alternative, ou de passer volontairement sous une domination étrangère, ou de recevoir la loi d'une puissance formidable, à laquelle elle ne pouvait opposer qu'une très-faible et très-inutile résistance.

Ainsi, l'empereur des Français qui, en 1806, avait créé une monarchie en Hollande, en 1810, quand le roi Louis eut abdiqué, réunit ce pays à la France, et le régime impérial fut substitué au pouvoir du roi.

Par suite de cette grande résolution de Napoléon, M. *Lebrun*, duc de Plaisance, prince archi-trésorier de l'empire, fut nommé gouverneur-général de la Hollande, et M. le comte Daru, intendant-général de la maison de l'empereur, chargé de l'organisation des revenus et des dépenses de la couronne en Hollande, selon le mode de l'administration française.

Le prince, en arrivant à Amsterdam, refusa d'habiter le palais, pour s'établir modestement dans l'hôtel qu'occupait l'ambassadeur de France du temps du roi Louis.

La maison du gouverneur était peu nombreuse. Un *secrétaire*, sujet assez médiocre, et dont le maintien, les traits et la conduite caractérisaient assez bien quelqu'un qui essaie de la dévotion ; un *secrétaire-adjoint*, Hollandais parlant et écrivant les deux langues; un *aumônier*, honnête homme, sous des dehors un peu trop mondains ; un valet-de-chambre, une femme de charge et quelques hommes de livrée. Le secrétaire-adjoint, sachant seul le hollandais, se trouvait constamment en rapport avec un concierge qui ne sut jamais un mot de français.

A peine le prince eut-il fait son modeste établissement qu'on vit chez lui se glisser avec souplesse quelques rejetons de cette antique république batave, naguère si fière de son indépendance; on y vit aussi d'anciens courtisans du dernier stathouder, et auxquels succédaient tous ceux qui avaient été comblés de grâces du roi Louis, et qui avaient brillé près du trône. Partout les courtisans sont au premier comme au dernier venu. Sans physionomie morale, les frottemens multipliés qu'ils ont éprouvés les ont entièrement défigurés. On pourrait comparer les courtisans aux Juifs; sans former une nation, ils sont les mêmes partout.

Quoique le roi Louis fût généralement aimé de ses sujets, ce passage subit d'un régime à un autre ne produisit cependant aucune espèce d'effervescence, aucune opposition, aucun acte de grand dévouement : on se borna à gémir dans le silence.

Oubliant facilement les malheurs de la veille, les Hollandais prirent le nouveau joug avec calme, et le peuple hollandais, qui, tant de fois, montra de l'esprit public, en manqua absolument dans cette circonstance importante. Mais telle est souvent l'influence des temps; elle dirige les plus grands événemens, et les peuples se façonnent assez facilement aux situations nouvelles.

Un Alcibiade qui aurait affiché le faste aurait déplu aux Hollandais; mais les manières dignes de M. Lebrun leur inspirèrent la confiance et le respect. Dispensateur des grâces et de la fortune, il se trouva bientôt assailli de protestations semblables à celles qui jadis avaient été prodiguées au prince d'Orange et au roi Louis. Les esclaves se retrouvent toujours au séjour de la puissance.

L'archi-trésorier de France, malgré son goût prononcé pour une grande simplicité, jugea qu'il était nécessaire, à l'aurore d'un nouveau gouvernement, de déployer un peu de cette pompe qui environne les cours, et qui, dans les temps de détresse commerciale, offre aux futiles industries une apparence de prospérité : quelques yeux sont éblouis et la misère est partout. Il donna des fêtes, des réunions peu fastueuses, il est vrai, mais assez brillantes pour amollir encore davantage les courtisans. Les dames qui s'étaient montrées avec éclat à la cour de Louis, reparurent à celle du gouverneur, et leurs charmes brillèrent de nouveau dans l'arène ouverte aux plaisirs. On vanta partout la courtoisie du prince, son affabilité; il eut le bon esprit de savoir amuser les grands et s'attacha le peuple avant de lui arracher tout l'or que devaient bientôt lui enlever d'énormes impôts [1].

Le prince-gouverneur avait été accompagné dans son gouvernement par trois auditeurs au conseil d'état, MM. *Finot*, *Amyot* et *Busche*, dont le dernier remplit assez long-temps les fonctions d'intendant des biens de la couronne. De la Hollande, il n'existait donc plus que son territoire. Là s'arrêta la soif de l'envahissement; les conquérans ne peuvent changer le climat d'un pays, en dénaturer le sol, détourner le cours des fleuves, détruire entièrement l'esprit

---

[1] Le produit des 50 pour 0/0 dont furent frappées toutes les denrées coloniales trouvées en Hollande au moment de sa réunion à la France, joint à d'autres contributions, avait presque encombré d'écus les appartemens du grand maréchal au palais d'Amsterdam. Cette quantité immense d'argent fut ostensiblement expédiée en bateaux jusqu'à Anvers, et delà envoyée par terre pour Paris. Quel affligeant spectacle pour les Hollandais que le départ de ces barques emportant à l'étranger des trésors, fruit de leur industrie et de leur économie, et pourtant pas une plainte ne leur échappa.

national; mais tout, excepté cela, peut devenir la proie de leur ambition.

Le gouvernement resta à peu près le même; on conserva la division par départemens, telle qu'elle avait été faite sous le roi Louis : établie à l'imitation de la division de l'empire français, c'était comme déjà un acheminement à la réunion. La Hollande, devenue partie intégrale de la France, fut soumise aux lois du pays qui l'avait vaincue, et dans l'impuissance de résister au vainqueur, elle montra une docilité qui avait toute l'apparence de la satisfaction. Le gouverneur-général n'éprouva point, dans l'organisation de cette conquête de la France, ces oppositions qui obligent malheureusement quelquefois à déployer les étendards de la force, la sévérité, selon l'exigence des événemens; on n'eut rien à craindre d'une nation prompte à se plier sous le joug, et les Hollandais eurent, dans leur résignation, le bon esprit de se soumettre aux circonstances, et, mus par le principe que toute révolution leur eût été funeste, ils se fièrent au grand vengeur des peuples, au temps.

M. Lebrun, doué d'une longue et sage expérience, vieilli dans une école où il avait pu étudier le cœur humain, et non pas seulement de son beau côté ¹, reconnut bien que l'administration française ne pouvait pas exclusivement s'adapter à l'état qu'il devait gouverner; autre pays, autres mœurs; autres préjugés et usages, et les idées de la métropole ne sont pas toujours adaptables à toutes les provinces. Aussi le gouverneur, sans s'affranchir des principes généraux, s'en éloignait quelquefois avec prudence, espérant prémunir le peuple contre quelques écarts qui trouvent leur excuse dans son ignorance. Aussi, dès que les Hollandais de distinction eurent compris qu'ils avaient pour gouverneur un homme sans exagération, ennemi des moyens violens, sachant ce que l'on doit d'indulgence aux préjugés d'un peuple qui en est idolâtre; enfin quand ils eurent reconnu en lui un homme disposé à s'identifier avec leur caractère, à maintenir dans un pays soumis à plusieurs dogmes, l'impartialité et la tolérance; ils secondèrent de tous leurs moyens l'administration paternelle du gouverneur général. Hommes et choses, tout a été entraîné.

Tandis que le prince s'occupait d'asseoir son gouvernement sur cette douceur qui n'exclut

¹ Il avait été secrétaire du chancelier Meaupeou.

point la fermeté, de faire respecter les opinions, les croyances et les mœurs, le comte Daru, aussi grand administrateur que distingué par ses vastes connaissances littéraires, travaillait sans relâche à connaître tout ce qui pouvait enrichir le domaine de la couronne. Il s'entoura de tous les hommes qui pouvaient l'aider dans ses recherches, et sa perspicacité à cet égard, comme son infatigable ténacité au travail, étonnèrent étrangement des hommes du pays qui ne soupçonnaient pas des revenus qu'on découvrit.

Des Hollandais ont reproché au comte Daru de n'avoir pas les formes aussi engageantes que le prince Lebrun : un homme franc ne refait pas son caractère ; la vivacité de M. Daru, mise en opposition avec le sang-froid batave, a d'ailleurs bien pu déconcerter quelquefois le flegme de ceux qui avaient affaire à lui. L'intendant général saisissait avec rapidité les questions administratives les plus difficiles, ne voyait point d'obstacle au bon droit ; prompt à faire exécuter, comme à concevoir, il ne voulait point de retards. Les hommes habitués à remettre au lendemain durent être contrariés. Peut-être, même, si M. Daru eût mieux connu la Hollande et les bons Hollandais, il eût sacrifié quelque chose de sa pétulance à leurs habitudes tranquilles. Il faut convenir que la lenteur hollandaise a quelque chose de désespérant pour la vivacité française.

M. le comte Daru eut de cette vivacité ; des étrangers ont pu le remarquer; mais ils auraient tort de la nommer brusquerie. D'autres Français, immédiatement employés sous les ordres de l'intendant général, n'en furent point affranchis. Ces emportemens légers et passagers prouvent bien mieux la supériorité du comte Daru dans les affaires, qu'ils ne justifient le reproche qu'on lui adressait en Hollande d'avoir des manières peu engageantes.

A cette époque, on vit affluer en Hollande une nuée d'employés, destinés à servir les administrations impériales, gens dont la plupart, étaient recrutés au hasard parmi les désœuvrés. Ils semblaient avoir un grand besoin des places qu'ils venaient occuper loin de leurs foyers ; mais bientôt ils parurent dans le monde avec une sorte de luxe, peu agréable pour ceux qui faisaient les fonds administratifs.

Lorsque Louis abdiqua le trône, il confirma dans leurs emplois tous les grands officiers de la couronne; le comte Daru convoqua ces dignitaires pour régler avec eux le budget des dépenses de leurs services jusqu'à la fin de l'exercice courant.

Le conseil de régence, constitué par Louis avant de quitter la Hollande, n'ayant point été approuvé par l'empereur qui avait ordonné la réunion, on ne conserva à Amsterdam, devenue capitale des pays réunis, qu'une faible partie du personnel des différens services de la maison du roi. Fourrier du palais, piqueurs et cochers, gens de bouche, valets de chambre, valets de pied et d'écurie, enfin tout ce qui était subalterne, et qui voulut aller en France, fut envoyé à Paris pour être employé dans la maison de l'empereur.

CHAPITRE XI.

La saint-Napoléon en Hollande. — Spectacle gratis. — Contraste des mœurs de la Hollande avec les mœurs de la France. — Officiers attachés à la maison de l'empereur en Hollande. — Droits réunis. — Conscription. — Le comte de Celles préfet d'Amsterdam, et le baron de Stassart préfet à la Haye. — Aventure périlleuse.

Ce fut au mois de juillet que la Hollande fut réunie à la France; le 15 d'août suivant il fallut célébrer la fête de l'empereur. La Saint-Napoléon fut annoncée partout. Amsterdam, la ville la plus importante du pays, se plaça au premier rang pour rendre hommage à son nouveau souverain qu'elle redoutait, sans doute, plus qu'elle ne l'aimait. Les premières autorités, les tribunaux, et surtout le prince-gouverneur, saisirent avec un grand empressement cette occasion de montrer leur zèle et leur dévouement, et la ville calculant qu'en fixant l'attention du peuple, elle pourrait mériter les grâces du souverain, fit disposer sur l'Amstel ¹ tous les préparatifs d'un grand feu d'artifice. Quelques Hollandais, hors de la ligne du peuple, disaient qu'il vaudrait mieux soulager deux cents malheureux pendant une année, que d'en récréer sans utilité un grand nombre pendant un seul instant.

Partout le peuple est avide de spectacles extraordinaires, et c'était effectivement un spectacle curieux que le mélange de la population d'Amsterdam avec le grand nombre de Français qui se trouvaient dans cette grande ville, et dont la gaîté franche et l'humeur enjouée contrastaient avec l'air sérieux des naturels du pays, auxquels il faut du temps pour se déterminer à rire. L'honneur de mettre le feu à la première pièce d'artifice fut déféré à la *baronne Alexandre Lebrun,* belle-fille du gouverneur; quelques pièces insignifiantes partirent tant bien que mal, mais l'humidité du climat ne permit point de jouir du brillant coup-d'œil des soleils, des étoiles, des faisceaux de fleurs et de ces gerbes

¹ L'Amstel, rivière importante qui baigne les murs d'Amsterdam, et dont cette ville tire son nom. (*Dam* signifie digue ou chaussée.)

radieuses et enflammées qui auraient charmé les regards de la multitude trompée dans son attente, et qui s'en retourna assez tristement chez elle.

Un spectacle plus curieux eut lieu le lendemain. On donna des représentations *gratis* aux théâtres : l'une au *Schowburg*, théâtre de la nation, et l'autre au *Théâtre-Français*, qui, dès avant l'avénement de Louis au trône de Hollande, existait à Amsterdam, ainsi qu'un théâtre allemand où des comédiens italiens donnaient aussi des représentations.

Que la populace hollandaise se soit empressée, culbutée, déchirée pour aller à un spectacle où on parlait sa langue maternelle, cela se conçoit; mais que ce même menu-peuple se soit porté en foule à une représentation donnée dans un idiôme qui lui est absolument étranger, c'est une bizarrerie bien singulière; et ce qui dût paraître encore bien plus extraordinaire, fût de voir ce même peuple, encroûté de la plus profonde ignorance, non-seulement sur la langue française, mais encore sur le mérite du style, comme sur celui du sujet mis en scène, applaudir avec une sorte de discernement inexplicable aux beautés de l'ouvrage et au magique effet produit par le talent des acteurs.

La capitale de la Hollande n'est qu'à cent vingt lieues de poste de la capitale de la France; mais par le contraste des mœurs et du caractère des habitans elle en est à mille lieues. La nature a imprimé une différence très-marquée entre deux nations aussi voisines. Le tempérament flegmatique domine évidemment chez le Hollandais. Ses traits annoncent une sorte d'énergie qui prend assez souvent le caractère de l'entêtement, mais qui se manifeste d'une manière égale et constante. Le Hollandais marche droit à son but; il ne s'en écarte jamais ; sa patience surmonte tous les obstacles; excellent ami, lorsqu'il, a éprouvé celui qu'il veut obliger; il aime le plaisir, mais il y va comme il marche aux affaires, et sa figure, exprimant presque toujours le repos, décèle rarement la sensibilité : pourtant il est très-humain, très-charitable.

Jusqu'à la fin de 1810 les grands officiers de la couronne conservèrent leurs traitemens ; mais à compter du 1er janvier 1811, toutes ces hautes dignités disparurent. Un gouverneur du palais, un adjudant du palais, un intendant des biens de la couronne, un trésorier, et un conservateur du mobilier furent chargés des services qui étaient précédemment administrés par les grands officiers. Les concierges et quelques autres employés subalternes dépendirent de ces officiers attachés à la maison de l'empereur.

Quoique les Hollandais versassent des larmes bien amères sur les *cinquante pour cent* qu'ils avaient été obligés de payer sur la valeur des marchandises anglaises trouvées chez eux, cela n'empêchait pas qu'à la dérobée ils ne conservassent quelques relations avec le commerce anglais, et qu'en fumant leur pipe, ils ne rient sous cape en songeant que tout négoce n'était pas intercepté. Ils cherchaient toujours l'occasion de frauder et de tromper la vigilance des douaniers dont plusieurs s'humanisaient volontiers en souriant à la vue de quelques ducats. Cependant, soit délicatesse, soit amour de leurs devoirs ou la crainte des ordres sévères de l'empereur, il y avait peu de ces douaniers qui fussent accessibles à la corruption, aussi étaient-ils généralement exécrés, et cette aversion publique attestait peut-être mieux que toute autre chose, combien le service des douanes se faisait en général exactement.

L'administration des droits réunis partagea avec celle des douanes l'animadversion des habitans; cette animadversion ne se manifestait pas autrement que par une humeur non dissimulée et par quelques sarcasmes secrets. Mais partout le fisc est habitué à inspirer cette espèce d'affection. En tout pays on voudrait ne rien payer au gouvernement, et il est rare que le peuple n'accuse pas les agens chargés de percevoir les deniers publics, d'être la cause de ses souffrances.

La conscription que le roi Louis avait regardée comme impossible en Hollande, et comme équivalent à la destruction des digues du pays, vint couronner l'œuvre, en portant l'inquiétude dans toutes les classes de la société, et ceux des Hollandais qui avaient applaudi à la réunion de leur pays à la France, gémissaient avec tous les autres pères de famille.

Le département du Zuider-Zée, dont Amsterdam était le chef-lieu, avait pour préfet le comte de *Celles*, alors aussi ignorant en administration qu'en politique, observateur maladroit, sans connaissance du cœur humain, étranger à ces manières affectueuses dont il aurait pu tirer un si grand parti envers ses administrés pour tempérer la rigoureuse nécessité d'une loi dont les Hollandais avaient si bien cru pouvoir être affranchis. Aussi l'incapacité du comte de Celles, son ironie et sa rudesse furent bientôt comparées aux brillantes qualités du baron de Stassart, préfet à la Haye, dont l'atticisme et la bonté égalaient l'instruction [1].

M. de Celles sans être obligé de régler sa conduite administrative sur celle d'un autre préfet, n'avait qu'à jeter les yeux sur M. de Wit, sous-préfet à Amsterdam; et en l'imitant, il aurait eu le secret, tout en remplissant ses devoirs, d'acquérir l'estime de ses administrés.

[1] Si M. *de Celles*, comte de l'empire français, redevenu baron comme autrefois, aujourd'hui ambassadeur du royaume des Pays-Bas auprès du Saint-Siége à l'occasion d'un concordat, n'a pas porté à la cour de Rome plus de liant, de dignité et de talens qu'il n'en montra dans sa préfecture; si sur les ruines du capitole il n'a pas abjuré son ironique rudesse, il est à présumer que son gouvernement n'aura pas à se louer de la mission qu'il lui a confiée.

Si madame de Genlis, l'aïeule de mademoiselle de *Valence*, épouse de M. de Celles, avait présidé à l'éducation de celui-ci, sans doute elle eût cherché à corriger un caractère aussi peu aimable.

Mais, le préfet trouva sous sa main pour le bien seconder, un sieur *Dubois*, qu'il fit chef du bureau militaire, employé marqué au coin de la plus impertinente bureaucratie et qui surpassait son patron en railleries envers les administrés.

De tels hommes lorsqu'ils sont dépositaires d'une partie de l'autorité feraient abhorrer toute espèce de gouvernement.

Ce sieur Dubois avait tellement comblé la mesure des vexations dont il poursuivait impunément un grand nombre d'habitans que quelqu'un forma le projet d'en débarrasser la société : dans l'ombre d'une nuit assez obscure, au moment où il devait sortir d'un bal masqué donné au Théâtre-Français, on guetta M. Dubois, recouvert d'un *domino*; on le suivit; ceux qui le suivaient, arrivés avec lui près du pont du *croissant* le précipitèrent dans l'Amstel, bien convaincus qu'il n'en sortirait jamais pour retrouver le chemin de la préfecture...; et pourtant on l'y retrouva encore. On avait fait une méprise : au lieu d'avoir fait faire le plongeon au chef du bureau militaire, on avait jeté dans l'Amstel, un sieur Prévot, adjudant de place, qui, par sa taille et sa structure, n'était effectivement pas sans ressemblance avec le chef du bureau militaire. Cette ressemblance était, pour l'honneur de M. Prévot, la seule qu'il eût avec le sieur Dubois, car l'adjudant de place était aussi généralement estimé que le protégé du préfet était justement détesté. M. Prévôt, victime d'une aussi fatale conformité revint heureusement au rivage, après avoir long-temps lutté contre les eaux et les obstacles. Ressemblez donc, après cela, au favori d'un préfet!

CHAPITRE XII.

Palais royaux en Hollande. — Vie privée du gouverneur, dont se plaint Napoléon. — Moyen employé par le gouverneur pour empêcher la contrebande. — Boerhaven. — Lahaye, Delft et Leyde. — Noblesse hollandaise. — Irrévérence du peuple envers les grands. — Le prince invite à la patience. — Francs-maçons.

On comptait en Hollande six palais royaux, dont le plus important était le palais d'Amsterdam, quoiqu'il n'y eût ni cours ni dégagemens. Les habitans de cette *bonne ville*, jadis républicaine, regrettaient que leur ancien hôtel de ville eût été transformé en une habitation royale [1]. En 1648, époque à laquelle ce bel

[1] Quand on construisit l'hôtel-de-ville d'Amsterdam, la Hollande était souvent le théâtre de dissensions civiles, et c'est par de sages raisons qu'en élevant ce grand édifice, où devait se trouver la banque dépositaire d'immenses richesses, on ne voulut point y faire une

édifice fut commencé, qui aurait prédit quelle serait sa destination en 1809, eût été taxé de folie. Du reste, tous les palais royaux de la Hollande avaient été garnis à grands frais avec des meubles envoyés de Paris [1]. On a vu qu'en quittant La Haye, Louis avait été habiter Utrecht. On y avait donné le nom de palais à quelques maisons contiguës achetées par le roi, en attendant qu'Amsterdam se fût soumise à l'ordre d'offrir spontanément son hôtel-de-ville.

A Haarlem, il n'y avait réellement ni châ-

de ces grandes entrées qui en auraient rendu l'abord trop facile à une populace ameutée. L'entrée principale est formée de neuf petits portiques, construits de manière que l'embrasure de chacun d'eux peut contenir une pièce de canon, qui, toutes servies de l'intérieur, auraient pu opposer une force imposante à la sédition armée pour piller les trésors de la banque.

[1] D'après une estimation faite à la fin de décembre, 1810, le mobilier du palais d'Amsterdam fut évalué à 467,691 florins, donnant en francs. .   982,151 10^c
Les quatre autres palais (Loo, Utrecht, Zoesdyk et Haarlem) pouvaient bien contenir pour 600,000 florins de meubles, donnant en francs. 1,260,000 00

                            2,242,151 10^c

teau ni palais, aussi donna-t-on le modeste titre de *pavillon royal* à l'habitation charmante qui avait appartenue à M. Hope, fameux banquier, connu de toute l'Europe et qui, dit-on, ne voulut jamais la vendre au roi.

Ce fut son bon plaisir qui l'en mit en possession. Chez les princes le besoin de changer de résidence n'est souvent que le besoin de se fuir et d'échapper à l'ennui, qui *monte en voiture et voyage avec eux*. Louis fut plus qu'aucun autre tourmenté de ce besoin : chaque maison qui offrait des agrémens particuliers devenait l'objet de sa convoitise, et à peine il en avait la jouissance qu'il en était soudain dégoûté[1].

C'est au milieu des bois qu'est situé le château de Zoesdyk, espèce de rendez-vous de chasse,

---

[1] Le roi fit de vaines instances auprès de la congrégation des frères *Moraves* à Zeist, pour obtenir l'acquisition des bâtimens qu'ils y occupaient.

La secte des frères moraves a pris naissance en Moravie vers le 15e siècle : leur culte est un mélange de protestantisme et de luthéranisme. Dans leurs couvens ils ne font point de vœux : ils croient le mariage une institution sainte, qui peut s'allier avec les devoirs religieux; ils placent au rang de ces premiers devoirs le travail et la prière, et n'ont point de prêtres. De cette habitation mal saine et fort triste où le roi aimait assez à promener sa mélancolie. On dit que jadis Zoesdyk était le lieu de plaisance favori de la maison de Nassau. A coup sûr, d'après cela, les princes de Nassau, pour s'y amuser, devaient avoir les nuits d'Young dans leur bibliothèque, s'ils cherchaient des lectures en harmonie avec leur séjour.

Le château du Loo, l'unique habitation vraiment royale en Hollande, offrait seul la possibilité d'y loger toute la cour, avec le secours cependant d'un grand hôtel garni que le roi fit bâtir au village d'Appeldoorn, à peu de distance du château.

Près de la Haye, l'ancienne résidence du Stathouder et la première du roi Louis, se trouve située la *maison du bois* où le gouver-

---

manière; personne n'est à charge à ses frères, et tout le monde, selon ses facultés, concourt au bien général. Les jours de fête, ils se rendent au temple : les hommes occupent la droite, et les femmes, la gauche : chacun se recueille et prie intérieurement : un vieillard vénérable préside l'assemblée, et un autre frère lit un chapitre de l'Evangile, dont le président explique et développe la morale. Après une courte instruction chacun se retire.

neur vint s'établir pendant la belle saison ; là il vivait encore plus modestement qu'à Amsterdam ; sa cour y était peu nombreuse et sa vie très-frugale : enfin tout ce qui l'entourait lui donnait seulement l'apparence d'un homme aisé qui vit dans une douce retraite et qui attache une sorte de jouissance à fuir le monde.

Cette existence si tranquille, et qui paraissait à l'empereur au-dessous de la dignité de l'archi-trésorier de l'empire français, chargé de représenter une grande nation dont le souverain voulait que tout ce qui émanait de lui rappelât sa puisssance, mécontentait singulièrement Napoléon ; il se plaignit plusieurs fois de cette espèce d'affectation de *vie privée* de la part d'un prince qui devait, selon lui, donner partout l'exemple de la grandeur.

Mais si l'entourage du gouverneur général n'annonçait pas la grandeur, s'il se plaisait à fuir le faste, s'il évitait les adulations, pour cela il ne négligeait pas les grands intérêts qui lui étaient confiés ; les volontés, et les volontés impérieuses de Napoléon lui étaient bien connues, et sans qu'il eût jamais la pensée de s'en écarter, il sut les concilier, autant que possible, avec les intérêts privés d'une nation dont on exigeait des sacrifices immenses. Par l'espérance de voir se rétablir la liberté du commerce, si la réduction de l'Angleterre s'opérait, le prince obtenait d'un nombre de négocians hollandais, quoique ruinés par l'inaction de renoncer à ces trop dangereuses spéculations où il fallait tromper les douanes ou séduire les douaniers. Personne mieux que M. Lebrun ne pouvait arriver à ce but où il conduisait les Hollandais par la persuasion, par la confiance qu'inspirait son caractère personnel qui lui avait gagné la nation entière.

La résidence du prince pendant la belle saison était trop voisine de *la Haye* pour que le gouverneur ne visitât pas cette ville, et il n'a jamais pu concevoir comment le roi avait pu se lasser de résider dans la plus belle ville de la Hollande, située près de la mer, dans un lieu sain et ravissant, et où l'élégance et l'étendue des édifices et des rues semblaient partager la magnificence de la cour. Sans doute le palais des anciens stathouders, formé d'un amas de maisons construites sans goût, n'offrait rien d'agréable à l'œil; mais les dispositions intérieures en étaient belles et convenables, et il en eût bien moins coûté pour embellir cette résidence vraiment royale, qu'on ne dépensa à transformer l'hôtel-de-ville d'Amsterdam en palais, à vouloir, contre le vœu des habitans d'Utrecht, en établir un dans leur ville et à faire l'acquisition d'Haarlem et d'Amswerde.

De la Haye, le prince fut à Delf, ville intéressante par la demeure qu'y a faite l'illustre Guillaume Ier, par le magnifique mausolée qu'on y voit de ce prince et par l'importance de son commerce en fromage. Delf pour la Hollande est ce que le quartier du marais est à Paris, c'est un lieu de retraite où l'on vit à fort bon compte.

Au silence qui règne dans la ville, qui est longue et triste, on ne croirait pas à l'importance de sa population. Dans la principale église est le tombeau de *Grotius*, né à Delf. Son épitaphe rappelle ses talens et ses vertus. Du haut du clocher de cette église on découvre la plus belle vue de toute la Hollande, vue dont l'étendue et la piquante variété offrent un contraste frappant avec la monotonie qui se reproduit sur tant d'autres points. Delf est, dit-on, la patrie d'Hubert Noot, créateur de la poésie élégiaque et de la poésie pastorale chez les modernes.

Leyde, séparée de la *maison du bois*, seulement par une promenade, excita la curiosité du prince ; il voulut voir l'ancienne capitale du Rhynland, placée pour ainsi dire au centre de la Hollande. Cette ville, une des plus belles des provinces unies, était principalement destinée à l'enseignement, et sous ce rapport elle a un caractère de méditation et de calme constant qui la distingue particulièrement. C'est la patrie du célèbre Lucas, mort en 1555, auteur du magnifique tableau représentant le jugement dernier. Au palais de justice on voit l'admirable tableau de *Caarl de Moor*, de Leyde, représentant Brutus condamnant ses fils. *Boerhaven* est né à Voorhout, près de Leyde. Cette ville lui a élevé un monument dans l'église Saint-Pierre avec cette courte inscription : *Au génie de Boerhaven, protecteur de la santé*. La réputation de ce célèbre médecin était si étendue, qu'un mandarin lui écrivit sous cette adresse : *A l'illustre Boerhaven, médecin, en Europe* ; la lettre parvint. Leyde s'enorgueillit aussi d'être la ville la plus voisine du lieu qui vit naître *Rembrandt*.

La noblesse hollandaise se divisait en noblesse simple et en noblesse de distinction ; l'une d'illustration et l'autre de richesse. Déjà sous le règne de *Louis*, il existait peu d'intelligence entre ces deux castes nobiliaires; à la cour, surtout, elles cherchaient à se dominer réciproquement. Le prince gouverneur, quoique représentant le souverain sut s'affranchir des instances de la noblesse et renvoyer habilement toutes ses prétentions à l'empereur, qui ne s'en occupait guère, lui qui, lorsque les flatteurs voulurent lui prouver que les *Bonaparte* étaient anciennement seigneurs de *Trévise* dit: *Je veux que ma noblesse ne date que de moi. Les anciens titres ne font pas la noblesse du jour.*

Plus tard Napoléon crut à la nécessité des anciennes institutions; car après avoir rendu à la religion son antique splendeur, il pensa ajouter à l'éclat de sa dynastie en créant une nouvelle noblesse dans laquelle il essaya de fondre l'ancienne, dérogeant ainsi aux principes de son élévation.

Quelques Français, appartenant à l'ancienne noblesse, et qui avaient accompagné le roi en Hollande, riaient sous cape des prétentions hautaines, des tons, des ridicules, des mal-à-propos des ci-devant seigneurs hollandais, et ce fut aussi l'histoire de beaucoup de gentilshommes en France. De la rivalité des deux classes nobles de la Hollande naquit une foule d'inconséquences qui tourmentaient souvent le roi *Louis*, inconséquences qui contrariaient ses vues, et qu'avec un peu plus de connaissance du cœur humain, il aurait pu éviter en déployant assez de sévérité et en n'accordant ses grâces qu'au mérite reconnu et à la bravoure éprouvée.

Dans peu de pays, si ce n'est en Italie, on donne aussi facilement qu'en Hollande de l'*Excellence* et du *Monseigneur* au plus petit gentillâtre; mais un rapprochement fort singulier, c'est que les simples bourgeois, le peuple même, qui dans leurs relations avec ce qu'on est convenu d'appeler les gens comme il faut, prodiguent si facilement les grandes épithètes, sont les gens les moins respectueux envers les grands, lorsqu'ils ne sont plus en leur présence. —J'ai vu *Van, un tel* dit un petit marchand de beurre, et ce *Van, un tel* désigné avec une sorte d'irrévérence, est pourtant un ministre que le beurrier a peut-être appelé vingt fois *excellentie* dans une audience d'un demi-quart d'heure [1].

---

[1] A Amsterdam, un sieur Vennekers, marchand de bois et de tourbes, espérant avoir la fourniture du

116   MÉMOIRES

Pourquoi s'en étonner, on se venge en secret de sa propre humiliation.

Toutes les administrations du gouvernement de la Hollande, suivaient cette salutaire impulsion que la sagesse du gouverneur imprimait aux divers services publics; et quoique obligé d'adopter des principes accommodés aux circonstances et aux temps, il ne déviait pas du système impérieusement ordonné par Napoléon. Les Hollandais se plaignaient doucement, espéraient avec confiance un meilleur avenir, et si le prince savait bien qu'on faisait la contrebande avec l'Angleterre, il savait bien aussi qu'on l'eût faite encore plus s'il avait déployé une grande sévérité et montré trop de mécontentement. Ce qui se faisait de commerce par la contrebande n'était, à proprement parler, que le simple filet d'eau filtrant presque impercep-

chauffage du gouverneur, l'appela le *Prince des Excellences*, et en rentrant chez lui, il dit à sa femme : *Lebrun m'a promis sa fourniture.*

Dans une pétition adressée au gouverneur, et où un sieur Bosch s'efforçait de rappeler tous les titres du prince, le pétitionnaire, au lieu de le nommer *duc de Plaisance*, crut sûrement lui être encore plus agréable en le qualifiant de *duc de complaisance*.

tiblement à la fermeture d'une écluse qui retient des eaux immenses. Le gouverneur général dut à cette modération l'autorité qu'il exerçait autant que cela était possible. Aucun autre que lui ne pouvait mieux faire, parce qu'il avait tout modifié selon les mœurs, les usages, et les premiers besoins du peuple.

Une des grandes erreurs du gouvernement impérial était de croire que tout, dans un pays conquis, devait annoncer la puissance du souverain, même en contrariant les mœurs populaires. Cependant on dut regarder l'établissement de deux loges françaises de francs-maçons dans Amsterdam, comme un moyen de rapprochement entre les deux peuples : l'une fut fondée sous le titre de *Saint-Napoléon*, ayant pour vénérable d'honneur le maréchal d'empire, duc de Reggio, et l'autre sous le titre de *Sainte-Marie-Louise d'Autriche*, dont le vénérable d'honneur était le comte, général Dessaix. On vit affluer un grand nombre de Hollandais qui, réunis à des Français, composèrent deux sociétés; quoique nombreuses, ces sociétés, n'éveillèrent point en apparence l'attention du gouvernement ; où s'il prit des informations, il dut être convaincu que ces loges ne pouvaient lui donner aucun ombrage: le but de la maçonnerie étant la charité fraternelle, et ses statuts repoussant toute espèce de trouble et de désordre. Les quatre loges hollandaises existaient depuis long-temps à Amsterdam, sous les titres distinctifs de la *Charité*, de la *bien-aimée*, de la *Paix* et de la *Concorde*; quoique jalouses peut-être, de la prospérité toujours croissante des loges françaises, elles s'empressèrent de venir s'y affilier et de fraterniser avec elles. On se visita de part et d'autre, et les maçons français se convainquirent que les travaux des loges hollandaises étaient empreins d'une régularité, d'une sévérité qu'on ne remarque point toujours dans les loges ouvertes en France et surtout à Paris. En Hollande, comme en Allemagne, mais surtout en Angleterre, dont il faut aussi excepter la capitale, les initiés aux mystères de la maçonnerie sont en général bien mieux choisis qu'en France, où tout porte encore le cachet de la légèreté qui a long-temps caractérisé la nation, et où les principes de la maçonnerie en s'amalgamant à la doctrine relâchée d'Épicure, en font des réunions consacrées bien plus souvent au plaisir qu'à l'instruction.

Le Grand-Orient de France avait constitué les deux loges Saint-Napoléon et Sainte-Marie-Louise d'Autriche ; il voulut obtenir de toutes les loges hollandaises qu'elles le reconnussent comme l'autorité suprême d'où elles ressortiraient désormais, pensant apparemment que le Grand-Orient de France avait conquis les loges hollandaises par le seul fait de la conquête de la Hollande, asservie depuis sa réunion au joug des lois françaises. Le Grand-Orient de France, pour faire convenablement connaître cette importante volonté, donna ses pouvoirs aux vénérables des loges Saint-Napoléon et Sainte-Marie-Louise d'Autriche, afin de provoquer un consistoire maçonique, composé de députés de toutes les loges de la Hollande. Cette grande assemblée se réunit dans le local commun aux quatre loges hollandaises de la ville d'Amsterdam ; la réunion était nombreuse, et les députés du Grand-Orient de France, en s'y présentant, y reçurent les témoignages de la plus grande déférence. La séance s'ouvrit par la communication des pouvoirs donnés par le sénat maçonique de France aux deux vénérables, ses délégués, qui firent connaître à tout l'auditoire la prétention de suprématie du Grand-Orient. La discussion s'entama, et après des débats fort longs, mais où régnèrent toujours le calme et la dignité, les députés des loges du pays, s'appuyant sur les principes même de la maçonnerie, principes dont l'immuabilité est à l'abri de toutes les vicissitudes humaines, déclarèrent hautement ne point reconnaître le Grand-Orient de France pour leur autorité supérieure, et renouvelèrent, avec beaucoup de solennité, en présence de ses délégués, le serment d'obéissance et de fidélité au Grand-Orient de Hollande, qu'aucun événement politique ne pouvait atteindre, ni dissoudre.

Si le Grand-Orient de France avait pu oublier un instant que les influences de l'ordre n'émanent que de la persuasion, abusant de la position politique dans laquelle se trouvait toute la Hollande, il lui eût été peut-être possible d'obtenir l'intervention du gouvernement pour le faire reconnaître et imposer ses lois; mais en triomphant des hommes, il n'eût point triomphé des consciences. Sa conduite eût été antimaçonique.

CHAPITRE XII.

Naissance du roi de Rome, et fêtes à cette occasion. — Apologie par un Anglais de la sobriété des Hollandais. — Réfutation par un Français. — Palais d'Anvers.

La naissance du roi de Rome pouvait avoir une grande influence sur la destinée des peuples ; c'était dans les circonstances où se trouvait l'Europe un immense événement, et le monde avait les yeux fixés sur le berceau où reposait le fils du nouveau César. La nouvelle en fut annoncée avec autant de solennité qu'elle fut accueillie avec enthousiasme. Toutes les autorités, les administrations et les Hollandais du rang le plus élevé accoururent à Amsterdam chez le prince, offrir le tribut de leurs actions de grâces à la Providence qui accordait à la France, à l'empereur un illustre rejeton. On donna des fêtes brillantes, des réunions où l'allégresse éclatait avec transport, une illumination générale où chacun chercha à se surpasser, où ceux mêmes qui au fond de leur ame n'aimaient pas la domination française, pour donner le change sur leurs opinions politiques, rivalisèrent d'exaltation et de *vivat* avec ceux dont l'expression était franche. Le prince, dans cette circonstance, réunit beaucoup de monde, donna un somptueux banquet, quoiqu'il sût bien que ces grandes assemblées ne servent qu'à attirer les parasites et les courtisans. La ville d'Amsterdam, à commencer par le palais dont l'architecture était dessinée par une immense quantité de lampions, ressemblait à ces lieux embellis par le pouvoir magique d'un génie qui, dans la chaleur de l'imagination, se serait plu à créer une ville de feu.

Cette nouvelle si importante fut aussi publiée dans les spectacles, et c'est M. Duvilliers-Duterrage, commissaire général de police, qui de sa loge, au Théâtre-Français, annonça aux spectateurs que le *héros du siècle*, *Napoléon le grand,* avait un fils qui un jour serait son digne successeur [1].

La naissance du roi de Rome, sur laquelle se fondaient des probabilités de la plus haute importance, semblait être le piédestal où devait se poser le plus brillant avenir ; ce fils de Napoléon paraissait affermir les destinées du grand empire et grouper de bonne foi autour de son gouvernement, une foule de gens que les conquêtes de la France et la force des circonstances n'avaient encore pu convaincre. Mais en Hollande, depuis cette époque, le nombre des convertis s'accroissait chaque jour, chaque jour quelqu'un se détachait du parti anti-français, car on ne voyait plus la possibilité de renverser la puissance colossale d'un souverain qui avait ébranlé tant de trônes et créé tant de monarchies. Jamais, à aucune époque de la révolution, les Hollandais ne furent aussi franchement disposés à seconder le gouvernement français, dans l'espoir qu'à la paix générale ils reprendraient leur rang parmi les puissances

[1] M. Duvilliers Duterrage, quoique remplissant des fonctions qui éloignent presque toujours l'affection du public, était parvenu à se concilier l'estime de toutes les classes de la société.

de l'Europe. La conservation entière du mobilier des palais, qu'après l'abdication, on avait eu la crainte de voir expédier pour Paris, les fortifiait dans leurs espérances.

La Hollande, en effet, par sa position géographique ne semblait nullement destinée à faire partie de l'empire français; la portion laborieuse du peuple, dont les mœurs et les usages, résultant de la nature du sol et de l'influence du climat, se trouvaient diamétralement opposés aux goûts, aux habitudes de la France.

Sir John Carr, auteur d'un voyage en Hollande, en 1809, prétend que les Hollandais ont conservé les mœurs primitives des Bataves, dont ils descendent, et la sobriété de leur premier âge. En ne faisant aucune difficulté de convenir que les Hollandais ont des mœurs fort douces, quoiqu'elles aient dû éprouver quelques modifications depuis que les *Battes* ou les *Bataves*, cent vingt ans avant la naissance de J. C., ont quitté leur pays pour se réfugier dans celui qu'on appelle aujourd'hui la Hollande, tout observateur de bonne foi contestera un peu la *sobriété* dont sir John se plait à gratifier les Hollandais, si en tout pays, par *sobriété*, on entend beaucoup de *tempérance*, de réserve et de discrétion dans la nourriture d'un peuple. En comparant la manière de vivre des Hollandais avec celle des Français, certes le prix de la sobriété ne sera pas pour les premiers [1].

La ville d'Anvers étant devenue une des plus importantes places de l'empire français, et conséquemment Napoléon devant s'y rendre quelquefois, on y disposa pour le recevoir une maison qui prit le titre de palais impérial et fut meublée aux dépens du mobilier du palais d'Amsterdam, principalement du pavillon d'Haarlem et du garde-meuble. Cette disposition altéra un peu la confiance de cette partie des habitans qui ne considérait l'abdication de Louis que comme un acte de haute politique entre lui et Napoléon; car beaucoup de

[1] En Hollande, tout homme en place, tout négociant et bourgeois, à son lever, prend du thé, et mange du pain et du beurre; quelques heures après, il déjeune fort bien, et termine ce second repas par du café et des gâteaux : il est rare qu'avant dîner il ne boive pas un ou deux verres de liqueur dans lesquels il trempe un massepain, ou toute autre pâtisserie; après cela il dîne bien; quelques heures après il va à son collège où en fumant il boit avec ses amis l'équivalent d'une à deux bouteilles de vin; et le soir il soupe en famille.

Hollandais ont long-temps pensé que le roi, qui aimait ses sujets, n'avait abdiqué que pour s'affranchir de la nécessité d'agir contre son inclination et pour laisser le champ libre à Napoléon. Le démeublement d'une partie des palais royaux, quoique peu important par lui-même, produisit donc un effet fâcheux sur la plupart des Hollandais.

CHAPITRE II.

On parle d'un prochain voyage en Hollande de Napoléon et de Marie-Louise. — Bruits à ce sujet. — Dispositions relatives à ce voyage. — Gardes d'honneur. — Personnel du voyage. — Refus du maire de Bréda. — Anecdote. — Arrivée de l'empereur et de l'impératrice. — Anecdote sur le clergé. — Napoléon et Marie-Louise au palais d'Utrecht, et revue de l'empereur. — Députation à Napoléon. — Anecdote sur l'empereur et un garçon de fourneau. — La ville d'Utrecht. — Pyramide de Zeist, et inscriptions. — Le général Marmont.

La nouvelle d'un prochain voyage en Hollande de l'empereur et de l'impératrice fournit une abondante matière à la curiosité de tous les esprits qui se nourrissent si facilement de conjectures ; le champ était extrêmement vaste, et pourtant les Hollandais, nobles et roturiers, se trouvèrent presque étourdis du coup. Le ban et l'arrière-ban de la politique, tout se mit en mouvement.

Dans l'oisiveté de leurs conversations, ils se disaient : *Que veut Napoléon ? quels sont les desseins de l'empereur? que lui demandera-t-on? qu'en obtiendra-t-on? quel est au fond sa politique? nous rendra-t-il notre roi? redeviendrons-nous république? Napoléon se départira-t-il à notre égard, de son système de concentration du pouvoir suprême?* etc., etc., etc., etc.

« . . . . Vermisseaux que nous sommes,
» Comme le Ciel se rit des vains projets des hommes. »

Que de conjectures se sont évanouies en fumée ! que de raisonnemens pleins de sens, jusqu'à ce qu'ils soient démentis par l'expérience ! que de projets qui n'ont jamais eu leur exécution, et que de choses si simples et si naturelles se sont passées sans que personne y ait songé d'avance !

Deux mois avant l'arrivée de LL. MM., partout en Hollande, on avait donné l'ordre de se disposer à les recevoir dignement. L'itinéraire de l'empereur fut envoyé au gouverneur général, et le plus petit village où devait passer Napoléon était jaloux de se montrer avec distinction. C'eût été le Grand-Turc qu'on se serait également mis en quatre pour lui plaire. Partout les hommes s'abandonnent à l'opinion du jour et en changent quand l'idole disparaît.

Presque toute la cour de France devait être du voyage, et les villes où elle devait séjourner ne voyaient pas trop la possibilité de la recevoir convenablement. La ville d'Amsterdam, où l'empereur voulait rester quelque temps, partagea cet embarras, quoique elle eût un palais fort étendu; mais aucune remise, point d'écurie qui en dépendît, et la majeure partie du service du grand écuyer, accompagnant la cour, devait être abritée. Les écuries du roi Louis, indépendamment de leur insuffisance, étaient placées dans un quartier trop éloigné du palais pour qu'on pût songer à y remiser même une section du service de l'empereur. Mais un des fourriers du palais [1], homme intelligent, ancien militaire, et qui avait campé cent fois dans sa vie, ayant appris de Napoléon et des circonstances à ne jamais reculer devant quelques difficultés, imagina, au grand étonne-

[1] M. Emery.

ment des méthodiques habitans de la ville, de convertir leur marché aux fleurs en remises et en écuries pour y établir sous d'immenses tentes les équipages de la maison de l'empereur.

Deux gardes d'honneur richement équipées, une de mer et une de terre, se formèrent dans Amsterdam et sollicitèrent l'avantage d'avoir la garde exclusive du palais pendant le séjour de LL. MM. dans la ville. La troupe de ligne, qui qualifiait ces gardes d'honneur de *milice bourgeoise*, réclama contre cette faveur, qui fut partagée entre elle et les gardes d'honneur, au grand déplaisir de ceux-ci.

Le personnel du voyage était considérable. L'empereur voulait éblouir ses nouveaux sujets et leur donner une idée de la magnificence de la cour impériale. Grands dignitaires, dames d'honneur, officiers supérieurs, aides-de-camp, chambellans, écuyers, dames d'atour, maréchaux-des-logis, fourriers, quartier-maître, gens de bouche et toute la valetaille qui se rattache aux différens services : c'était un accroissement considérable de population partout où la cour se trouverait.

Ce voyage fut un sujet inépuisable de conversation pour toutes les classes de la société :

chacun s'en entretint à sa manière, et partout, suivant le rang qu'on occupait, on parlait de finances, de modes, de politique, de guerre, de plaisirs; les beaux esprits essayaient leur éloquence en se préparant à discourir, et les femmes, en général, tout au désir de plaire et de briller, calculaient déjà l'effet qu'elles produiraient dans les fêtes qui auraient probablement lieu.

Le contrôleur du service qui précéda LL. MM. éprouva du maire de la ville de Bréda le refus de mettre à sa disposition tout ce qui pouvait être nécessaire à l'exécution de ses ordres; M. le maire, tout dévoué au parti anglais, et peu jaloux de la visite de son nouveau souverain, ne voulait absolument rien faire pour la réception de Napoléon, et le contrôleur allait dresser procès-verbal de sa désobligeance, lorsque les notables de la ville obtinrent de leur premier magistrat une courtoisie que la politique exigeait impérieusement. Il advint que dès le lendemain M. le maire, enlacé dans les honneurs de sa place, fut chargé de complimenter l'empereur à son arrivée. Napoléon était à cheval, et le maire, en déguisant son humeur nationale, lui débitait pompeusement sa harangue municipale en lui présentant les clefs de la ville ; mais l'empereur qui connaissait les opinions politiques du maire de Bréda, lui dit fort cavalièrement en donnant un coup de pied sous le plat où étaient les clefs qui tombèrent par terre : « *Retirez-vous! gardez vos clefs pour ou-* » *vrir les portes à vos chers amis les Anglais;* » *quant à moi, je n'en ai que faire pour entrer* » *dans votre ville, où je suis le maître.* »

Les extrêmes se touchent, même en politique : quinze mois après cette mésaventure du maire de Bréda, le même contrôleur du service de la maison de l'empereur [1] fut très-étonné de rencontrer dans les salons du château de Saint-Cloud, où il y avait fête, M. le maire de Bréda ayant la croix de la Légion-d'Honneur : partout il est avec le ciel des accommodemens.

A la fin de septembre 1811, Napoléon et Marie-Louise quittèrent les rives enchantées de la Seine pour se diriger vers l'atmosphère nébuleuse de la Hollande, en passant par Anvers, Berg-op-Zoom [2] et Bréda ; de là ils se rendirent

[1] M. Le Duc le jeune.
[2] A Bréda, ou à Berg-op-Zoom, le clargé de la province, qui précédemment, en prêchant contre Napoléon,

à Utrecht, où ils étaient impatiemment attendus, et où, dès le matin, toutes les autorités et les chefs des corps militaires se trouvaient assemblés pour complimenter LL. MM.

Le temps était horrible ; depuis le jour naissant il pleuvait par torrens; des courriers, trempés jusqu'aux os, annoncent que dans un quart d'heure l'empereur et Marie-Louise seront arrivés ; et, malgré la pluie, les rues étaient pleines de curieux de tout âge.

Au bruit du fouet des postillons et des plus vives acclamations, Napoléon et l'impératrice entrèrent dans la cour du palais. A peine descendu de voiture, l'empereur, malgré le mauvais temps, monta à cheval, et fut passer la revue de quelques régimens qui étaient aux portes d'Utrecht. Il était suivi d'un nombreux

---

lui donnait les noms d'*impie* et d'*ante-Christ*, changea tout-à-fait d'expressions, et dans sa harangue il appelait les bénédictions du ciel sur l'auguste souverain dont la présence dans le pays était un bienfait de la Providence. Mais l'empereur, informé de l'esprit dans lequel il avait été recommandé aux fidèles, en entendant les félicitations des députés du clergé, leur jetait malicieusement du tabac dans les yeux, et leur rappelait avec ironie leurs sermons sur l'ante-Christ.

état-major et de quelques habitans, à qui la pluie faisait payer un peu cher l'honneur d'accompagner Napoléon; mais en définitive leur position n'était pas plus désagréable que celle du maître.

Après la revue, l'empereur rentra au palais, où toutes les députations l'attendaient dans une salle immense, encore non meublée, et construite sous le règne de Louis. Sans songer à changer de vêtemens, Napoléon donna fort cavalièrement audience à tous ceux qui s'empressaient de le complimenter.

Au nom de l'empereur, le chambellan de service avait invité plusieurs personnes à dîner avec leurs majestés.

Napoléon, rentré dans ses appartemens, se sentant fatigué de sa cavalcade, se mit au lit, et lorsqu'on vint lui annoncer que le dîner était servi, il fit dire à l'impératrice de se mettre à table sans lui avec les personnes invitées. Marie-Louise vint le trouver, en lui faisant observer l'embarras où elle allait être avec une foule de personnages sérieux, auxquels elle ne saurait que dire: vaines instances! Napoléon tint bon, et l'impératrice fut obligée d'aller dîner sans l'empereur.

On se mit à table, et Dieu sait si jamais dîner fut plus triste. D'un côté, Marie-Louise ne pouvant dissimuler une sorte de malaise qui avait un peu l'apparence de la mauvaise humeur, et qui n'échappait à personne ; de l'autre, les conviés, qui se trouvaient humiliés de l'absence de l'empereur, restant au lit, quoique bien portant, et qui semblait les traiter avec une indifférence que leur empressement aurait dû leur épargner.

On touchait à la fin du second service, lorsqu'on annonça l'empereur. Il parut en simple redingote du matin et en pantoufles. Après avoir fait la sieste, il s'était ravisé ; peut-être avait-il senti l'inconvenance, l'impolitesse de sa conduite, car la couronne sur la tête, et le sceptre à la main, n'ont jamais donné le droit à un souverain d'humilier des hommes ; c'était le cas de dire :

> Prince ! soyez content du sort qui vous fit naître :
> Il ne vous fit pas roi ; soyez digne de l'être.

L'anecdote suivante donna lieu à une foule de faux bruits, à mille extravagances. Partout où se trouvait Napoléon, si ce n'est pourtant sur le champ de bataille, le valet-de-chambre de service veillait avec soin à ce qu'il y eût un bain de prêt à toute heure, et pour cela il y avait un garçon de fourneau uniquement chargé de tenir l'eau toujours au degré de chaleur qu'on savait convenir à l'empereur.

Napoléon, à Utrecht, occupa au rez-de-chaussée la chambre à coucher de son frère Louis, à laquelle la salle de bains était contiguë. Le soir de son arrivée, quand l'empereur fut couché, le garçon de fourneau, quoique harassé de fatigue et mouillé, comme beaucoup d'autres gens du service, prépara le bain et se coucha dans un cabinet voisin de celui où était la baignoire. La nuit, pour un besoin qu'il ne pouvait satisfaire où il était, il veut sortir ; mais il ne connaît point les localités ; à moitié endormi, il entrevoit une petite porte, tourne doucement le bouton, entre, et le voilà à tâtons cherchant une autre issue ; il heurte une chaise ; au bruit qu'il fait une voix forte qui était celle de l'empereur et qu'il reconnaît bien, demande : qui est là ? La méprise de ce garçon le confond, lui fait perdre la tête, lui paralyse la langue ; dans l'obscurité il touche, il dérange d'autres meubles en cherchant en vain à sortir par la porte où il est entré. L'empereur réitère sa demande et d'un ton encore plus élevé, s'imagine qu'on veut le surprendre au lit, s'en échappe, s'empare seulement d'une grosse montre d'argent qu'il avait toujours au chevet de son lit et parvient à saisir au collet le malheureux garçon de fourneau plus mort que vif et que Napoléon, éveillé dans son premier sommeil, soupçonnait au moins de vouloir attenter à ses jours. Il appelle, il crie, il jure; au bruit qu'il fait, le valet-de-chambre de service accourt, apporte de la lumière et trouve l'empereur des Français faisant presque le coup de poing avec un pauvre diable qui, pressé vigoureusement à la gorge, sans pourtant oser se défendre, cherchait à se débarrasser des mains de son adversaire. Au valet-de-chambre succéda le chambellan de service, puis l'aide-de-camp, le grand maréchal, un préfet du palais, et en un instant toute la cour fut sur pied. Avant qu'on sût la vérité, mille conjectures plus invraisemblables les unes que les autres, avaient été faites sur cet événement. On avait, disait-on, voulu enlever Napoléon, essayé de le tuer, mais il avait étouffé l'assassin. Le fait est que s'il avait eu des armes, il eût cherché à brûler la cervelle de celui qui l'éveilla de la sorte et auquel il ne porta sur la tête que quelques coups de cette grosse montre dont il s'était armé pour sa défense.

L'empereur fut le premier à rire du *quiproquo*, après s'être plaint vivement du peu de surveillance dans le service du grand maréchal, puisqu'on était parvenu si facilement au milieu de la nuit si près de sa personne.

Utrecht, est une des plus anciennes villes des provinces unies. On fait remonter son origine au troisième siècle de l'ère chrétienne et les savans lui donnent pour étymologie, *ultra trajectum*. Cette ville est un composé de bâtimens modernes et de constructions dont l'architecture rappelle dans plusieurs édifices la domination espagnole. Utrecht, où le roi Louis semblait se plaire plus que dans toutes ses autres habitations, était jadis la résidence de beaucoup de rentiers; elle est moins malsaine que beaucoup d'autres villes de la Hollande; ses environs et ses promenades en rendent le séjour fort agréable.

Sous le règne de Louis, et pendant la domination de l'empire français, il ne se présentait pas un voyageur dans le voisinage d'Utrecht que la curiosité ne le conduisît à la pyramide de

Zeist, élevée en 1803, par les ordres du général *Marmont*, au milieu du camp qu'il commandait, et qui prit plus tard (1805) le nom de camp d'Austerlitz; on avait formé le projet d'y fonder par la suite une ville qui aurait porté le nom de cette fameuse bataille.

Ce monument pyramidal fut érigé à la gloire de Napoléon. Sur les quatre faces du piédestal se trouvaient les inscriptions suivantes :

Sur la première :

A L'AUGUSTE EMPEREUR
NAPOLÉON Ier,
PÈRE DU PEUPLE ET DE L'ARMÉE,
SES ENFANS DU CAMP D'UTRECHT.

Sur la seconde :

PARTOUT OU IL COMBATTIT IL FIXA LA VICTOIRE,
PAR LUI LE TERRITOIRE FRANÇAIS FUT AGRANDI;
IL REMPLIT LE MONDE DE SA GLOIRE.

Sur la troisième :

LA MAUVAISE FOI DE L'ANGLETERRE RENOUVELLE
LA GUERRE !
IL SAURA LA PUNIR !

Sur la quatrième, on lisait le nom du commandant en chef, celui des officiers supérieurs, avec ceux des régimens qui avaient élevé la colonne [1].

[1] Le général Marmont, partout précédé par des guides, espèce de licteurs, lorsqu'il sortait était toujours accompagné d'un riche état-major dont le faste semblait n'appartenir qu'à la souveraineté, et contrastait singulièrement avec le ton modeste qu'avait eu la cour du grand Pensionnaire. Ce faste déplut beaucoup aux habitans de La Haye; ils supportaient difficilement la morgue du gouverneur, qui peut-être croyait avoir de la dignité.

CHAPITRE XIV.

Entrée de Napoléon et de Marie Louise à Amsterdam. — Prisonniers Espagnols. — Députations. — L'impératrice achète des marchandises anglaises. — Constant premier valet-de-chambre de Napoléon. — L'empereur et l'impératrice au spectacle hollandais. — Comédiens et auteur français. — Représentation du chantier de Saardam. — Refus de l'empereur d'aller au Théâtre-Français à Amsterdam. — Mademoiselle Bourgoin. — Fête à *Félix-méritis*. — Boutade de Napoléon à l'occasion de l'odeur de la pipe. — Fête nautique, et annonce de l'apparition de la première dent du roi de Rome.

Dans un char éclatant attelé de brillans coursiers, l'impératrice, entourée du faste de la souveraineté, devança de quelques heures, à Amsterdam, son impérial époux qui devait y faire son entrée à cheval.

Ce jour-là, partout où passèrent LL. MM. la ville d'Amsterdam, au moyen de poteaux plantés à peu de distance l'un de l'autre, avait fait tendre des deux côtés de chaque rue, et sur une étendue considérable, une draperie aux trois couleurs qui produisait un très-bel effet. Le cortége était imposant, et indépendamment des ornemens exécutés aux frais de la ville, chaque maison était décorée diversement et avec beaucoup de magnificence ; l'air retentissait de *vivat* et de cris d'allégresse, surtout à l'approche des arcs de triomphe, où l'impératrice avait la complaisance de s'arrêter pour en admirer la beauté, et où, par un sourire gracieux, elle semblait dire combien elle était flattée des inscriptions qu'elle lisait avec attendrissement. Cette complaisance si facile donnait du charme à l'éclat de la majesté impériale.

On était dans l'enchantement ; on éprouvait le délire de l'admiration ! et pourtant on n'avait point encore vu l'empereur.

Un corps nombreux de cavalerie, dans le plus bel appareil militaire, dans la plus riche tenue, défilait depuis quelque temps et allait se ranger en bataille sur la place du *Dam*, vis-à-vis la façade du palais, lorsqu'un bruit précurseur semble annoncer Napoléon ; on redouble d'attention, on change de place par l'espoir d'en avoir une meilleure, on se hausse, on se heurte, on se pousse, et de loin on croit apercevoir l'objet de son impatiente curiosité. Un groupe de cavaliers encore éloigné, mais qu'on distinguait parfaitement par l'éclat des broderies, s'avance lentement et offre aux yeux des curieux étonnés et ravis, le spectacle du plus brillant état-major. Chacun se demandait avec inquiétude : mais où est donc l'empereur ? Ceux qui ne l'avaient point encore vu, et ceux qui jugent de la dignité de l'homme par le costume, s'imaginaient le reconnaître dans le cavalier le plus richement décoré. L'état-major passe et l'empereur n'a point encore paru. On craint que dans la foule il n'ait échappé ; on s'impatiente, on espère de nouveau. . . . . . Le voilà! le voilà! s'écrie avec enthousiasme quelqu'un qui le connaissait. . . . . . *Vive l'empereur! vive l'empereur!* A travers la simplicité de sa mise perçaient les rayons de sa gloire. Il était près de ceux qui le cherchaient encore, et, si modestement vêtu, on n'aurait pas soupçonné qu'on touchait presque à l'illustre guerrier, au grand homme, qui, à cette époque, décidait des destinées de l'Europe. Roustan, le mamelouk Roustan, cet ingrat Bédouin qui lui était encore fidèle, le suivait et formait à peu près toute sa garde personnelle.

Les autorités et les notables, dont se compose partout le public des honnêtes gens avaient sur le cœur les 50 pour cent payés sur la valeur des marchandises anglaises; au fond de leur ame ils portaient un douloureux ressentiment à celui qu'ils s'efforçaient d'accueillir avec un respectueux empressement; ils ne partageaient pas les sentimens d'admiration du peuple des rues; mais obligés de subir la loi du plus fort, ils faisaient *contre fortune bon cœur*; dans la circonstance, ils laissaient voguer leur barque sur le fleuve du temps et plaçaient un doux espoir dans l'avenir.

Le palais était encombré jusqu'au faîte par les différens services que la cour y attirait, et encore avait-on été obligé de loger en ville un grand nombre d'officiers de la maison de l'empereur.

Parmi les employés subalternes destinés au service du palais il y avait beaucoup de gens du pays, hommes et femmes [1] qui n'entendaient pas

---

[1] « En Hollande, le nettoiement intérieur des maisons » est confié à des femmes; dans chaque palais il y avait

plus le français, que les Français qu'ils devaient servir ne comprenaient le hollandais ; et souvent il résulta de cette double ignorance une confusion, un désordre inimaginable et quelquefois des cacophonies fort singulières.

Un contraste fâcheux et qu'un peu de prévoyance aurait prévenu vint tout à coup obscurcir le plus beau jour. A peine LL. MM. étaient-elles parvenues dans leurs appartemens, toute la ville étant dans l'enthousiasme et la joie, que sous les croisées même du palais, passe une colonne de prisonniers espagnols. Leur profonde misère, leur physionomie cadavéreuse offrait une opposition qui révolta. Ces malheureux, qui de Haarlem étaient dirigés sur Utrecht, n'auraient pas dû ce jour-là paraître dans Amsterdam, où leur présence arracha autant de muettes imprécations contre la guerre, qu'on avait fait entendre de cris d'allégresse à l'arrivée de Napoléon et de Marie-Louise.

» un certain nombre de nettoyeuses occupées à l'année
» à épousseter, laver, fourbir, faire les appartemens,
» mais elles n'avaient pas pour elles-mêmes la propreté
» qu'elles entretenaient si bien dans leurs appartemens. »

Le lendemain de l'entrée de l'empereur, le palais fut rempli de députations qui demandaient avec instance l'honneur d'être présentées à leurs nouveaux souverains.

Chaque députation embouchant la trompette de la flatterie, se renferma dans le cercle si bien connu de ces hommages, de ces félicitations d'usage en pareille occurrence; on y employa les phrases de rigueur, les périodes nombreuses, les tours élégans et toute l'éloquence des protestations les plus fortes.

Celle-ci : « En s'acquittant d'un devoir aussi
» sacré, aussi solennel s'énorgueillissait de voir
» le sceptre confié à d'aussi augustes mains. »

Celle-là : « Invoquait le génie créateur de
» *Napoléon le grand* pour relever l'industrie et
» le commerce de la Hollande. »

Une autre : « En s'applaudissant de la nou-
» velle forme du gouvernement, regardait
» comme une insigne faveur de la divine pro-
» vidence la réunion de la Hollande à la France,
» et voyait dans l'empereur un envoyé de Dieu
» pour le bonheur des Hollandais. »

Et une dernière : « Que les bons souverains
» sont le plus précieux don que Dieu puisse
» faire aux hommes; que désormais les Hol-

« landais appelés à jouir de la bienveillance de
» leur auguste nouveau souverain, n'auraient
» chaque jour que des actions de grâce à ren-
» dre à ce Dieu de bonté qui venait de com-
» bler leurs vœux les plus ardens. »

Le vaste champ de la flatterie était ouvert et d'honnêtes gens trahissaient peut-être leur conscience en se couvrant d'une artificieuse hypocrisie. C'est ce qu'on appelle savoir se conformer aux temps. Tous ces discours accommodés aux circonstances ressemblaient parfaitement, à quelques expressions près, à ceux qui furent adressés, et peut-être par les mêmes hommes, au roi *Louis*, lors de son avénement au trône; et quand le prince d'*Orange* vint de nouveau régner sur la Hollande, il est probable que c'est dans les mêmes termes qu'on l'aura félicité sur son heureux retour.

Les réponses faites à ces discours par le roi Louis, par Napoléon et par le prince d'Orange, eurent à peu près aussi la même contexture, quoique ces trois orateurs n'aient pas été doués précisément du même genre d'éloquence. Après avoir remercié les différens corps qui les complimentaient, ces souverains auront promis de *protéger la justice et le commerce*, *d'encourager les arts, d'affectionner leurs sujets et de les soulager :* c'est tout ce qu'ils pouvaient répondre de plus flatteur aux vœux et aux sentimens qui leur avaient été exprimés.

Où l'adulation ne se laisse-t-elle pas entraîner! Tandis que les députations établissaient des comparaisons entre *Napoléon*, *Alexandre* et *César*, quoique l'empereur ne ressemblât à personne, d'autres Hollandais, chaque fois que l'empereur sortait à pied du palais pour monter une petite barque, s'empressaient, se disputaient avec la *ville* l'honneur de couvrir de riches tapis, non-seulement le chemin qu'il y avait du palais au canal, mais encore la barque qui conduisait Napoléon dans les nombreux établissemens d'Amsterdam.

Pendant ce temps-là Marie Louise, à l'insçu de l'empereur, cherchait, pour sa toilette, à se procurer des marchandises anglaises; et pour cela, une dame d'atours[1] mettait en campagne tout ce qu'il y avait de plus fin, de plus madré parmi les enfans de Jacob, qui faisaient payer au centuple tout ce qu'ils vendaient, afin de se dédommager du danger qu'il y avait à se

[1] Madame Durand.

mettre en contravention ouverte sous les yeux même de Napoléon.

Constant [1], le premier valet-de-chambre de l'empereur, quoiqu'il sût bien que son maître abhorrait tout ce qui venait de l'Angleterre, eut pourtant l'indiscrétion d'acheter des objets qui y avaient été manufacturés; l'empereur en fut informé, et sur-le-champ donna l'ordre au grand chambellan et au grand maréchal de renvoyer ce fraudeur en France, en le dépossédant de son emploi. *Constant*, qui savait que Marie Louise faisait aussi un peu la fraude, sollicita de sa bienveillance qu'elle obtînt sa grâce de Napoléon. En l'accordant, mais non pas sans peine, il protesta qu'à l'avenir il ferait

---

[1] Constant n'est que le prénom de ce premier valet-de-chambre de Napoléon : son nom de famille est Wéry. Constant, qui avait reçu de l'empereur, à Fontainebleau, une gratification de 50,000 fr., en promettant de l'accompagner à l'île d'Elbe, après avoir couché son maître, la veille de son départ, l'abandonna indignement, lorsque d'autres, sans nul motif d'intérêt, se firent un glorieux devoir de partager le sort du souverain déchu. La fortune a puni Constant de sa déloyauté, en lui faisant faire de fausses spéculations commerciales. Aujourd'hui il végète à peu près sans ressources, chargé du poids de son ingratitude.

pendre au mât de misaine du premier bâtiment en rade *celui* qui aurait enfreint ses ordres : L'impératrice, jouant sur le mot, fit observer à l'empereur qu'en disant *celui*, il n'avait sûrement pas entendu dire aussi *celle :* Que voulez-vous dire, madame ? répliqua Napoléon avec un peu d'humeur. — C'est, dit l'impératrice, que la duchesse de *Montebello* et moi n'avons pu résister à la tentation, et que nous supplions votre majesté de nous infliger une peine moins rigoureuse qu'à *celui*... Napoléon, désarmé par le ton plaisant de Marie Louise, sourit et dit à l'impératrice, avec une expression de bonté qu'il avait toujours avec elle : Et vous donc aussi, ma chère amie, vous conspirez contre mon système, qui tend à réduire les Anglais. Grand enfant! vous ne voulez de leurs *articles* que parce que je les défends ; pour l'amour de moi, n'en portez pas, je vous en prie. Marie Louise le lui promit d'une manière si affectueuse, que l'empereur fut fort aimable avec elle ; et dans ce moment, *Napoléon le Grand* eut avec son auguste épouse toute la bonhomie d'un bon bourgeois auprès de sa femme.

Le soir de ce jour-là, LL. MM. devaient aller au spectacle hollandais, et ce fut Napoléon qui présida au choix des étoffes, qui aida même à la toilette de Marie Louise. Il était fort curieux de voir ce puissant monarque, dont toute l'Europe s'occupait alors, oublier tout-à-fait qu'il était empereur et roi pour descendre presque à des détails de femme-de-chambre.

Une partie des artistes du Théâtre-Français de Paris avait suivi la cour en Hollande. *Talma*, au-dessus de tout éloge comme de toute comparaison, ce grand tragédien, cet homme si bon, que toute la France regrette, déploya ses admirables talens sur le théâtre hollandais, dans les rôles de *Bayard* et d'*Orosmane*. M. Alissan de Chazet, auteur poète, suivant la cour, fit représenter, sur le théâtre hollandais, par les comédiens français d'Amsterdam, le *chantier de Saardam*, à propos-vaudeville, qu'il avait composé à l'occasion du séjour de Napoléon en Hollande. La foule était considérable. LL. MM. furent accueillies avec la fureur de l'enthousiasme, et plusieurs flatteuses allusions attestèrent l'envie qu'on avait de mériter la bienveillance des augustes spectateurs.

Ce fut toujours en vain que les comédiens du Théâtre-Français, en résidence à Amsterdam, sollicitèrent de l'empereur la haute faveur de le voir, une fois seulement, assister à leurs représentations : peu de personnes ont su le véritable motif de cette espèce de boutade contre un théâtre dont les acteurs, pendant tout le séjour de la cour en Hollande, s'efforçaient de représenter des pièces qui devaient plaire à l'empereur. Dans maintes occasions il accorda sa protection à toute société, à tout établissement, chez l'étranger, qui rappelait la domination française ; cette fois il n'en fut pas ainsi, et voici pourquoi. Mademoiselle Bourgoin, l'une des déléguées de la cour de Thalie, pour être du voyage en Hollande, mademoiselle Bourgoin, étourdie, avait, disait-on, succombé à la tentation de faire quelques révélations indiscrètes, se flattant même, tout haut, d'attirer l'empereur au théâtre où elle jouerait. Ces petites fanfaronnades, qui n'étaient point des fanfaronnades de vertu, allèrent jusques aux oreilles de l'empereur, qui ne voulut point paraître au théâtre; il chargea *Talma*, pour lequel il avait une grande bienveillance, d'engager la jolie actrice à se taire, et de lui annoncer qu'à la plus petite indiscrétion elle serait, sous bonne escorte, reconduite en France.

Dans chaque palais, en Hollande, il y avait une bibliothèque; la plus importante était celle du palais d'Amsterdam : elle ne contenait que quatre mille trois cent vingt-cinq volumes, dont un tiers d'ouvrages en hollandais : en général cette bibliothèque était fort bien composée, sans qu'on y trouvât cependant des livres d'une rareté précieuse. La plupart des ouvrages français étaient en fort belles éditions, et presque toutes fournies par MM. Bossange et Ocessar, libraires à Paris.

Le seul palais d'Amsterdam possédait un cabinet topographique, contenant des cartes de toutes les parties du monde, et il y en avait de fort belles. Sur deux cent soixante-six objets divisés en atlas, cartes itinéraires, plans, croquis et reconnaissances de cours de fleuves, Napoléon fit faire un choix et l'envoya à son bureau topographique, à Paris.

La ville d'Amsterdam prépara, à grands frais, une fête somptueuse dans le superbe local de *Félix méritis;* et afin que LL. MM. arrivassent plus commodément, on fit élargir, sur une étendue assez considérable, le quai par où l'empereur et l'impératrice devaient arriver. L'ameublement de ce vaste établissement fut entièrement renouvelé. Tout ce que l'on put imaginer de plus élégant fut exécuté avec beaucoup de faste. Les commissaires de la fête y avaient rassemblé tout ce que la Hollande possédait d'hommes les plus remarquables dans tous les genres; et le jour où la réunion eut lieu, chacun attendait avec impatience l'arrivée de l'empereur et de l'impératrice. Ils parurent enfin au milieu d'une foule avide de les voir de près. On n'avait rien négligé pour être agréable à LL MM., et le plus léger témoignage de bienveillance et de satisfaction aurait suffi pour récompenser des soins aussi empressés, et acquitter des dépenses aussi considérables. Napoléon fut conduit dans les appartemens par des Hollandais aussi distingués par leur naissance que profondément instruits : à peine si on pouvait le suivre, et jamais peut-être il ne fut plus silencieux. Il se montra un seul instant dans la salle d'apparat, mais sans s'y arrêter, traversa les autres pièces avec la même précipitation; et parvenu à la dernière, il fit dire à l'impératrice qu'il s'en allait parce qu'il ne pouvait rester dans un lieu qui *puait autant le tabac fumé*, et il sortit.

Étrange et incroyable brusquerie de la part d'un homme qui, dans les camps, était entouré de militaires qui fumaient sans cesse, et qui visita tant de fois, sans élever la moindre plainte, des casernes imprégnées de l'odeur du tabac.

Rien ne saurait se comparer à l'étonnement que ne dissimulèrent point les assistans, si ce n'est la profonde indignation qu'inspira une sortie aussi désobligeante, indignation que pourtant la politique obligea de ne pas manifester : mais les Hollandais ne pardonnèrent jamais à l'empereur cette insultante ironie.

Napoléon avait parfois ce ton offensant qu'on ne savait trop bien juger. Était-ce préoccupation, ou intention d'injurier? Il n'était pas méchant, et pourtant il se plaisait à des taquineries qui avaient tout le caractère de la malignité.

On tenta de lui donner une autre fête, une fête nautique, et, dans un pays où les hommes vivent pour ainsi dire habituellement dans l'eau, on crut lui offrir une agréable distraction.

A l'aide de constructions ingénieuses au pont *des Amoureux*, sur l'*Amstel*, dont les rives sont ornées d'habitations charmantes, on disposa des pavillons, où le goût, la richesse et une sorte de galanterie semblaient rivaliser. A des courses maritimes, à des joûtes où des matelots bataves se disputaient la gloire d'amuser un instant leurs nouveaux souverains, succéda, au moment du crépuscule, un feu d'artifice qui sans doute aurait été fort beau, mais l'humidité conspira contre ce bouquet de la fête, ce qui fit dire à Napoléon, qui ce jour-là était d'assez bonne humeur : « *Oh! non, ces* » *bons Hollandais, ils ne sont pas nés pour l'ar-* » *tifice.* »

Ce fut en rentrant au palais, après cette fête, si malencontreusement terminée, que Napoléon reçut un courrier de Paris, qui lui annonçait l'apparition de la première dent du roi de Rome.

CHAPITRE XV.

Voyage de l'empereur dans les départemens hollandais. — Napoléon à la cabane de Pierre le Grand. — Saardam et Broek. — Alkmaar. — Les dames nord-hollandaises. — Le Helder et le Texel. — Coquetterie des femmes, et costume des hommes. — Prieurs de convois. — Le centenaire et Bonaparte. — Napoléon mystifié. — L'impératrice Marie Louise à Haarlem. — Fleurs.

Pendant son séjour à Amsterdam, l'empereur s'était occupé de toutes les parties de l'administration : il avait reçu une foule de pétitions et de projets dont chaque auteur garantissait la bonté. Au bout de quelques jours, il voulut faire quelques excursions dans le pays, et se fit accompagner par une faible partie de son entourage. Il s'embarqua sur l'Y, dans un joli jacht, et un quart-d'heure après, il mit pied à terre au village de Nieuwendam. Comme il se trouvait dans le voisinage de *Saardam*, Napoléon voulut aller visiter la modeste chaumière qui abrita quelque temps *Pierre-le-Grand* lorsqu'il vint en Hollande, sous le nom de *Pierre Michaëloff*, étudier la construction. L'empereur s'y arrêta un quart-d'heure, examina avec beaucoup de sang-froid cette habitation grossière, et en s'en allant, il dit à son grand maréchal du palais : « *Voici, général, à mon avis, le plus beau monument qu'il y ait en Hollande.* »

Plusieurs personnes de la suite de l'empereur feuilletèrent un *album* toujours ouvert, et où beaucoup de visiteurs écrivent leurs noms. En examinant ce livre, on voit que le nombre des femmes égale presque celui des hommes, d'où l'on peut conclure que ce pélerinage à la mémoire de *Pieterbaas* (*maître Pierre*), a toujours pour but une partie de plaisir.

Saardam était jadis une ville fort opulente, mais elle est bien déchue depuis que le gouvernement a cessé d'y faire construire des vaisseaux de guerre. On y remarque encore aujourd'hui près de deux mille moulins à vent, qui tous mettent en mouvement des usines, surtout pour scier le bois et râper le tabac. De fort belles manufactures de papiers y sont établies, et l'on vint offrir à l'empereur de beaux échantillons, parmi lesquels on distinguait dans une médaille son effigie fort bien représentée, avec cette légende : *Napoléon, empereur des Français et roi d'Italie.* Cette attention flatta beaucoup Napoléon, qui en témoigna toute sa satisfaction aux chefs, et laissa aux ouvriers des marques de sa générosité.

Broek, dont la Nord-Hollande s'enorgueillit comme d'une huitième merveille, excita médiocrement la curiosité de Napoléon; mais se trouvant à si peu de distance de ce village si renommé, il y alla, et n'en fut pas plus émerveillé que sa suite. Des rues fort propres, il est vrai, et pavées en petits cailloux de couleur; des maisons en bois, peintes en vert et en blanc, imitant de grands jouets d'enfant; des volets qui ne s'ouvrent que très-rarement; des habitans qui ne se montrent presque point; des jardins dont les charmilles représentent toutes sortes d'espèces d'animaux, vrai muséum d'histoire naturelle végétale; enfin personne ne trouva là matière à s'extasier.

En quittant ce triste et silencieux village, l'empereur témoigna le désir d'aller directement à *Alkmaar*, la plus belle ville de la Nord-Hollande, bien bâtie, entretenue avec beaucoup de propreté, et située dans une plaine très-belle et très-agréable. Quoique Napoléon voulût, pour ainsi dire, faire incognito ces petits voyages, il n'en était pas moins assailli, salué, complimenté, souvent ennuyé, comme il le disait, et malgré lui il reçut les autorités et les félicitations de la ville d'Alkmaar; mais il y a des compensations en toute chose, et la beauté des dames nord-hollandaises est venue dédommager les voyageurs du fastidieux cérémonial de la grandeur. Ces dames sont généralement jolies, et leur costume, tout à la fois riche et d'une apparente simplicité, ajoute encore à leurs charmes, et donne à toutes les femmes, jusqu'à l'âge de trente ans, l'air innocent et modeste qu'on remarque en France dans une jeune personne bien née. D'Alkmaar, l'empereur fut à *Mideemblik*, où il ne fit que passer, car il était impatient de voir le *Helder*, dont il admira la digue, en donnant les plus grands éloges aux constructeurs d'un travail aussi beau, aussi utile. Du Helder il fut à l'île du *Texel*, qu'il visita avec le plus grand intérêt. En revenant du Texel, il s'arrêta à *Monnikendam*, petite ville bien moins agréable que celle d'Alkmaar, mais où les femmes semblent les plus jolies de toute la Nord-Hollande; elles ont dans le maintien une sorte de volupté qui leur prête un attrait ravissant, et dont pourtant la modestie ne peut s'offenser.

En tout pays, pour l'élégance, la tournure et les manières agréables que leur donne un peu de coquetterie, les femmes semblent toujours avoir un siècle d'avance sur les hommes, et l'exactitude de cette observation est surtout frappante dans les petites villes de Hollande; en effet, les hommes y sont habillés sans goût, toujours en couleur sombre; ils marchent, dès l'aurore naissante, aussi lourdement que s'ils étaient accablés de fatigue. On en voit encore quelques-uns, mais bien peu, comme pour conserver la tradition, qui portent le chapeau à trois cornes et la perruque à boucles. Ce costume, en y ajoutant un manteau, un rabat et un long crêpe, devient celui des *prieurs de convois* (aanspreekers), gens destinés à annoncer les décès, et qui, lorsqu'ils substituent à ces signes de deuil une cravate à longs bouts pendans, et des gants blancs, sont les hérauts chargés de proclamer les naissances ; mais, dans l'un comme dans l'autre emploi, leur voix glapissante et leur gravité pédantesque caractérisent la sottise et la fausse importance.

Dans une des petites villes de la Nord-Hollande, quelques notables ayant offert leurs hommages à Napoléon, on lui demanda la permission de lui présenter un vieillard centenaire (101 ans 3 mois 5 jours), il le permit aussitôt. Il vit un vieillard bien portant, peu courbé et qui dans son jeune âge avait servi dans les gardes du Stadhouder ; mais le Nestor de la contrée ne savait pas un mot de français, et ce ne fut que par l'intermédiaire d'un ex-bourguemestre que l'empereur put lui adresser quelque chose de flatteur. Ce brave homme, dans une pétition qu'il présentait au souverain, le suppliait d'exempter de la conscription un de ses petits fils, qu'il appelait son bâton de vieillesse. Napoléon en prenant sa pétition, lui fit donner l'assurance qu'on ne le priverait point de l'appui de ses vieux jours, et il chargea le maréchal Duroc de lui laisser un témoignage de sa libéralité.

De retour à Amsterdam, lorsqu'on rassembla les nombreuses pétitions présentées à l'empereur, en voyant celle du centenaire signée *P. Boernaat*, on remarqua que la lettre initiale du prénom du vieillard réunie à toutes les autres lettres de son nom de famille, formaient exactement l'anagrame du mot *Bonaparte*. Ce fait est de la plus grande exactitude.

Napoléon devait s'arrêter aussi dans le village de Veenhuizen. On savait d'avance que l'on y jouirait de la présence du souverain, aussi commanda-t-on pour le recevoir quelques hommes armés tant bien que mal, et qui prirent le titre de garde nationale; on leur adjoignit un Français, établi dans le pays, ancien trompette major, jouant de la clarinette.

Près d'une espèce d'arc-de-triomphe dressé à l'entrée de la ville, les autorités, des notables et le peuple, la garde nationale et le musicien attendaient le monarque. — Il paraît! Le trompette major, distrait sans doute par la présence imposante de Napoléon, au lieu de jouer comme il se l'était bien promis, l'air obligé : *Où peut-on être mieux qu'au sein de sa famille*, joua de toutes ses forces l'air: *Ah! le bel oiseau maman*, etc. L'empereur étonné, mécontent, bouda les autorités, ne voulut entendre aucune félicitation et traversa le village sans s'y arrêter.

Il y a chez les plus grands hommes une place pour les petitesses.

Pendant l'absence de l'empereur, Marie-Louise occupait seule le palais, c'est-à-dire, entourée d'une cour très-nombreuse, car son époux n'était accompagné que de peu de monde. On cherchait à la distraire, mais on ne distrait pas une impératrice comme une autre personne, et l'étiquette est toujours là, qui souvent du haut de sa grandeur donne la main à l'ennui.

Marie-Louise voulut voir *Haarlem* dont on lui avait beaucoup vanté les fleurs : cette ville semble effectivement s'élever au milieu d'un vaste parterre d'où s'exhalent mille odeurs délicieuses. Les rues, les avenues, les maisons sont larges et spacieuses et attestent l'aisance des habitans. L'impératrice descendit au pavillon royal du frère de Napoléon ; de là elle fut visiter plusieurs jardins de la ville où elle admira les plus belles espèces de jacinthes et de tulipes ; elle alla voir ce fameux orgue soutenu par des colonnes de porphyre et qu'on dit être le plus beau buffet qui existe. Elle parut à Haarlem un jour où les promenades, qui sont charmantes, étaient dans le plus brillant éclat par le concours et le choix des promeneurs ; de là elle fut au superbe musée de *Teyler*, dirigé longtemps par le savant et célèbre physicien Vau Marwm, qui élevace musée à un degré de perfection et de splendeur capable de rivaliser avec les plus beaux cabinets de l'Europe. On obtint enfin de Marie-Louise une visite aux blanchisseries et dans quelques manufactures où l'on fabrique ces beaux tissus de chanvre et de lin si connus dans toute l'Europe, sous le nom de toiles de Hollande. Malgré ces distractions, l'impératrice en revenant à Amsterdam disait à la duchesse de Montébello : « Si j'étais née dans ces » climats, j'aimerais sans doute la Hollande ; » mais je vous avoue que j'y mourrais d'ennui » si je devais l'habiter après avoir abandonné » l'Allemagne [1] ».

En quittant Haarlem, Marie-Louise ayant montré le désir d'avoir quelques fleurs, on eut l'attention de lui en envoyer tous les matins à Amsterdam une corbeille magnifique, quoique la saison fût déjà fort avancée, et comme elle avait annoncé la volonté de les payer, on ne

---

[1] Auguste infortunée !... disait Ninon à madame de Maintenon, que le poids des grandeurs ennuyait souvent.

manqua pas la veille de son départ de joindre au dernier envoi, le mémoire de tous les envois précédens : ce mémoire s'élevait à 372 florins, faisant 781 francs 20 centimes, pour *hommage de fleurs pendant dix jours à l'auguste souveraine :* ce sont les propres expressions du titre du mémoire.

CHAPITRE XVI.

Dispositions des Hollandais pour l'étude. — Les langues. — Peu de progrès de la langue hollandaise. — Origine d'Amsterdam, et sa population. — Nombre considérable de ponts. — Ancienne police et mœurs des habitans d'Amsterdam et de Rotterdam. — Physionomie nationale. — Absence de beaux édifices. — Belles maisons particulières. — Habitudes. — Propreté des rues. — Napoléon à l'arsenal et aux chantiers d'Amsterdam. — Cafés, collégies, cuisine, tables d'hôte. — Supériorité des manières des dames hollandaises sur celles des hommes. — Mœurs du jour. — Musicos. — Établissemens de bienfaisance. — Sociétés savantes.

L'ABSENCE momentanée de l'empereur donna à tous ceux qui étaient restés à Amsterdam la faculté de chercher à bien connaître cette ville considérable, où presque tous les gens bien élevés parlent purement le français, assez bien l'anglais, et un peu l'italien, le latin et l'espagnol ; en général les Hollandais, sans l'apprendre, entendent facilement la langue allemande. L'allemand est un hollandais purifié, ou plutôt, le hollandais est l'ancien allemand du treizième siècle ; mais ce serait blesser l'amour-propre d'un habitant de la Hollande, tout fier d'avoir un vieil idiome, sans y avoir fait aucune amélioration, que de lui parler de son dialecte comme d'un allemand corrompu. Cet entêtement tient à l'amour du pays ; car en général les Hollandais ne tolèrent pas non plus qu'il y ait des contrées plus favorisées que celles qu'ils habitent : erreur de tous les peuples qui voyagent peu ; les Lapons pensent aussi qu'il n'y a pas de plus beaux climats que leurs déserts de glace et de neige.

Amsterdam ou *Amsteldam*, tire son nom de celui de l'*Amstel*, rivière située près du golfe de l'Y, qui fait partie du Zuyder-Zée (mer du Sud), et du mot *dam*, qui veut dire digue ou chaussée ; de la réunion de ces deux mots on a formé celui d'Amsterdam.

Cette capitale de la Hollande, comme toutes les grandes cités, commença par un petit village de pêcheurs ; mais le temps et ses vastes entreprises en firent par la suite une ville immense, car aujourd'hui sa population est évaluée à deux cent vingt mille ames, et en 1780, époque la plus florissante d'Amsterdam, elle était de deux cent quarante mille. La ville est entourée d'un fossé de quatre-vingts pieds et d'un rampart construit en briques, en partie démentelé. On y entre par huit belles portes en pierre. En 1810 on y comptait deux cent quatre-vingt-dix ponts en bois, et celui de Hooge-Sluis (Haut-Pont), surnommé le pont des Amoureux, construit tout en pierres de taille, est remarquable par sa beauté.

Autrefois, dans Amsterdam, comme dans aucune ville de la Hollande, un étranger n'était importuné ni par les barrières, ni par la demande de passe-ports, ni par aucune formalité de police; jamais les motifs de résidence d'un voyageur n'étaient entravés ni restreints, il jouissait d'une entière liberté; le gouvernement aimait mieux que quelques mauvais sujets circulassent librement, que de tourmenter et de léser les honnêtes gens, heureusement en plus grand nombre que les vagabonds.

On cite Amsterdam et Rotterdam comme les villes où les lois de l'équité étaient observées avec le plus de rigueur et d'exactitude. L'envie et la médisance, fléaux des petites villes, étaient inconnues dans ces deux grandes cités; non que l'on naisse meilleur dans un endroit que dans un autre; mais, en général, dans les cités importantes, le tourbillon des affaires entraîne ceux même qui seraient enclins à des penchans vicieux, et l'habitude du travail n'oppose pas une digue moins puissante au débordement des passions honteuses que les digues de la Hollande aux flots de l'Océan.

C'est une vérité incontestable, qu'il existe parmi les Hollandais, et surtout chez ceux de la capitale, une expression, une coupe de physionomie nationale d'un caractère particulier. Un étranger seul peut bien reconnaître, bien sentir ce type du Hollandais, et il doit croire à la même cause en retrouvant la même uniformité dans toute la Hollande.

On cherche en vain dans Amsterdam de ces grands édifices qui attestent la majesté et l'éclat des beaux arts, et pourtant les Hollandais ont prouvé qu'ils les aimaient. On ne voit aucun palais somptueux, aucun de ces grands travaux de luxe ou d'orgueil, plus que d'utilité, qui rappellent des époques glorieuses, mais en revanche on y rencontre très-fréquemment de fort belles maisons particulières, où les propriétaires réunissent tout ce qui peut aider aux douceurs de la vie domestique.

Cette uniformité dans les traits et dans l'expression de la physionomie, on la retrouve encore assez souvent dans le costume du petit bourgeois et du peuple, dans la manière de vivre et dans une foule d'habitudes. Les négocians hollandais sont laborieux : d'accord ; mais ils auraient beaucoup moins à travailler s'ils étaient un peu plus actifs, et s'ils consacraient moins d'heures dans la journée à boire, à manger et à fumer.

Que les usages de deux peuples diamétralement opposés l'un à l'autre diffèrent puissamment entre eux, on le conçoit aisément ; que les habitudes consacrées par la raison, par la salubrité se conservent, se perpétuent de génération en génération, rien de mieux : il faut y applaudir ; mais entre des nations aussi rapprochées que le sont entre elles la France, le Brabant et la Hollande que la différence soit aussi grande, on a peine à le concevoir ; on se rend difficilement compte de l'entêtement des Brabançons et des Hollandais pour la conservation d'une foule de coutumes qui choquent la raison, et qui sont contraires à la santé. Par exemple, en Brabant, et encore chez beaucoup de Hollandais, on ne trouve pour *couchette* qu'une espèce de grande armoire appelée *bedstede*, où l'on s'encaisse, et à l'usage de laquelle il faut être habitué pour ne pas s'y heurter souvent. Est-il une habitude plus malsaine que celle de coucher constamment sur un lit de plume, et pour se préserver du froid, de se couvrir d'un autre lit de plume? En Hollande, au lieu d'avoir des draps bien amples et de bonnes couvertures enveloppant bien tout le coucher, on n'a que des demi-draps et des demi-couvertures. En Brabant, beaucoup plus qu'en Hollande, le sable semé dans les chambres pour préserver le plancher de la crotte, est bien plus sale que la crotte dont on veut se garantir. Est-il rien de plus mauvais que des soupes à la bière? de plus bizarre que le mélange des viandes avec les confitures? de plus éloigné de la convenance sociale que l'avidité presque carnassière qui consiste à manger beaucoup de viande sans pain? une manie plus extravagante que leur goût pour la médecine, et celle de toujours parler de leurs maladies? aussi les médecins y sont presque tous riches, et la Hollande est-elle la terre promise des apothicaires.

Napoléon admira le beauté de l'arsenal de

la marine, les chantiers immenses et l'étendue du bassin destiné aux vaisseaux de guerre. Les belles corderies dépendantes de ce magnifique établissement fixèrent aussi son attention, et sous ses yeux même il fit prendre le dessin de tous les objets qui excitèrent sa curiosité.

L'établissement auquel l'empereur parut porter le plus grand intérêt, est l'*École de navigation*, institution bien utile, fondée en 1785 par *G. Titsingh*, où la théorie de cet art est savamment démontrée.

Chaque élève remplit à son tour tous les grades, toutes les fonctions, depuis le simple mousse jusqu'au commandant; il couche au hamac, mange à la gamelle, toujours vêtu comme s'il était à bord, enfin toute la manière de vivre est celle que l'on mènerait en pleine mer, et ces élèves ont constamment sous les yeux les portraits des grands capitaines qui ont illustré la marine hollandaise, et qui tous semblent leur dire : *Imitez-nous !*

Dans la cour de l'école même, se trouve une frégate assez grande, pourvue de toutes ses voiles, de tous ses agrès; sous les yeux de Napoléon les élèves firent l'exercice, et prouvèrent qu'ils étaient instruits : on hissa le grand pavillon aux cris de *Vive l'empereur*, qui, par des promotions, encouragea toute cette brave et studieuse jeunesse.

Dans les lieux publics, chaque étranger trouve quelqu'un de sa nation avec qui il peut lier la conversation. Beaucoup de cafés, à l'exception des *Collégies particuliers*, y sont presque tenus à l'instar de ceux des grandes villes de France. Les spectacles, sous le rapport du droit des places, y sont mieux tenus qu'en France; au parterre surtout, où toutes les places sont numérotées, celle qu'on a louée le matin, et dont on a lenuméro, jamais ne vous est contestée, à quelque moment que vous arriviez au spectacle. Les tables d'hôtes y sont chargées de beaucoup trop de mets pour des Français habitués à la sobriété; et la cuisine, comme dans tous les ports de mer, y est fortement épicée, pour satisfaire au goût des étrangers de tous les pays qui affluent dans les grandes villes maritimes. Le prix de ces tables d'hôtes n'est pas excessif pour les Hollandais, parce qu'ils gagnent aussi facilement un florin, qui vaut quarante-deux sous de France, qu'à Paris on gagne vingt sous.

On remarque dans la société choisie un

meilleur ton parmi les femmes que parmi les hommes ; assez souvent ceux-ci affectent de vouloir conserver un peu de leur caractère primitif, de cette tendance à la rudesse, qu'ils appellent de la franchise. La chasteté si renommée des Bataves n'existe plus depuis long-temps : cette heureuse contrée, si respectable par l'antique simplicité de ses mœurs, est bien changée ; l'or, la cupidité, le luxe, l'amour des plaisirs, la sensualité, les intrigues amoureuses, toutes les passions se sont introduites chez eux, et on trouve maintenant en Hollande tous les vices, tous les défauts, tous les travers qu'on remarque chez les autres nations européennes. On parlera encore long-temps des anciennes mœurs hollandaises ; mais ces mœurs simples et ingénues des Bataves ont disparu sans retour. En vain quelques Hollandais ont la prétention aujourd'hui, à l'aide d'un costume sévère et d'un extérieur flegmatique, de faire croire qu'ils ont conservé les habitudes et le caractère de leurs ancêtres : ils ont peut-être un peu plus lentement que d'autres peuples, suivi les progrès de la civilisation, mais leur contact avec les autres nations a peu à peu effacé leurs inclinations primitives.

Nulle part encore en France on ne voit, comme en Hollande, des hommes à la tête des maisons de prostitution. Il semble que cette abjection est moins infamante pour une femme dont la faiblesse peut, jusqu'à un certain point, faire excuser ces odieuses spéculations; mais un homme qui s'abandonne à cet avilissement est l'être le plus méprisable de la société.

Ce n'est encore qu'en Hollande qu'on trouve de ces *musicos* qui surpassent en infamie tout ce qui est connu chez les autres nations; ces *musicos* offrent tout ce que la débauche et la dépravation ont de plus hideux, et les misérables femmes qui les composent sont, la plus part, non-seulement de dégoûtantes prostituées, mais elles sont encore prisonnières et condamnées à demeurer dans le repaire du vice jusqu'à ce qu'elles puissent se racheter. Se racheter! elles ne le peuvent presque jamais, parce que les entrepreneurs de ces maisons ordurières, par des manœuvres exécrables, ne leur en laissent pas la possibilité.

A côté de ces lieux infâmes s'élèvent en grand nombre des institutions de bienfaisance. Que d'éloges ne doit-on pas à la nation qui apporte autant de philanthropie dans l'établissement des hospices, des hôpitaux, des maisons d'orphelins et des prisons. Leurs riches dotations, comme les distributions commodes et l'élégance intérieure de ces maisons, tout annonce l'amour de son semblable et la pieuse intention d'adoucir le sort des malheureux. Ces fondations, monumens glorieux de charité et de bienveillance, sont très-vastes et élevées dans les endroits les plus sains de la ville. On cite entre autres *het Werk huys*, ou maisons de travail, dans laquelle sont enfermés les mendians qu'on oblige à travailler; *het Almœseniers wees huys*, ou maison des aumôniers, mais bien plutôt celle des *Enfans-Trouvés*, et les *oude Man huys, oude Wrouwen huys*, ou maisons des vieux hommes et des vieilles femmes. Quel bizarre accoutrement que celui des orphelins en Hollande : pour l'un comme pour l'autre sexe, la moitié de l'habillement est en bleu, et l'autre moitié en blanc. C'est une espèce de livrée, dont le ridicule spectacle altère l'intérêt qu'inspire le malheur.

On compte à Amsterdam plusieurs sociétés savantes, dont la création atteste le goût des arts et la culture des sciences; toutefois on n'y trouve pas encore cette supériorité qui pourrait leur assurer, comme le dit fort peu modestement un auteur hollandais, le premier rang parmi les nations savantes de l'Europe.

Les plus renommées de ces sociétés savantes sont connues à Amsterdam sous les titres distinctifs de Felix Meritis, Concordia et Libertate, Doctrina et Amicitia, *Culture de la langue et de la poésie, et le Musée.*

Celle de *Condordia et Libertate* est la plus ancienne, elle s'occupe exclusivement d'arts et de sciences, et s'enorgueillit de posséder des hommes de mérite, des savans très-distingués. Elle fait remonter son origine à une société d'*Adeptes*, connus jadis sous le nom de *Chevaliers de l'univers*, ordre qui se rattachait à celui des Francs-Maçons.

Felix Meritis est peut-être celle de ces sociétés qui renferme le plus d'élémens de sciences et de philanthropie, par le nombre d'hommes essentiellement bons et profondément éclairés qui la composent : elle travaille sans cesse à justifier le titre qu'elle a pris, en cherchant à rendre heureux ceux qui le méritent. On y tient des cours scientifiques, où les premiers savans de l'université se plaisent à donner des leçons, et on y entend, dans une superbe salle, les plus brillans concerts de la Hollande. On ne sait si on doit accorder la préférence ou à des cabinets précieux de physique, de chimie et d'astronomie, ou à des galeries de statues, de tableaux, de modèles d'architecture et d'objets rares, qui attirent et satisfont constamment les curieux.

Doctrina et Amicitia n'est, à proprement parler, qu'un *collegie*, où la politique se borne à la lecture des journaux, où on ne s'occupe ni de sciences ni de beaux-arts; cette société est toute entière aux charmes de l'amitié; si *Clio* l'oublie, elle s'en dédommage dans les douceurs d'une vie heureuse, exempte de troubles.

Le *Musée* n'est point non plus une société savante, mais bien un autre collégie, dont le nombre des membres est considérable; on y trouve tous les journaux; la bibliothèque, dont chaque membre peut emporter des livres sans récépissés, est assez bien composée. Comme cette société est dans le voisinage de la bourse elle est toujours nombreuse, parce que chaque membre peut y amener des étrangers. On y admire l'ordre établi pour l'agrément des sociétaires, et le silence y est tellement bien observé, que vingt et quarante assistans ne font pas plus de bruit que deux personnes qui causent à voix basse.

La société pour la *Culture de la langue et de la poésie* se regarde comme le berceau des sciences et des arts en Hollande; elle fait remonter son origine dans la ville de Leyde, à l'affranchissement des Hollandais du joug espagnol. On n'y traite que des sujets de poésie et de littérature. Elle compte parmi ses membres des hommes d'un talent distingué.

CHAPITRE XVII.

Dames hollandaises. — L'amour en Hollande sous le rapport des mœurs. — Le peuple hollandais ne s'enivre pas. — Théâtre hollandais sous le rapport de l'art. — Acteurs et usages des spectateurs. — Anecdote à l'occasion d'une pièce nationale. — Ruiter. — Promenades — Paysans hollandais. — Uniformité des villages comparés aux sites de la France. — Pêcheurs à la ligne. — Fabriques de cercueils. — Luxe des bières. — Bâtimens de la bourse. — Juifs. — Madame de Nicolaï. — La princesse d'Orange. — Retour de l'empereur de la Nord-Hollande.

Les dame shollandaises comptent au nombre de leurs attraits des yeux bleus, d'une expression tendre et d'où s'échappent des regards fort caressans, de beaux cheveux et surtout une éclatante fraîcheur ; mais elles ne conservent pas les roses de leur teint au-delà de leur sixième lustre ; leur taille est élégante, mais leur marche est moins gracieuse que celle des dames françaises quoique bien supérieure à celle des anglaises. Elles ont généralement de mauvaises dents, et sans doute, c'est à l'influence du climat, autant qu'à l'excessif usage du café et du thé qu'on peut attribuer la perte de cet agrément sans lequel il n'y a pas de vraie beauté. La presque constante habitude des chaufferettes (stoofjes), en engorgeant les jambes des femmes, leur enlève, encore jeunes, un attrait qui chez les Françaises survit presque à tous les autres. Les modes françaises, qu'elles recherchent beaucoup, leur parviennent avec autant d'exactitude que si elles étaient aux portes de Paris, et à la brillante réunion qui eut lieu à *Felix meritis*, on se serait cru au centre du beau monde dans une des plus fastueuses soirées de Paris.

On trouve encore quelques traces de l'ancien costume des dames hollandaises, chez les femmes de la petite bourgeoisie, seulement lorsqu'elles vont à l'église ; leur mise simple et modeste rappelle la toilette des bourgeoises françaises il y a 50 ans ; elles sont vêtues d'une robe de soie, d'un mantelet noir, portent des mitaines, sont coiffées d'un bonnet monté ou d'une capote noire, et chaussées avec des souliers à boucles.

et à hauts talons, ou de mules, espèce de pantoufles.

L'amour en Hollande se traite assez cavalièrement ; les demoiselles bien nées y vont au bal sans leurs parens et se promènent seules avec leurs amans, sans qu'on le trouve mauvais. Dieu sait ce qu'il en peut arriver! En tout pays, de tels tête-à-tête sont toujours dangereux, quoi qu'en puissent dire les matrones hollandaises, dont l'âge et l'expérience cautionnent la sagesse et qui assurent que la confiance est la sauve-garde de la vertu. Les demoiselles *s'appartiennent*, comme on dit en Hollande, et après cela, honni soit qui mal y pense. En général lorsqu'elles se marient, elles exigent des hommes qu'elles épousent plus de qualités que d'agrémens. Mariées, elles se montrent moins indiscrètes, moins légères, plus constantes qu'en France ; mais depuis qu'elles ont pu établir un parallèle entre la galanterie, les soins empressés des Français et les trop froides et méthodiques habitudes de leurs maris, on en voit qui se sont bien volontiers mises au régime français.

L'humidité du climat nécessitant l'usage fréquent des spiritueux, un étranger aurait tort d'accuser d'ivrognerie le peuple hollandais, qui boit considérablement de genièvre, et, sans doute, c'est aussi l'influence du climat qui prévient chez tous ceux qui boivent beaucoup de liqueurs les dangereux effets des spiritueux, c'est un bienfait particulier de la providence; car si, comme en France, la raison s'altérait et les jambes faiblissaient, les canaux seraient encombrés de personnes qui dans leur ivresse s'y précipiteraient à chaque instant. Au surplus les *Klappermans* [1] qui circulent toute la nuit veillent à la sûreté des hommes lorsqu'ils sont tout-à-fait privés de leur raison.

Les sujets sérieux mis en scène sur le théâtre hollandais ne retracent rien de grand, rien d'imposant; la comédie, la bonne comédie y est tout-à-fait inconnue et on n'y représente que des farces. Au XVIIe siècle, les Hollandais avaient encore sur leur théâtre des comédies fort libres et assez souvent indécentes. Quant

---

[1] Klappermans, hommes de la police, divisés par quartiers, et qui dans toutes les villes de la Hollande, depuis 9 à 10 heures du soir jusqu'au jour naissant, parcourent toute la ville, veillent à la sûreté des habitans; à l'expiration de chaque heure, ils annoncent l'heure qu'il est.

aux comédiens, qui existaient lors du séjour de la cour de France à Amsterdam, après en avoir excepté les acteurs *Snæk*, *Bingley*, madame *Wattier-Ziezenis* et peut-être encore deux ou trois tout au plus, le reste ne valait pas l'honneur d'être nommé.

Autant de pays, autant d'usages et de mœurs; mais un Français qui n'a pas vu l'inconvenance et l'indécence même du public dans les spectacles hollandais, ne croira point qu'au premier théâtre de la capitale on mange des *Scharretjes*, ou limandes séchées au soleil, qui exhalent une odeur dégoûtante, des tartines de pain et de beurre, des pommes, des poires, des noix; qu'on y boit du punch, du café, du vin, du thé, enfin qu'on transforme une salle de spectacle, un lieu qui devrait être consacré au bon ton, à l'ordre et à la décence, en une véritable guinguette.

On a très-peu profité en Hollande de l'accroissement des lumières, du moins sous le rapport de la comédie et de la tragédie, car on y est à peine sorti de l'état de barbarie.

La plupart des pièces françaises, allemandes et anglaises, surtout les comédies et les mélodrames, qui ont du succès dans leur origine, sont immédiatement traduites en langue hollandaise, et représentées sur les différens théâtres du pays. Les Hollandais ont un répertoire à eux, conforme à la culture de leur esprit, à leurs mœurs; les tragédies de Voltaire, de Racine y sont représentées, mais le débit, ce qu'on appelle le talent de l'acteur, porte le caractère original du pays, et les rôles tragiques sont rendus avec presque autant d'extravagance qu'en Angleterre, extravagance à la vérité qui, dans ce dernier pays, n'exclut pas le génie. Il faut que la langue hollandaise soit bien rebelle à Melpomène et à Thalie, car lorsqu'on représente un sujet un peu élevé au-dessus du domaine de la folie, presque tous les Hollandais, assistant au spectacle, sont obligés, pour comprendre le sujet que l'on représente, d'avoir la pièce imprimée, et de suivre à la lecture la déclamation des acteurs.

Depuis long-temps à l'époque du carnaval, il est d'usage à Amsterdam de représenter au théâtre national, une pièce qui exige un grand nombre d'acteurs et de figurans. Pour la bonne exécution de ces sortes d'ouvrages, qui rappellent un fait historique, des bourgeois envoyent au directeur du spectacle, leurs cuisinières, leurs bonnes d'enfans. On raconte qu'un négociant ayant prévenu *mintje*, sa domestique, qu'elle devait le soir même se rendre au théâtre où elle figurerait dans la représention, celle-ci y courut fort contente d'aller à la comédie sans payer. Or, il s'agissait du sac d'une ville, où au lever du rideau on apercevait une foule de femmes qui étaient censées avoir été violées ; quand on eut dit à *mintje* qu'elle serait du nombre : « Ah » mon dieu, dit-elle naïvement, si j'avais su » que je devais être violée, je me serais parée » de mes plus beaux ajustemens. »

On ne voit jamais sans émotion ce qui rappelle la mémoire d'un grand homme ! C'est dans la Nieuwe Kerk à Amsterdam, que s'élève le mausolée de l'immortel Ruiter; on y lit cette inscription : *Intaminatis fulget honoribus.* Ce beau monument en marbre blanc, fut érigé aux frais de l'État, qui s'honora lui-même en le consacrant comme un témoignage de reconnaissance pour les vertus et les talens de cet illustre citoyen.

Près du *plantage*, promenade assez insignifiante, entourée d'un grand nombre de constructions sans goût, de grossières cloisons, de jardins, est situé le jardin botanique, riche en plantes curieuses, fort rares, et dont on a le plus grand soin.

La maison des *bains*, à l'extrémité du *plantage*, près de la porte de *muiden*, est le tivoli d'Amsterdam, le jardin par excellence, consacré aux fêtes; la bonne compagnie s'y réunit de préférence, mais on y paie fort cher l'honneur d'y être admis.

Les Amsterdamois en voudraient aux étrangers qui n'iraient point visiter le *Diemer-méer* (lac de Diemen), à une petite lieue de la ville : c'est une vaste plaine, à quarante-quatre pieds au-dessous du niveau de la mer, à peu près de l'étendue de huit cents arpens de terre ; une inondation y forma autrefois un lac considérable, auquel le village de *Diemen* donna son nom. Cette vaste plaine fut submergée à trois époques différentes, et trois fois elle fut desséchée ; aujourd'hui c'est un excellent terrain, très-fertile, où sont des pâturages délicieux et d'excellens jardins. Laborieux Hollandais, vous êtes le peuple le plus industrieux pour arracher aux ondes les trésors qu'elles veulent engloutir ! En parcourant les environs du Diemer-méer, on ne peut s'empêcher d'admirer l'aisance dont paraît jouir en général le paysan hollandais; en lui, chez lui, aucune apparence de cette misère qui attriste à l'aspect du paysan français. Les habitations des villageois hollandais sont aussi bien tenues que leurs vêtemens sont propres et bons, tout annonce l'abondance et la prospérité. Les campagnards de ces contrées ont, pour la plupart, le bouton d'or au col et aux poignets de la chemise, d'autres boutons d'or ou d'argent à la ceinture, une montre et une chaîne d'argent, des boucles de jarretières en or, et des boucles d'argent aux souliers. Leurs femmes ne leur cèdent en rien dans la richesse des étoffes et des bijoux.

Et pourtant, quelle monotonie dans l'aspect des champs! Qui a vu un village de Hollande, la prairie qui l'avoisine, le fossé dont elle est entourée, les vaches et les brebis qui y paissent, et le moulin à eau qui en est tout près, peut dire qu'il a une juste idée des mille quatre cents villages que l'on comptait dans le pays avant que le Brabant fût réuni à la Hollande. Sans doute cette monotonie est sans attraits pour le voyageur; mais pour le penseur, pour le philosophe, elle est préférable à la diversité produite par la misère, la négligence et la malpropreté: la monotonie de l'ordre, de la propreté, de l'industrie et de l'aisance repose doucement l'ame des agitations du monde; et ce n'est peut-être pas sans raison qu'un sage a dit que le bonheur était dans la monotonie de la vie.

On ne sait que préférer, si l'on compare ces lieux, souvent inondés, dont aucune montagne ne borne la vue, à ces rians vallons, à ces riches côteaux, à ces monts majestueux qui varient le sol de la France, à ces sites dont la bizarrerie excite l'admiration.

Au reste, personne ne saurait nier une incontestable vérité, démontrée par toutes les observations des voyageurs et des économistes, c'est que dans les états protestans la campagne est bien mieux cultivée que dans les états catholiques : comparez l'Irlande à la Grande-Bretagne, la Hollande à l'état romain !

Si l'on visite en observateur les environs d'Amsterdam, de quelque côté que l'on se dirige, on voit des habitans qui s'amusent à pêcher à la ligne; paisible dissipation, dont le calme a tant d'analogie avec le caractère des habitans. Ah! sans doute, c'est en Hollande qu'on dut voir le premier pêcheur à la ligne!

Il est peu de pays où l'on ne trouve, dans

certaines villes, des rues entièrement consacrées à telle ou telle profession ; ici ce sont des orfévres, autre part des confiseurs, là des marchands de nouveautés. C'est une chose généralement agréable, et souvent même commode aux acheteurs ; mais on ne trouverait sûrement pas ailleurs qu'à Amsterdam toute une rue occupée par des *fabricans de cercueils;* leurs ateliers à découvert offrent aux passans le spectacle d'un étalage, d'un assortiment de bières qui attristent et portent dans l'ame un sentiment douloureux ; et, par un contraste qui rend ces avertissemens de la mort encore plus frappans, c'est auprès du Théâtre-Français que sont étalés ces objets lugubres : en allant au plaisir on est forcé de songer à la mort.

Les Hollandais, pour la plupart, si simples, si modestes, si économes sous une foule de rapports, mettent beaucoup de luxe dans la construction de leurs cercueils ; c'est le luxe du néant. Ils sont fabriqués avec la perfection qu'on donne aux meubles dont on se sert journellement. On en fait un grand nombre en chêne, et beaucoup en acajou ; les parois sont garnies de poignées en cuivre poli, et l'intérieur est toujours garni, rembourré d'une toile plus ou moins fine, et bordée d'un ruban noir; la place où doit reposer la tête est rembourrée d'une espèce de traversin, dernière attention touchante de l'ami qui survit pour l'ami qui n'est plus. Les cercueils du peuple sont toujours peints en noir.

Par la raison qu'il n'y a pas, dit-on, de petits *chez soi*, il ne doit point y avoir non plus de vilains *chez soi*, et sûrement c'est d'après ces axiomes que les négocians d'Amsterdam croient que le bâtiment de leur *Bourse* est une chose merveilleuse, un édifice sans pareil; ce sombre bâtiment offre plutôt l'aspect d'une maison monacale que l'image d'un palais consacré à Mercure. L'entrée principale n'a rien de majestueux ni de convenable au commerce immense qui s'y fait; la grille qui en forme la clôture est moins belle que la fermeture de cent châteaux dont on ne parle pas; mais on y voit une foule immense de personnes qui la fréquentent; toutes les nations semblent y avoir un délégué; et la diversité des costumes annonce l'universalité des rapports de cette ville essentiellement commerçante. Amsterdamois, allez voir le nouveau palais de la Bourse à Paris, un des plus beaux monumens de ce genre, et revenez en suite le comparer à votre Bourse, où pourtant il faut convenir qu'il se traite beaucoup plus d'affaires, en tous genres, qu'à la Bourse de Paris. En effet, la plupart des affaires se font à Paris, aux bureaux, et par l'intermédiaire des agens de change et des courtiers, et la *Bourse* proprement dite, n'est pour ainsi dire qu'un rendez-vous de causerie ; car sans la loi sur la vente des effets publics qui doit se faire à la Bourse, celle de Paris serait très-déserte[1].

Partout où il y a de l'argent, a dit Montesquieu, il y a des juifs ; il n'est donc pas étonnant qu'on en compte, à Amsterdam, un nombre considérable. On les divise en deux classes : *juifs portugais* et *juifs allemands*. C'est l'inquisition d'Espagne et de Portugal qui amena en Hollande les juifs portugais, dans la communauté desquels sont des négocians fort estimables, très-instruits, fort riches, et sur la délicatesse desquels on peut entièrement se reposer. Parmi leurs femmes il y a des beautés plus remarquables que chez les femmes des

---

[1] Le bâtiment de la Bourse, à Saint-Pétersbourg, presque tout en marbre, est, dit-on, encore plus beau que celui de Paris.

autres religions, et en général elles sont d'une affabilité qui les fait encore distinguer favorablement. C'est dans les maisons aisées des familles étrangères et des juifs portugais que l'on trouve, à Amsterdam, le meilleur ton de société; on y jouit de tous les agrémens de la vie, et les hommes ne s'isolent pas de la société des femmes comme les Hollandais.

Les juifs de la synagogue allemande sont plus nombreux; on trouve encore parmi eux beaucoup d'honnêtes gens, mais ils comptent dans leurs rangs tout ce qu'il y a de plus abject, de plus dégoûtant dans la société; c'est le rebut de l'humanité. Le préjugé qui les poursuit sans cesse les tient dans une humiliation qui les dégrade. En visitant certains quartiers d'Amsterdam, habités plus particulièrement par ces juifs émigrés de l'Allemagne, on en voit que l'excès de la misère a rendus si hideux, si repoussans qu'on frissonne en les regardant, qu'on s'en éloigne en se croyant infecté de leur souffle impur et de leur vermine.

Partout, et particulièrement dans les grandes villes maritimes, on trouve de ces femmes dont l'existence honteuse est, dit-on, un principe de politique toléré par les gouvernemens, qui sont obligés de souffrir un moindre mal pour en éviter un plus grand. C'est probablement d'après ce principe, qui remonte jusqu'à Caton, on dit même jusqu'au sage Solon, qu'une certaine créature, portant un nom distingué, *madame de Nicolaï*, propriétaire à Amsterdam d'une de ces maisons consacrées à *Vénus impudique*, eut l'audace de pénétrer jusque dans le palais de l'empereur, pour offrir de dangereux plaisirs aux Français, qu'elle supposait disposés à s'y livrer. Le duc de Frioul fut informé des démarches de la Nicolaï, la consigna sévèrement aux portes du palais, et chassa le valet-de-pied qui avait introduit cette femme dans la demeure de leurs Majestés.

Affublées d'un grand nom, ces femmes, qui ne respectent rien, cherchent à piquer la curiosité, et c'est ce que fit encore une de ces femmes à La Haye, en 1806, lors de l'arrivée du roi Louis; elle se faisait appeler la *princesse d'Orange*.

Après quelques jours d'absence, Napoléon rentra au palais d'Amsterdam, et partout où il s'était montré il avait été accueilli avec de flatteuses démonstrations, avec cet accent qu'on croit toujours être celui du dévouement, et dont l'amour-propre s'accommode toujours, mais dont la réflexion réduit souvent les expressions à une bien faible valeur. *Le roi Louis*, ce souverain qui demandait à son peuple de le saluer du titre de *Majesté nationale*, quelques années plutôt, en parcourant les provinces de son royaume, y avait été reçu aussi avec les plus touchantes marques de respect et de soumission. Quoi qu'il en soit, Napoléon pensa qu'il maintiendrait facilement dans sa dépendance un peuple essentiellement bon ; quoique froissé dans ses plus chers intérêts par le système de sa politique ; il crut que ce peuple ne chercherait point sourdement à s'affranchir des entraves apportées à son commerce, seule source de son aisance, de sa richesse.

Dans cette première tournée, l'empereur recueillit une foule de renseignemens précieux sur les localités, sur l'esprit des citoyens, sur leur degré de civilisation, leurs mœurs et leurs usages ; il chercha à savoir quel effet avait pu produire, tant au physique qu'au moral, le mélange d'une nation avec une autre ; car, depuis les premiers orages de la révolution française, la Hollande avait constamment eu chez elle un grand nombre de Français. Cette question, d'une si haute importance sur le résultat du mélange des peuples, Napoléon avait chargé un savant hollandais de s'en occuper, et sans les grands événemens qui se sont succédés avec tant de rapidité, nul doute qu'un rapport fort intéressant ne lui eût été fait sur ce sujet.

CHAPITRE XVIII.

Occupation de l'empereur à Amsterdam. — Second voyage de Napoléon dans les départemens. — Station au château royal du Loo. — Audience donnée par l'empereur à M. de Beauterne, officier de la maison de Louis XVI. — Conversation de Napoléon avec un soldat frison. — Retour de l'empereur à Amsterdam. — Ennui de Marie-Louise — L'empereur et l'impératrice quittent la Hollande. — Réflexions sur Napoléon.

Quand l'empereur était à Amsterdam il sortait tous les jours pendant trois heures environ, donnait des audiences, travaillait avec le prince gouverneur et le comte Daru constamment occupé de l'administration des biens de la couronne en Hollande. Il annonça l'intention de visiter d'autres parties du pays réuni. Il alla à Rotterdam, où il fut accueilli avec toutes les marques du plus grand dévouement. Il retourna ensuite à Utrecht; mais presque sans suite, laissant l'impératrice à Amsterdam. D'Utrecht il alla à Amersfoort, où il fut visiter un Français, propriétaire d'une auberge, Français qu'il avait connu assez familièrement avant son élévation. D'Amersfoort, où l'amiral de Winter, inspecteur général des côtes vint le rejoindre, il fut coucher au château du Loo en Gueldre; le lendemain il en visita tous les environs, et, à son retour d'une espèce de partie de chasse, donna audience à un certain M. de *Beauterne*, qui avait été attaché particulièrement à la personne de Louis XVI, et dont on n'a jamais bien pu savoir qu'elle était la mission auprès de l'empereur. M. de Beauterne ne resta qu'un jour au château du Loo et repartit le lendemain pour la France.

Chacun interpréta à sa manière l'apparition de M. de Beauterne; on en tira une foule de conséquences. On conjectura qu'il était peut-être un envoyé des anciens princes français, et comme il avait été fort silencieux dans le salon qui précédait celui où l'empereur donnait audience, chacun a pu, tout à son aise, donner un libre cours à son imagination; les suppositions allèrent leur train et toutes les *causeries* du palais d'Amsterdam et du château du Loo, en attendant un autre événement, ne roulèrent que sur M. de Beauterne, qui, s'il vit encore, car il était déjà fort âgé, ne se doute peut-être pas qu'il ait été un si grand sujet de curiosité.

Du château du Loo, Napoléon dirigea sa marche sur Déventer, Zwol, Groningue et Leuwarden, examinant tout le pays avec la plus grande attention, accueillant fort bien, comme il l'avait fait dans la Nord-Hollande, toutes les demandes qui lui étaient faites, recevant avec bonté, avec aménité les personnes qui s'adressaient à lui ; car moins il était entouré de faste et de grandeur et plus il accueillait favorablement. Il en donna un exemple dans une petite ville de la *frise*, où la personne chargée de le complimenter, lui dit : « Sire ! Nous avions la » crainte de vous voir ici avec toute la cour, et » ça nous effrayait ; vous être presque seul, tant » mieux et nous en sommes enchantés ; cela fait » que du moins nous pourrons vous voir tout à » notre aise, et vive l'empereur ! [1] »

---

[1] « Cette courte harangue rappelle celle d'un magis-
» trat d'une petite ville de France, qui sous Louis XIV
» devait complimenter le grand roi, et qui avait préparé
» un long discours dont il espérait que le roi serait
» content. Louis XIV paraît, le harangueur commence :
» Sire ! les *César et les Alexandre*..... Tout à coup sa
» mémoire est en défaut, et la Majesté imposante du

Bien ! parfaitement bien, dit Napoléon très-content de cette courte et loyale félicitation, dont il remercia franchement l'orateur.

L'empereur avec ce laconisme qui tenait parfois de la rudesse et qui déconcerta tant de gens, dit à ce *Frison: Qui êtes vous ?* Celui-ci sans être intimidé répondit : Mon père était négociant, moi je ne fais rien, car le commerce est mort.

Napoléon qui causa assez long-temps avec cet homme, dont la briéveté égalait celle de son interlocuteur, lui dit : « vous ne me demandez rien pour votre ville? — Sire ! Le roi Louis a beaucoup fait pour nous et il ne nous manquait qu'une chose, c'était de vous voir. — Vous avez servi ! — Oui sire ! — J'aime les militaires. — Et moi les grands hommes. — Trève de complimens ; prenez cette décoration ! — Je ne l'ai pas méritée ; j'ai servi contre la France. — Vous serviez votre pays ? — Je n'aurais jamais voulu en servir

---

» Roi trouble l'orateur. Il recommence : Sire ! les *César et les Alexandre*..... La vue du Roi lui impose une telle
» crainte, qu'il ne peut plus articuler. Alors Louis XIV
» lui dit, avec bonté : Eh bien ! les *César et les*
» *Alexandre*...... — Eh bien, Sire ! n'étaient que des
» J. F. en comparaison de Votre Majesté.... Et le Roi
» fut content. »

d'autre. — « Vous êtes un brave, prenez-donc. » Il accepta.

Pendant tout son séjour en Hollande, jamais il n'échappa à Napoléon d'improuver aucun des actes du roi Louis ; au contraire il affectait de louer tout ce qu'il trouvait de louable dans la conduite de son frère. Jamais devant un Hollandais il ne dit un mot sur les motifs qui avaient déterminé la réunion : c'eût été accuser le roi, ce que l'empereur ne voulait pas faire.

Napoléon revint à Amsterdam où malgré tous les efforts de son entourage, Marie-Louise trouva le temps d'une longueur insupportable, tant les grandeurs sont de faibles préservatifs contre l'ennui.

. . . . Car dans le monde aussi.
Parfois malgré les Dieux se glisse le souci.

On annonça que la cour allait bientôt retourner en France, et toutes les autorités, ainsi que les personnes d'un rang distingué, ayant rendu leurs derniers hommages à LL. MM., tout fut disposé pour le départ, et vers la mi-octobre, l'empereur et l'impératrice quittèrent leurs états de Hollande.

En retournant en France, Napoléon crut emporter à peu près la certitude que le pays qu'il avait réuni à la France, s'il ne lui était pas aveuglement dévoué, serait au moins assez sage, assez prudent, pour attendre des événemens, des circonstances moins défavorables au commerce. Il croyait voir marcher l'esprit du siècle qui lui semblait aller à sa perfection, et il ne s'est pas tout-à-fait abusé sur ce point. La postérité aura, sans doute, à blâmer quelques actions de ce grand homme ; elle improuvera peut-être ses erreurs, auxquelles il s'est pourtant quelquefois mêlé de grandes vérités. Mais quand aperçut-on les fautes qu'il avait commises ? Quand reconnut-on qu'il s'était trompé ? Lorsqu'il fut trahi par les hommes et découragé par les élémens. Après la chute de Napoléon, que de gens inconsidérément lui reprochèrent de n'avoir pas su lire l'avenir dans le livre du destin.

S'il eût atteint son but, qui ne l'eût point admiré ! On lui eût élevé des autels. La providence, qui n'abandonne jamais la direction des affaires de ce monde en a ordonné autrement.

CHAPITRE XIX.

Accord des lois anciennes et des nouvelles lois. — Réflexions sur le mélange des deux nations. — Prévention des Hollandais contre le caractère français. — Rapport entre les mœurs hollandaises et les mœurs françaises. — Les Francs au 3e siècle établis en Batavie. — Les Hollandais espèrent le rétablissement du royaume de Hollande et le retour du roi Louis. — Manuscrit trouvé à Amsterdam dans le bureau de Napoléon.

Malgré l'incohérence des anciennes lois hollandaises, le gouverneur général n'obtenait pas indistinctement de toutes les provinces de la Hollande une aveugle obéissance au nouveau régime, et quoique les préjugés des peuples civilisés commencent à s'effacer, il y avait encore des Hollandais imbus de vieilles habitudes et de préventions populaires qui cherchaient à éluder les lois françaises. M. Lebrun opposait à cette résistance de la modération, il temporisait autant que possible et triomphait presque toujours sans avoir été obligé de déployer beaucoup de sévérité.

Toutes les contributions se payaient aussi exactement qu'en France, et si le commerce avait pu être dégagé de ses entraves, la nation hollandaise se serait doucement façonnée aux mœurs, aux habitudes françaises et à des usages dont elle avait pu faire l'apprentissage pendant les vingt-cinq ans où les deux peuples avaient été en contact immédiat.

La fusion des deux nations eût été plus prompte et plus réelle, si des mariages eussent allié des familles françaises à des familles hollandaises. Mais les Hollandais se sont toujours montrés peu jaloux de contracter de ces sortes d'alliances. Ce n'est pas qu'ils ne rendent justice aux Français sous une foule de rapports : les fortunes peuvent être égales, on peut s'accorder sur la considération des rangs; l'éducation, à quelques modifications près, ne présente point d'obstacles; mais les Hollandais ne peuvent s'affranchir, à l'égard des Français, d'une certaine prévention qui tient à leur *nationalité;* ce qu'ils appellent la légèreté des Français les tourmente, les inquiète; ils s'imaginent qu'on veut sans cesse les tourner en ridicule et qu'on a la prétention de leur imposer, dans les relations particulières, la supériorité qu'eut toujours une grande nation sur une puissance du second ordre. La gaîté française, dont ils paraissent si bien s'accommoder, lorsqu'ils viennent en France, ne peut triompher d'une antipathie née d'un sentiment d'amour-propre blessé. Cependant cette antipathie diminuait sensiblement; on n'en était plus, comme un siècle et demi auparavant, à craindre parmi les plus riches Hollandais que leurs descendans ne prissent un jour les goûts, les mœurs et la frivolité de la nation française. Alors les Hollandais stipulaient dans leurs testamens, que tant que leurs enfans n'auraient pas atteint l'âge de trente ans, ils n'iraient point en France, à moins d'une nécessité absolue et pour affaires de commerce. Surtout ils leur enjoignaient de fuir la contagion de la capitale, tant ils craignaient l'influence de notre brillante frivolité.

Comme les Hollandais descendent presque tous des Allemands, leurs mœurs ont bien plus de rapports avec celles des peuples du nord ; on les retrouve dans beaucoup de leurs habitudes, dans cette vie méthodique et lente si opposée à celle des nations du midi ; aussi formentls de fréquentes alliances avec les Allemands, et l'analogie de la langue allemande avec la langue hollandaise, ajoute encore aux motifs qui naissent de la similitude des caractères.

Les Hollandais devraient éprouver moins de répugnance à s'allier avec les Français, s'ils interrogeaient un passé beaucoup plus éloigné; en effet, l'histoire nous apprend qu'au troisième siècle, les Francs s'établirent dans la Batavie, soumise alors à leur domination. Le nom de Bataves n'exista plus; mais le changement de nom n'amena aucun changement dans les mœurs ni dans les usages. Un historien hollandais assure même que les premiers rois de France, depuis Pharamond jusqu'à Mérovée, avaient établi le siège de leur empire en Hollande. Le château de *Warmond*, près de Leyde, tire son nom du roi Pharamond de même que le château de *Merwede* auprès de Dordrecht, doit le sien à Mérovée.

La présence de l'empereur et de l'impératrice en Hollande, produisit un fort bon effet. En cherchant à interpréter quelques discours de l'empereur, on espéra qu'à la paix Napoléon mettrait fin à la réunion du pays à la France, rendrait à la Hollande sa forme monarchique avec le souverain qu'en 1806, il avait déjà placé sur le trône.

On était à peu près résigné et l'empire des circonstances avait commandé le silence : la France était si formidable qu'il y aurait eu de la folie à une puissance secondaire de croire à la possibilité de s'affranchir du joug qui lui était imposé.

Lorsque LL. MM. eurent quitté le palais d'Amsterdam, une transition subite fit succéder le calme à l'agitation qui accompagne toujours une cour; on s'occupa du rangement d'une foule d'objets qui avaient été déplacés pour le service extraordinaire, et dans un bureau dont Napoléon s'était servi personnellement, on trouva une œuvre poétique ayant pour titre :

Dithyrambe sur les désastres de l'impiété et le rétablissement de la religion en France.

Ce Dithyrambe écrit avec franchise et même avec énergie, nous a paru mériter d'être mis sous les yeux de nos lecteurs, ne fût-ce qu'à cause de la singularité de sa destinée. D'ailleurs, plusieurs strophes entièrement consacrées à Napoléon, se rattachent à l'histoire du temps dont nous parlons. Quant à l'auteur de cette œuvre, Hollandais ou Français, quel qu'il soit, nous ne croyons point lui être désagréable en donnant de la publicité à un ouvrage qui ne manque pas d'imagination [1].

[1] Le dithyrambe est placé à la fin de l'ouvrage, à la note n° 16.

CHAPITRE XX.

Le 1er janvier en Hollande. — Etrennes au roi de Rome. — Bal au palais le jour des Rois. — Le gouvernement s'affermit. — Les Hollandais partisans du régime français. — Journaux français. — Introduction de marchandises anglaises. — Ces marchandises saisies et brûlées. — Effet que produit cette mesure de rigueur. — Réflexions sur les vues de l'empereur à ce sujet.

L'année 1812, comme toutes les autres, s'ouvrit au palais, chez le prince, par des félicitations d'étiquette, par des protestations connues en tout pays sous le nom d'eau-bénite de cour, et ce jour-là tout le monde est convenu de prendre le clinquant pour de l'or pur. Les Hollandais, de ce côté-là, sont bien à la hauteur du siècle, c'est une vraie comédie; chacun en glose, en sent tout le ridicule, et tout le monde court y jouer un rôle.

L'usage d'échanger des cadeaux, des politesses et des vœux existe en Hollande comme dans tous les pays civilisés ; mais entre bons amis, et surtout dans les grandes villes, on est bien plus empressé qu'ailleurs de se complimenter à l'occasion de la nouvelle année ; car, le 31 décembre, ceux qui s'affectionnent particulièrement se réunissent en fête, en galas les uns chez les autres, et quand sonne l'heure qui sépare l'année qui finit de l'année qui commence, on s'embrasse avec transport, on se félicite avec franchise, et au jour on n'a plus à faire que les visites d'étiquette et de cérémonie. Pendant presque toute la durée de cette nuit, le peuple manifeste sa joie toujours bruyante, en chantant dans les rues et en tirant des coups de fusil et de légères pièces d'artifice.

Deux jolis jouets d'enfans furent offerts au prince, avec la prière d'en faire hommage au roi de Rome de la part des auteurs. Le premier était le modèle complet d'un canon placé sur son affût avec toutes ses pièces, et le second était une frégate en ivoire, d'un travail parfait et garnie de tous ses agrès. Sur le canon on lisait ces mots : *Au fils du grand Napoléon*, et à la proue de la frégate on avait sculpté une tête d'enfant représentant le roi de Rome, ayant sur le front un bandeau, où étaient écrits ces mots : *Comme son illustre père il saura conduire victorieusement le vaisseau de l'État.*

Le jour des Rois, le prince donna un fort beau bal, où il n'eut pas l'air de s'amuser, mais ce n'est pas pour le plaisir des grands que ces brillantes réunions sont faites ; ici c'était une charge attachée à la place de gouverneur général. On sollicitait, on intriguait pour être du *cercle*, et quand on avait le bonheur d'être invité on regardait dédaigneusement celui qui ne partageait point la grâce dont on était favorisé. Mais que la renommée est souvent trompeuse ! que de gens, en sortant de ces fastueux bals, n'en rapportent qu'un souvenir d'ennui ; ils se sont long-temps occupés du soin de chercher le plaisir sans l'avoir trouvé, et étouffant quelques baillemens qu'ils ne peuvent vaincre, ils regrettent sincèreme n le dernier petit bal bourgeois auquel ils se sont tant amusés.

Sans que l'union fût bien cimentée, la Hollande était tranquille et calme ; elle se soumettait avec résignation, et paraissait aussi soumise qu'il était raisonnablement possible de l'espérer; mais, sur deux millions cinq cent mille habitans dont se composait la population, il n'était pas possible qu'il n'y eût point quelques mécontens. Le plus grand nombre des Hollandais ne regrettait même plus leur ancienne forme de gouvernement, cette république à laquelle, jadis, ils semblaient si fortement attachés, parce qu'ils paraissaient convaincus que les états où la souveraineté est si dilatée sont exposés à de trop fréquentes et dangereuses secousses.

Quoiqu'aimant bien leur pays, on ne peut s'imaginer combien les Hollandais étaient en général partisans du régime qui les asservissait; c'est à la lecture des journaux français qu'on dut cette heureuse disposition, car ces papiers publics, répandus en grande quantité, étaient lus avec avidité presque par toutes les classes de la société, et bien ou mal appliqué, l'esprit d'innovation marche à pas de géant, et s'introduit facilement. Les succès de la France enflammaient l'imagination des lecteurs, qui semblaient être fiers de faire partie d'une grande nation, d'un peuple dont ils admiraient les étonnantes et glorieuses destinées. En outre, on était entraîné par cette espèce de séduction qu'exerce le caractère du Français, qui, du moins, amuse ceux qu'il dépouille. Les Hollandais ont souvent dit qu'ils aimaient mieux avoir pour *ennemis* les soldats français, que d'avoir pour *amis* les soldats des autres nations. Quelques commerçans conservaient encore des relations d'affaires avec des négocians anglais ; malgré tous les risques à courir, on introduisait encore dans le pays des objets fabriqués en Angleterre ; à force de tentatives on parvenait à réussir sur quelques points ; toutes les issues n'étaient pas tellement *plombées* qu'il ne fût possible d'échapper à la surveillance : d'autres tentatives échouaient, et les douaniers faisaient des prises considérables. Le gouvernement avait à Amsterdam de vastes magasins de toute espèce de marchandises provenant des saisies faites sur les fraudeurs. Napoléon, que rien ne pouvait faire dévier de la sévérité de son système, ne voulait même pas qu'on disposât, en faveur des indigens et de l'armée, de cet amas considérable d'objets de tout genre. Les ordres les plus rigoureux furent donnés pour que toutes ces marchandises fussent brûlées publiquement. On les rassembla sur un vaste emplacement, en face du *Joode heerengracht*, où elles furent apportées avec soin ; des commissaires, escortés par la troupe, veillaient à ce que personne n'en détournât la plus petite pièce.

Cette espèce d'auto-da-fé, où l'on précipita tant de belles choses, avait tout le caractère d'une exécution de haute-justice, et attristait singulièrement l'ame de tous ceux qui étaient témoins de cet incendie, commandé par la politique du souverain. En peu d'instans fut consumée la fortune de plusieurs maisons de commerce, et il ne resta, du fruit de tant d'industrie, de peines et de dangers, qu'un monceau de cendres, sur lequel l'œil se portait avec le sentiment de la plus profonde douleur. D'autres fois, comme si les flammes n'eussent pas assez promptement fait justice des infractions aux volontés de l'empereur, on jeta à la mer une quantité immense de marchandises précieuses, et les ondes reçurent dans leur gouffre tout ce que l'Angleterre fabriquait alors de plus beau. Malheur aux négocians hollandais qui s'exposaient aux chances de la confiscation.

Ces exécutions excitaient presque l'indignation générale, et aliénaient le dévouement des Hollandais; leur enthousiasme n'allait pas jusqu'à partager l'étendue des idées de l'empereur, et dans ses grandes conceptions, si l'effet n'a pas toujours répondu à la cause, c'est que souvent il a été mal secondé; mais la postérité lui rendra justice.

CHAPITRE XXI.

Bruits précurseurs des désastres de la France. — On meuble un palais à Mayence. — Inquiétudes des Hollandais calmées par le gouverneur. — Nouvelles affligeantes de la grande armée.— Dispositions favorables des Hollandais. — Mauvais effet produit par la levée des hommes. — Les Gardes-d'Honneur se font recevoir franc-maçons. — Première défection des alliés de la France. — Le roi Louis offre ses services à l'empereur. — Défection de toute l'Allemagne. — Le gouverneur-général vient habiter la capitale. — Sécurité des Français malgré les bruits alarmans. — Efforts des alarmistes. — Espoir des Français.— Stagnation des affaires dans toutes les parties. — L'administration des postes conserve seule son activité. — Commentaires sur les nouvelles.

L'EMPIRE français était alors au plus haut degré de sa splendeur et de sa gloire ; cependant des bruits sinistres, avant-coureurs de nos désastres, se répandaient de tous côtés ; la malveillance, habile en suppositions, fertilisait le champ des funestes conjectures, et affectait de voir, dans des échecs peu importans, des malheurs qui depuis ne se sont que trop réalisés. Cependant, à cette époque, sur des ordres émanés de l'intendant-général de la maison de l'empereur à Paris, un palais impérial à Mayence dut être garni avec des meubles extraits des différens palais de Hollande; cette disposition, quoiqu'elle eût du imposer silence aux bruits qui avaient éveillé l'attention des Hollandais, leur causa des inquiétudes d'une autre nature. On vit se renouveler les mêmes mécontentemens qui avaient éclaté lors de l'ameublement du palais d'Anvers.

Un de ces immenses bateaux, dont le commerce de Cologne se sert le plus communément, fut bientôt chargé de tout ce qui était nécessaire à l'ameublement du palais de Mayence. Le conservateur du mobilier des palais en Hollande, fut dans cette ville présider au rangement des effets qui venaient d'être expédiés en Allemagne, et on eut fort peu de choses à faire venir de France pour que cette résidence fût en état de recevoir LL. MM.

Quand une nation, dont la puissance s'est accrue prodigieusement, éprouve quelques échecs, ses ennemis, et ceux même dont elle excitait l'admiration, s'efforcent à l'envi de prédire une chute aussi rapide que son agrandissement. Cependant la France conserva encore long-temps son attitude imposante, et le gouverneur général de la Hollande, dans ces circonstances critiques, était parvenu à rassurer les Hollandais, en leur persuadant que Napoléon était toujours aussi puissant. Sans doute, en 1812 encore, jusqu'à l'entrée de l'empereur des Français à Moskow, à moins d'être initié aux décrets impénétrables de la Providence, il eût été impossible de prévoir les grands événemens qui, plus tard, ont accablé l'empire français.

Le prince architrésorier de l'empire, avec la dignité qui lui était naturelle, et les formes les plus douces, parvint encore à calmer les esprits; chaque jour, pour le bien de son administration, il applanissait les obstacles sans cesse renaissans. Les principaux tenaient à des préjugés, de bonne ou de mauvaise foi, en faveur de l'ancien gouvernement, même de celui qui avait précédé le règne du roi Louis, préjugés dont la rouille remontait à des siècles d'ancienneté, mais que dans sa sagesse le gouverneur n'avait pas voulu heurter de front, et que pourtant, à force de raison, il était parvenu à vaincre.

Les Hollandais, par leurs relations commerciales avec les peuples septentrionaux, étaient plus généralement instruits que les Français de la politique des cours du Nord. Vers la fin de 1812, quelques mois après le commencement des hostilités avec la Russie, on pressentait, on entrevoyait déjà à Amsterdam l'épouvantable orage prêt à fondre sur la grande armée, tandis qu'à Paris on ne soupçonnait encore rien de la tempête qui devait bientôt changer les destinées du grand empire. Cependant, malgré les avis secrets qu'ils recevaient, les Hollandais ne s'attendaient pas à l'immensité des revers réservés à la nation à laquelle ils étaient réunis. Il faut leur rendre cette justice, en leur ame et conscience, ils étaient bien éloignés, par leurs vœux, d'appeler sur la France le courroux du ciel. A la vérité ils souhaitaient une amélioration à leur sort; ils y avaient des droits, et la paix générale la leur promettait; mais dans la bonté de leur cœur ils eussent préféré souffrir encore long-temps plutôt que de devoir leur prospérité aux maux inouïs qui pouvaient les affranchir de leur dépendance.

Ils conservèrent cette générosité de sentimens, cette prédilection pour la France jusqu'à l'organisation des Gardes-d'Honneur. Cette mesure enleva à Napoléon tous ses partisans de la classe la plus élevée, classe dont l'influence disposait à son gré de l'opinion publique; car le peuple de Hollande ne ressemble point à d'autres peuples, qui ont diverses opinions politiques, selon le canton qu'ils habitent, ou la profession qu'ils exercent. Ce genre de recrutement si impolitique, proposé par le ministre *de Montalivet* à Napoléon, en frappant sur la classe des riches, sur l'élite des citoyens, dont on froissait les plus vives affections; en leur enlevant ce qu'ils avaient de plus cher, changea à un tel point les dispositions des Hollandais, qu'à partir de ce moment, les liens qui les unissaient aux Français se relâchèrent au point de les amener à faire cause commune avec les ennemis de la France. Eh bien ! malgré la profonde affliction des pères de famille, on vit vingt-sept jeunes Hollandais, enflammés d'un beau dévouement, impatiens d'aller moissonner des lauriers, s'enrôler volontairement avec les Gardes-d'Honneur; mais aussi, quand vint le désordre, ces mêmes

Gardes-d'Honneur, qui auraient pu se dispenser de faire la guerre, furent les premiers à sortir de la mêlée, à donner le honteux exemple du découragement et de la désertion ; et, rentrés chez eux, on les entendit déclamer contre la France, et applaudir aux revers de la grande armée.

Cette fâcheuse levée de Gardes-d'Honneur excita une grande agitation en Hollande, elle attrista tout le monde, changea les vues de beaucoup de chefs de famille, et réduisit les mères au désespoir.

Le préfet du département du Zuider-Zée, dont le chef-lieu était Amsterdam, poussait la sévérité jusqu'à la rudesse, on pourrait même dire jusqu'à la barbarie, dans l'exécution du décret de création des Gardes-d'Honneur ; il y joignait en outre une sorte d'ironie qui rendait encore plus odieuse une mesure déjà si cruelle pour tant de familles. Jusque-là les Hollandais s'étaient soumis avec résignation aux innombrables sacrifices que le gouvernement impérial avait exigé d'eux, mais cette fois les murmures et le mécontentement éclatèrent hautement. Si, pour un prix quelconque, il leur eût été possible de racheter leurs enfans, c'eût été un moyen efficace de grossir le trésor du gouvernement, qui commençait à s'épuiser. Rien ne leur eût coûté, et l'on peut s'en convaincre par un seul fait : M. Hosthuis, riche particulier, offrit, pour conserver son fils, d'armer, de monter et d'équiper à ses frais toute une compagnie ; cette offre fut impitoyablement rejetée.

Un grand nombre de Gardes-d'Honneur, sachant que le maréchal duc de Reggio était vénérable d'honneur de la loge Saint-Napoléon à Amsterdam, se firent recevoir maçons, afin qu'à l'armée, où ils allaient se rendre, ils trouvassent un frère dans leur général, et plusieurs ont eu à se louer de l'accueil, de l'obligeance et de la protection du duc de Reggio, de même que des procédés du chef d'état-major *Grundler*, qui était, ainsi que le maréchal, fondateur de la loge Saint-Napoléon.

Les Gardes-d'Honneur hollandais se rendirent à Metz, où plusieurs furent accompagnés par leurs parens ; c'est-là qu'ils apprirent en peu de temps comment on détruit son semblable avec méthode. C'est-là qu'ils virent combien leur existence était différente de celle qu'ils avaient eue dans la maison paternelle : le brillant habit militaire avait perdu cet éclat qui d'abord flatte toujours la jeunesse; ce cheval fougueux, si richement caparaçonné, on n'était plus si jaloux de le monter; et de bon cœur tous ces jeunes gens auraient reçu avec grand plaisir une feuille de route pour revenir à pied dans leurs foyers.

L'horizon politique s'obscurcissait de jour en jour, et ceux qui par état étaient intéressés à l'observer, y voyaient de justes motifs d'inquiétude; la défection de quelques alliés de la France était le présage d'autres abandons plus importans encore. Louis, que l'empereur ne put jamais déterminer à rentrer en France, pressentant cette grande crise prête à accumuler sur sa première patrie toutes les forces réunies de l'Europe, offrit, de sa retraite, ses services à l'empereur[1].

Quelques Hollandais, détachés sans retour du parti français, répandaient sourdement les bruits les plus fâcheux, et quand les papiers publics se taisaient sur l'armée, ils y suppléaient par des nouvelles à la main, et pourtant personne encore ne pouvait croire à des malheurs

---

[1] Voyez aux notes, N° 17, la lettre du roi.

aussi épouvantables que ceux qui accablèrent bientôt l'empire.

A la fin d'octobre 1813, après la défection de toute l'Allemagne, le prince gouverneur de la Hollande, quitta sa résidence de la *maison du Bois,* et rentra au palais d'Amsterdam, où sa présence semblait confirmer les nouvelles alarmantes dont on s'occupait généralement. Les Français, et il y en avait beaucoup en Hollande à cette époque, autant par amour pour leur patrie que par intérêt personnel, concevaient de pénibles inquiétudes, et, quoiqu'on leur donnât charitablement l'avis de se mettre en garde contre de grands événemens, un bien petit nombre profita du conseil. Qui aurait osé croire qu'élevée si haut, la France était sur le point de tomber, et que sa chute écraserait tous ceux qui, de gré ou de force, étaient liés à sa destinée !

C'est par la correspondance des Gardes-d'Honneur hollandais qu'on était le plus exactement informé de tout ce qui se passait à l'armée, et les plus affreuses nouvelles étaient déjà parvenues à Amsterdam, que très-peu de Français voulaient ajouter foi aux désastres épouvantables qui n'avaient que trop de réalité. Hélas ! un grand nombre avait déjà été précipité dans le gouffre où tombèrent tant de braves. Toutefois la marche de l'administration n'était pas encore entravée : les tribunaux siégaient paisiblement sur le bord de l'abîme ; les lois étaient exécutées comme dans un temps de calme ; on conservait encore une ombre d'espoir : la fortune de la France avait changé si promptement, qu'on se plaisait à croire qu'elle changerait encore, et que cette fois du moins on aurait à se louer de son inconstance. Tout le monde, en Hollande, était dans la plus vive anxiété ; celle des Français était poignante, et les Hollandais n'osaient pas trop croire qu'un changement, quel qu'il fût, pût leur donner tout ce qu'ils souhaitaient.

Chaque jour les communications avec les malheureux débris de la grande armée devenaient plus difficiles, et les obstacles servaient les alarmistes, qui ajoutaient aux papiers publics et aux nouvelles particulières tout ce qui pouvait grossir les inquiétudes et augmenter les craintes.

Le gouverneur était assailli par les personnes à qui leur rang, leur place, leur emploi donnaient le droit de se présenter au palais ; mais M. Lebrun, hélas! trop bien informé, gardait le plus souvent un noble et pénible silence; au surplus, on trouvait dans l'expression de sa vénérable figure l'empreinte douloureuse dont son ame était pénétrée.

Lorsqu'on était quelques jours sans avoir de renseignemens quelconques, les Français, surtout, s'abandonnaient à la douce espérance que le génie de Napoléon avait peut-être déjoué les efforts de la coalition, vaincu encore une fois ses ennemis, et ramené la victoire sous ses drapeaux. Tout ce qui se rattachait au gouvernement était dans une constante agitation difficile à exprimer. Toutes les affaires, toutes les occupations étaient presque suspendues, l'administration des postes était la seule dont le service ne souffrît aucune interruption, aussi l'habitation des directeurs des postes était-elle sans cesse assiégée par la foule des curieux, avides de nouvelles; et à Amsterdam, l'hôtel du directeur-général de cette administration¹ était devenu le rendez-vous de tout ce qu'il y avait de Français distingués dans cette capitale des départemens réunis. Là, les uns cherchaient à retremper le courage de ceux qui étaient abattus par des revers trop assurés, ils commentaient les nouvelles avec une telle adresse, avec tant d'élo-

¹ M. Pelletier de Chambure.

quence, que souvent ils tempéraient les affligeantes inquiétudes du plus grand nombre [1]; d'autres ne voyaient tout, n'expliquaient tout qu'avec le sentiment de la crainte et du découragement, et la terreur qu'ils éprouvaient se communiquait aisément.

Quand les nouvelles confidentielles leur manquaient, les Français trouvaient sur la figure de quelques Hollandais, impatiens de secouer le joug de la France, des renseignemens assez exacts sur la situation de l'armée; leur physionomie était le thermomètre des nouvelles qu'ils avaient reçues, et quand leurs traits exprimaient ou l'ironie ou la satisfaction, on pouvait juger que de nouveaux revers accablaient l'armée: leur joie eût été indicible, si dans les rangs de cette malheureuse armée il ne se fût pas trouvé de Hollandais. Triste et cruelle situation que celle où un peuple ne peut faire des vœux pour son affranchissement, sans que d'abord il doive lui en coûter le sang de ses enfans.

---

[1] M. le comte de Castéja, alors inspecteur général dans les vivres, et depuis préfet, par son éloquence persuasive triomphait presque toujours de ceux que la crainte tourmentait le plus.

CHAPITRE XXII.

Le payeur-général de la guerre. — Espoir déçu. — Insurrection des peuples. — Craintes des Français. — Fureur révolutionnaire. — Cris exaltés d'*Oranje Boven*. — La cocarde orange remplace la cocarde tricolore. — Incendie et pillage. — Danger du préfet. — Les Français maltraités. — Probité du peuple. — Le gouverneur quitte la Hollande. — Établissement d'un gouvernement temporaire. — Pamphlets. — Caricatures contre la France et Napoléon. — Le général Krayenhoff excite à la révolte. — Arrestation des Français.

Au milieu de ces alternatives de craintes et d'espérances, la Hollande ressemblait à un vaisseau battu par la tempête où le courage seul soutient les matelots incessamment menacés d'un naufrage. On approchait de la fin de 1813; le 13 novembre de cette année, dans un moment où les esprits paraissaient plus calmes, l'orage éclata. Ce jour-là, M. Scitivaux, payeur général de la guerre, donnait chez lui, à Amsterdam, un grand dîner où la gaîté française triomphait des noirs soucis dont on était abreuvé depuis quelque temps. Au lieu de sinistres rapports sur les désastres des Français en Russie, désastres qu'on supposait toujours avoir été exagérés par la malveillance ou l'esprit de parti, on s'entretenait agréablement de littérature, de beaux arts, on entonnait même de joyeux refrains, lorsque, tout à coup l'on entend un violent tumulte, et les vociférations d'une populace ameutée. Un gendarme d'ordonnance envoyé auprès du commandant de la force armée qui était de la réunion, lui apprend que depuis deux heures environ, le peuple excité à la sédition par des artisans de discorde, se porte en foule aux hôtels des administrations publiques, menacées du pillage et de l'incendie; les séditieux insultent, menacent les employés français; ceux-ci pour se soustraire au meurtre, ont abandonné leurs postes; partout enfin la populace vomit des clameurs épouvantables contre l'empereur et contre le gouvernement français.

Et c'était ce même peuple qui, en 1810 et 1811, faisait retentir les airs des cris de vive Napoléon! qui accourait, qui assistait aux fêtes données par son gouvernement, fêtes où la joie et l'enchantement de ce peuple avait presque l'accent du délire.

Cette affreuse nouvelle répandit aussitôt la consternation parmi tous les convives. Voilà donc tous les sinistres *on dit* justifiés! Plus de doute sur l'état déplorable de la grande armée, qui, après avoir étonné le monde par l'éclat de sa gloire, l'effraya par le bruit de sa chute. Quel sera le sort des Français en Hollande? On se sépara, mais en se séparant de ses amis, de ses compatriotes, on ne savait ni dans quel temps on pourrait se revoir, ni même si l'orage permettrait de se réunir, et chacun en rentrant chez soi acquit la preuve qu'une effrayante confusion régnait dans la ville. De tous côtés le peuple était dans la plus grande effervescence, et ses vociférations imprimaient partout la terreur. On conseillait aux Français de rentrer dans leurs demeures pour éviter les insultes de la populace, car, dans ses débordemens, elle pouvait se porter aux plus terribles extrémités.

Toute la nuit un bruit affreux et continuel qu'accompagnait le son lugubre et terrible de la cloche d'alarme, un bruit qui attestait la fureur révolutionnaire dont chaque instant semblait accroître la violence, tenait tous les Français enfermés chez eux dans des angoisses horribles : on pouvait à chaque instant violer leur asile. Et qu'opposer aux emportemens d'une populace exaltée, qui ne connaît plus de frein? Que se passait-il déjà au dehors? Le lendemain pourrait-on hasarder de sortir un instant pour voir ses amis, ses compatriotes?

Les cris multipliés, d'*Oranje Boven* (vive le prince d'Orange), parvenaient distinctement aux oreilles des Français, et leur prouvaient que le peuple était en pleine insurrection.

Au jour naissant le bruit s'apaisa dans les rues. On était un peu rassuré, et pourtant ce ne fut encore qu'avec le sentiment de la plus vive appréhension qu'on ouvrit ses volets sur la rue, qu'on s'exposa, quoiqu'avec beaucoup de précaution, à sortir pour connaître la position des insurgés et leurs desseins.

Que de choses s'étaient passées pendant cette nuit d'alarme et d'épouvante! La cocarde orange avait remplacé les couleurs alors nationales de la France; les administrations impériales méconnues, anéanties ou menacées; les portes des prisons ouvertes aux prisonniers; le domicile de la préfecture violé; les meubles et les papiers de cette administration livrés au pillage et aux flammes, ainsi que tous les établissemens dépendant des droits réunis, des douanes et de la police. Ce n'est qu'au dévouement et au courage du commandant de la gendarmerie, le colonel *Coroler*, que le préfet, comte de Celles, dut son salut : le colonel l'arracha à la fureur du peuple qui l'aurait sûrement précipité au milieu de l'incendie. Ce n'est aussi que par une espèce de miracle que le digne acolyte du préfet, le sieur Dubois, n'a point été jeté au canal avec une pierre au cou ; car c'était le projet des exécuteurs des hautes œuvres de cette nuit d'horreurs. Dubois, à la faveur d'un habillement de femme et de la protection d'un Hollandais qui lui donna le bras, passa au milieu des plus ardens satellites de l'insurrection, et il dut la vie à un de ces braves habitans qu'il avait si souvent mystifiés et outragés par ses mauvaises plaisanteries et par son despotisme bureaucratique.

Les flots du peuple inondaient toute la ville, et les plus braves, parmi les mauvais sujets, déchaînés comme des bêtes fauves, couraient sur les commis des droits-réunis, sur les agens français de la police ; mais particulièrement sur les malheureux douaniers, corps d'élite plus particulièrement détesté à lui seul que tous les autres employés ensemble. Quelques-uns ont été atteints et jetés dans les canaux ; d'horribles massacres auraient eu lieu si le peuple Hollandais n'était pas essentiellement bon ; mais dans une subversion de tous les pouvoirs, il était bien imposible qu'il ne se commît pas quelques actes de vengeance sur les délégués du fisc détestés en tout pays.

Le peuple d'Amsterdam, instrument aveugle des agitateurs, mais probe au milieu de son délire révolutionnaire, se porta en masse à la demeure du receveur des contributions [1]. C'était pourtant un Hollandais ! En s'échappant, il laissa à la disposition de la populace tous ses registres et ses caisses remplies d'argent. On livra impitoyablement aux flammes tous les papiers appartenant à l'administration, et l'argent qui tout naturellement semblait être le salaire des insurgés, fut cependant dédaigné par ces hommes exaltés. Dans leur désintéressement barbare ils se contentèrent de jeter les florins au canal; mais quand la révolte fut apaisée,

[1] Sur le canal du Rokin.

le gouvernement pendant plusieurs jours fit pêcher avec beaucoup de soin dans le canal, où l'on retrouva une grande partie des fonds qui y avaient été jetés par le peuple. Dans la crainte que d'autres caisses publiques ne devinssent aussi l'objet de la fureur populaire, le gouverneur général fit évacuer sur Utrecht toutes celles qui appartenaient au trésor. Mais ce fut à la fermeté de M. Gogel, intendant général des finances, et à la considération dont il jouissait que son administration dut d'être préservée du pillage.

Qui le croirait! des prisonniers, que le peuple, souverain dans sa démagogie avait affranchis des verroux, après quelques jours de liberté, demandèrent à rentrer en prison. C'étaient des militaires enfermés pour cause d'indiscipline, de pauvres diables sans argent et sans amour de pillage; se trouvant fort embarrassés, ils revinrent au lieu de leur détention sollicitant comme une grâce qu'on les reçût de nouveau et qu'on les mît sous les verroux jusqu'à leur libération.

Le gouverneur, dont l'administration directe avait été exempte de véxations, dont toutes les relations avaient été agréables aux Hollandais de distinction, dont tous les actes portaient le cachet de la justice et de l'urbanité n'éprouva aucun désagrément personnel, quoiqu'il fût le représentant du gouvernement dont on venait de s'affranchir. On s'empressa au contraire, et par reconnaissance, de protéger son départ avant que les routes, par le Brabant, ne fussent encombrées de troupes étrangères; aussi il traversa sans obstacles le pays, rentra tranquillement à Paris, dégagé des chaînes du pouvoir suprême en Hollande.

Toutes les forces militaires en Hollande, ne s'élevant pas à plus de six mille hommes de troupes de ligne, se réunirent à Utrecht sous le commandement du général Molitor; ce corps, trop faible pour s'opposer à l'insurrection, se retira derrière la Meuse, après avoir laissé un très-petit nombre de soldats dans Naarden, Gorcum, le Helder, Berg-op-Zoom et Bois-le-Duc [1].

Dans cet état d'abandon, et la garnison d'Amsterdam ayant évacué la ville le 18 novembre,

---

[1] Au nombre des troupes commandées par le général Molitor, il y avait deux régimens allemands à la solde de France; ils passèrent à l'ennemi, et se réunirent à Bulow, qui arrivait en Hollande par Munster.

une commission temporaire se forma, sous la présidence de M. *Hogendorp*. Investie de tous les pouvoirs, cette commission plaça à la tête de la nouvelle police, un sieur *Papagai*, qui, sous le prétexte d'assurer le tranquillité publique, fit arrêter presque tous les Français restés en Hollande et surtout à Amsterdam, où siégait le nouveau pouvoir exécutif. Un des membres de cette commission, ou tout au moins employé par elle, fut un sieur *Holtrop*, vénérable de la loge de la *Charité* qui oubliant tout ce que ce titre lui prescrivait, refusa d'être utile à des Français auxquels il avait précédemment donné l'affectueux et doux nom de frère.

Le surlendemain de l'insurrection, on vit paraître quelques écrits contre la France, et des caricatures où Napoléon était représenté avec des couleurs broyées par l'esprit de parti et employées par l'ingratitude. On attribua le plus virulent de ces écrits à M. Krayenhoff, qui avait été ministre de la guerre sous le roi Louis, et ensuite inspecteur général du génie au service de France. S'il n'est pas constant que ce militaire, facile à s'attacher au parti qui triomphe, distingué d'ailleurs par des talens réels, fut l'auteur de la brochure qu'on lui prêtait, il fut bien évident que dans la journée du 14 novembre, M. Krayenhoff a été vu et entendu dans tous les quartiers de la ville d'Amsterdam, excitant du geste et de la voix le peuple à se soulever et à s'affranchir de la domination française. Le feu de la sédition s'étendit avec la rapidité d'un incendie, du centre à toutes les extrémités de la Hollande ; partout les Français étaient frappés de terreur, tant ils étaient dans l'impuissance de s'opposer au torrent.

On encombrait les prisons de la capitale. On arrêta particulièrement les employés des administrations, gens fort tranquilles et certainement peu disposés à tenter une contre-révolution ; mais la commission temporaire, à quelque prix que ce fût, devait prouver son zèle, et sa plus importante affaire était l'arrestation des Français, qu'on avait l'infamie de garotter deux à deux et de leur faire ainsi traverser la ville, afin de faire voir au peuple qu'on avait en magasin des victimes à sacrifier au besoin.

Sans doute il est louable, il est honorable de servir la cause de son pays, d'aider à l'affranchissement de sa patrie, et lorsque le ministre Krayenhoff, en 1810, proposait au roi de Hollande de mettre la ville d'Amsterdam en état de défense contre les prétentions envahissantes de la France, il rappelait courageusement et fort à propos à son souverain la devise de l'ordre de Hollande : *Fays ce que dois, adviene que pourra*. Mais si un homme franc et loyal ne doit jamais se séparer de ses compatriotes, doit-on féliciter M. Krayenhoff d'avoir été au service de France, dont il encensait le souverain, plutôt que d'attendre dans ses foyers les événemens qui devaient rendre son indépendance à la Hollande.

Qu'un simple soldat, une machine qu'on fait manœuvrer, sans qu'il sache autre chose qu'obéir, passe facilement d'une domination à une autre, on le conçoit ; mais un ministre, un homme d'état, à la fermeté duquel toute la nation avait applaudi, lorsqu'il était indigné des fers qu'on lui préparait ; un homme toujours prêt à se consoler de l'asservissement de son pays en se dévouant au service de la nation victorieuse, on a peine à reconnaître en lui, ce *vir probus*, que rien ne doit jamais séparer de la cause de ses concitoyens.

CHAPITRE XXIII.

Exaspération du peuple. — Rétablissement de l'ordre par quelques habitans en costume de bourguemestres. — Effroi des Français dans les maisons de détention. — Apparition des Cosaques sur divers points. — Refus de passe-ports pour la France. — Projet de déportation des Français. — Défense aux Français de se réunir plus de quatre et d'aller dans les lieux publics. — Les Hollandais divisés d'opinion sur le souverain qu'ils appelleront à régner. — Prétention du roi Louis à cet égard. — Le prince d'Orange devient *chef de la nation*.—L'ordre est rétabli. — La cocarde blanche prise par tous les Français en Hollande. — Embarras et détresse des Français. — Défense de la forteresse de Naarden. — Le prince d'Orange et sa famille à La Haye. — La princesse douairière. — La Haye redevenue résidence royale. — Le titre de *prince souverain des Pays-Bas* est substitué à celui de stathouder. — Courtisans fidèles. — Entrée du prince à Amsterdam. — Entrée successive des princesses et du jeune prince. — Retour des Français dans leur patrie. — Le Brabant réuni à la Hollande, et le prince d'Orange reconnu roi des Pays-Bas.

Qu'est-ce que le pouvoir? qu'est-ce que la grandeur? qu'est-ce même que la gloire? Aux yeux de la philosophie, tout cela n'est qu'une vaine fumée. Que si le hasard nous a jetés sur la terre à l'époque de ces grands désastres qui n'apparaissent que de loin en loin dans la série des siècles; si nous avons vu s'élever un vaste empire, entouré de royaumes nouveaux, si nous avons assisté au grand spectacle de sa chute, il faut bien en convenir, la gloire elle-même n'est qu'une vaine fumée; et cette gloire, c'est aux fléaux de l'humanité que l'homme la dispense; heureux si son ingratitude conserve un souvenir à ses bienfaiteurs!

Ce n'était pas à Paris, ce n'était pas dans la vieille France, quoique bientôt inondée par ces hordes de soldats qu'elle avait si souvent vaincues et refoulées dans leurs déserts, qu'on pouvait apprécier les déchiremens causés par la chute du grand empire français. C'était aux extrémités, surtout, que la commotion était violente; tous ces pays, conquis à coups de canon ou à coups de décrets impériaux, présentaient un spectacle de confusion et de désordre impossible à décrire, et plus grand en Hollande que partout ailleurs. Ainsi, par exemple, on avait trouvé en Italie des peuples façonnés dès long-temps à l'obéissance passive et au joug du pouvoir absolu; un changement de gouvernement n'était pour eux qu'un changement de nom propre dans le protocole de la servitude ; mais il n'en était pas de même en Hollande ; on y avait respiré l'air de la liberté, air plus doux que celui que l'on respire sous le beau ciel de Naples.

Exclusivement voués au travail, au commerce, à l'industrie, les Hollandais ne pouvaient sans joie voir se briser les chaînes qui s'appesantissaient sur eux; heureux si ce passage de la soumission à la liberté n'eût été signalé par d'inexcusables désordres, s'ils n'eussent reçu une impulsion révolutionnaire que rien ne pouvait comprimer, pas même ceux dont le peuple était l'instrument. Furieuse, altérée de vengeance contre les employés du fisc, la populace se portait partout, non moins terrible que les eaux à la rupture d'une digue. Ravager, détruire tout ce qui avait appartenu aux Français était pour elle un besoin, ou plutôt une rage.

Le palais était menacé du pillage, ainsi que le garde-meuble, objet de la convoitise de la multitude hébraïque allemande. Dans cette tourmente révolutionnaire, des incendiaires avaient dirigé leurs torches sur plusieurs maisons occupées par des Français, et la ville entière fut menacée d'un incendie épouvantable. Plus de frein nulle part; partout les passions déchaînées : le temps seul pouvait faire renaître l'ordre. Ce fut donc en vain qu'on essaya par la raison, par les plus flatteuses promesses de ramener au calme cette populace, marchant sous l'étendard de l'insurrection. Les moteurs du mouvement, ceux qui avaient érigé le peuple en souverain, ne pouvaient plus lui retirer la force dont ils l'avaient investi; et dans l'exercice de ses droits il était prêt à tourner ses armes contre ceux qui lui avaient donné la puissance.

Le gouvernement provisoire, en proie à la plus vive inquiétude, n'osant pas employer la force pour apaiser la frénésie des séditieux, car c'eût été les porter aux plus désastreuses extrémités, était dans une affreuse anxiété; mais souvent il ne faut qu'une idée bien simple, bien vulgaire pour faire ce que la force n'entreprendrait pas. Un membre de la commission, sachant combien le peuple est esclave de ses préjugés, proposa qu'un nombre de citoyens notables se présentât à cette populace mutinée sous le costume des anciens bourguemestres, en offrant de lui rendre ses antiques institutions, ses premiers magistrats. Cette idée accueillie, douze ou quinze habitans de la ville, affublés de grandes robes et d'énormes perruques, haranguèrent si adroitement les séditieux, qu'ils leur firent mettre bas les armes, et tout rentra à peu près dans l'ordre.

Mais pendant cet effrayant tumulte, durant cette tempête révolutionnaire, qui peindra l'effroi et les mortelles inquiétudes de ces malheureux Français détenus, loin de leur patrie et de leurs parens, entassés dans des lieux convertis en prisons où ils avaient la crainte de voir se renouveler des massacres semblables à ceux qui eurent lieu en France au mois de septembre 1792 ! Ces terreurs légitimes n'étaient heureusement pas fondées. Quand le pouvoir révolutionnaire fut certain qu'on n'avait rien à redouter des Français, on leur rendit la liberté; mais en sortant de prison ils furent placés sous la surveillance de la police, espèce d'inquisition qui équivalait à peu près à la détention, et messieurs du pouvoir, y ajoutèrent toutes les tracasseries, toutes les vexations imaginables, vengeance noble et bien digne d'une police !

Sur plusieurs points de la Hollande on avait déjà aperçu quelques Cosaques en tirailleurs, nuage de sinistre augure et précurseur de l'orage qui ne tarda point à éclater. A peine quinze jours s'étaient écoulés depuis le soulèvement du peuple, qu'on vit entrer dans Amsterdam par la porte de Muyden, une bande de Cosaques, dégoûtante milice qui se dispersa dans tous les quartiers de la ville, et à laquelle on n'opposa aucune résistance; le peuple, tout joyeux, l'accueillit avec enthousiasme en l'accompagnant partout où la fantaisie dirigeait ses pas. Mais les Cosaques, plus exercés au pillage qu'à résoudre une question de politique, s'embarrassant peu de l'affranchissement de la Hollande, traitaient les Hollandais comme des sujets de Napoléon, et tout ce qui paraissait leur convenir était pour eux de bonne prise. L'autorité ne savait trop comment réprimer cette espèce de brigandage. Sévir contre les pillards qui se permettaient tous les délits imaginables, c'était s'exposer à les voir venger par une armée entière, qui d'un moment à l'autre pouvait arriver. Les femmes n'osaient plus sortir et les hommes étaient dévalisés dans les rues. Heureusement qu'on sut gagner quelques officiers et qu'en gorgeant de liqueurs fortes cette soldatesque indisciplinée, on parvint à peu près à s'en rendre maître.

Personne ne pouvait obtenir de passe-port pour la France, et la Hollande était pour les Français un labyrinthe sans issue. Toutes les routes, toutes les sorties de mer et de terre étaient sévérement gardées par des troupes nationales; et peu de Français parlant le hollandais, il était très-difficile de quitter le pays. Quelques-uns pourtant affrontant les nouveaux dangers, que l'arrivée des troupes alliées rendait imminens, s'échappèrent des états de Hollande, et en revoyant leur patrie s'affranchirent encore de la crainte d'être déportés, ainsi qu'ils en étaient menacés. Le projet était de les envoyer en Frise et particulièrement à *Leuwarden*, pays très-malsain, où ils eussent été surveillés et à la disposition du gouvernement : or, comme le gouvernement n'était pas encore assuré de la position dans laquelle les circonstances pouvaient placer la Hollande, il voulait s'assurer des otages en cas d'événemens.

Pour déjouer des projets de contre-révolution, qui n'existaient pas, une ordonnance de police, dont la sévère exécution fut confiée à l'inquisiteur *Papagay*, interdit aux Français la faculté de se réunir plus de quatre ; l'entrée des spectacles et des cafés leur fut expressément défendue. Bons Hollandais! Les gens dont votre gouvernement provisoire voulait vous faire peur, étaient les meilleures gens du monde: ce n'étaient point des hommes sortis de cette classe du peuple, toujours avide de nouveautés révolutionnaires; les Français sur lesquels on faisait peser la main de fer de la police étaient, pour la plupart, des employés dont le caractère pacifique était bien connu, dont on avait éprouvé la bonté, dont les mœurs honoraient leur nation, et qui par leur résignation ennoblissaient l'adversité. Des événemens indépendans de leur volonté les avaient amenés en Hollande; dans la détresse, au lieu de conspirer contre les Hollandais, ils n'aspiraient qu'à rentrer dans leurs foyers.

La déportation dont on effraya si long-temps les Français n'eut cependant point lieu, mais la difficulté de s'échapper de la Hollande s'accroissait chaque jour, et il n'y avait plus de sûreté sur les routes où les Cosaques se montraient de tous côtés.

Les Hollandais étaient d'un accord parfait sur le désir de s'affranchir de la domination française, et tous secouèrent le joug, aux acclamations d'*Oranje Boven*, (vive le prince d'Orange); mais pourtant ils étaient divisés d'opinion sur le souverain qu'ils appelleraient à régner sur eux.

Le roi Louis avait des amis, des partisans qui voulaient le rappeler au trône de Hollande, dont il n'était descendu que pour avoir eu le courage, dans l'intérêt des Hollandais, de résister à l'empereur. Louis s'était toujours opposé à la réunion de ses états à l'empire, et avait toujours protesté qu'en abdiquant en faveur de son fils il n'avait point laissé le trône vaquant.

D'après ce principe, consacrant tous les droits du roi Louis, et le pays venant de reconquérir son indépendance, les partisans de ce prince, s'appuyant sur ce qu'en 1802 le prince d'Orange avait sollicité et obtenu la principauté de Fulde, en indemnité de ses prétentions sur la Hollande, étaient d'avis de confier de nouveau la couronne à Louis. Louis ayant de son côté appris que la Hollande s'était insurgée contre la France, adressa au gouvernement provisoire, le 29 novembre 1813, une lettre datée de Soleure, par laquelle il semblait revendiquer tous ses droits au trône [1].

Quoi qu'il en fût des prétentions du roi Louis,

[1] Voyez aux notes, N. XIX, la lettre du roi Louis aux magistrats d'Amsterdam.

et de l'estime particulière que lui portaient les empereurs d'Autriche et de Russie, il n'entra point dans la politique des souverains alliés de laisser un membre de la famille de Bonaparte sur le trône de Hollande, et le prince Guillaume-Frédéric de Nassau, héritier présomptif du dernier stathouder, fut appelé à devenir le chef suprême de la Hollande, sans qu'on sût précisément encore quel titre prendrait ce nouveau chef de la nation. Les Hollandais de vieille roche, à toute autre qualification, eussent préféré celle de *stathouder*; elle rappelait des temps de gloire et de prospérité; elle semblait promettre des jours aussi heureux que ceux dont avaient joui leurs ancêtres; enfin ce titre leur paraissait national, et propre par conséquent à satisfaire toutes les classes de de la société.

En un instant les institutions impériales se trouvèrent anéanties ; elles se détachèrent toutes à la fois de leurs fondemens, et à la confusion amenée par leur renversement, succéda une apparence de nouvel ordre de choses : on parvint, dans toute la Hollande, à rétablir le calme parmi le peuple ; mais tant de personnes voulurent s'immiscer dans le nouveau gouvernement à Amsterdam, qu'un autre genre de confusion s'introduisit; chacun affirmait avoir un plan excellent, des vues incontestablement bonnes; tout le monde était d'un dévouement éprouvé, et plus propre que qui que ce soit à diriger les affaires de la nation.

Les revers inouïs dont la France était accablée donnaient aux Hollandais, qui ne réfléchissaient pas, une sorte d'audace que les gens sages ne partageaient pas. Ceux-ci pensaient: « Tout est soumis aux événemens; cette France, abattue sous le poids du malheur, peut se relever; la révolution qui vient d'affranchir la Hollande n'est point terminée; le pays est encore sur un sable mouvant; on peut craindre des commotions réagissantes; à la coalition des souverains du Nord, la France peut opposer une résistance capable de changer ses destinées; elle peut ressaisir le premier rang parmi les puissances armées, et dans cette hypothèse, la Hollande sera donc réduite à ensevelir son orgueil dans la honte et la soumission. »

Quelques Français, qui ne voulaient pas prendre la couleur orange, s'exposèrent à des insultes, même à des dangers assez graves. Obligés de subir la loi du plus fort, ils avaient cessé de porter le ruban tricolor, sans se croire forcés d'en prendre un qui n'était pas celui de la nation à laquelle ils appartenaient. Mais toute contestation cessa lorsqu'on apprit que les Bourbons étaient au château des Tuileries, et que le drapeau blanc flottait partout en France. Les Français en Hollande prirent donc la cocarde blanche; mais avec ce talisman ils ne pouvaient point encore rentrer dans leur patrie; quoique ce signe eût dû être leur sauvegarde auprès des troupes alliées, dont les routes étaient déjà encombrées, il n'y avait pas à s'y fier, ils eussent été fait prisonniers, et Dieu sait ce qu'ils seraient devenus. Leur position était on ne peut plus embarrassante. L'hiver approchait; éloignés de leurs foyers, sans emplois, leurs ressources épuisées, presque dans l'impossibilité de faire venir de l'argent de France, ils languissaient dans l'oisiveté, dans le besoin, aspirant ardemment à leur délivrance. Plusieurs d'entre eux ont conservé le souvenir de l'obligeance qu'on leur a montrée dans la détresse, et se plairont toujours à parler de la bienfaisance de Hollandais, qui n'ont pu voir indifféremment le malheur de ceux que le sort plaça quelque temps au milieu d'eux.

Plusieurs corps de militaires français, placés sur différens points au moment de la révolte, se retranchèrent dans la ville de Naarden, une des plus fortes places de la Hollande : le commandant, jeune officier français, opposa long-temps une résistance contraire aux vœux des habitans. Il renvoyait tous les parlementaires avec cette réponse laconique d'un soldat qui ne connaît que ses devoirs : *Je commande au nom de Napoléon, et n'obéis qu'à ses ordres.*

C'est à M. Krayenhoff que fut confié le commandement du siége de Naarden. On mit peu de troupes à sa disposition, et d'ailleurs, comme officier de génie, il savait mieux qu'un autre que le poste était presque imprenable lorsqu'il était défendu par des hommes déterminés. On fit donc de vaines tentatives, et le commandant ne se rendit qu'après avoir eu la certitude de l'occupation de Paris par les armées alliées [1].

Les vœux presque unanimes de la Hollande appelant le prince d'Orange à régner, S. A. R.

---

[1] **La défense vigoureuse du commandant de Naarden** peut être comparée à l'héroïque résistance du château de Vincennes, dont la garnison, en 1814, était commandée par un officier dont le nom mérite de passer à la postérité.

arriva à La Haye sans faste, et simplement accompagnée de quelques amis dévoués. La famille du prince ne tarda pas non plus à reparaître dans les lieux qui furent jadis témoins de sa félicité, et qu'elle ne quitta que lorsque de violens orages ne lui permirent plus de rester. On admira surtout l'affabilité de la princesse douairière, mère du prince régnant, et pourtant il lui était difficile de ne pas conserver des souvenirs pénibles. Lorsqu'avec le dernier stathouder elle fut contrainte de quitter la Hollande, elle n'eut point à se louer des adieux qu'elle reçut en partant; mais la joie que lui causa un retour long-temps inespéré étouffa jusqu'à l'apparence d'un ressentiment, attribuant sans doute la conduite qu'on avait tenue envers elle au vertige révolutionnaire qui agitait alors tous les peuples.

La ville de la Haye, redevenue résidence royale par l'habitation du prince d'Orange et de sa famille, vit affluer dans son sein une foule de députations toutes empressées d'offrir leurs hommages, à la véracité desquels le prince était supplié de croire. De tous côtés on se félicitait d'avoir un souverain dont l'affection ne pouvait être douteuse, puisqu'il était le compatriote de ses sujets, et puisqu'il fallait avoir un maître, on aimait mieux un compatriote qu'un étranger.

Guillaume, Frédéric de Nassau, au lieu de prendre le titre de *stathouder* de *Hollande*, prit celui de *prince souverain des Pays-Bas;* quoique à la hâte, il avait médité la restauration du pouvoir suprême en Hollande, et dans sagesse, fruit de l'expérience et du temps, il se proposait d'éviter deux grands écueils, la renaissance de tous les abus de l'ancien régime et les persécutions impolitiques, qui, loin d'affermir le pouvoir du souverain, détruisent l'affection des peuples et soulèvent contre lui l'opinion publique. Il a bien jugé que la Hollande était dans la position d'un état qui retourne à l'ordre après la tempête, après qu'une révolution a indiqué les changemens commandés par le temps.

En attendant la constitution que le prince Frédéric voulait donner à ses sujets, il créa une commission royale à laquelle toutes les affaires furent provisoirement renvoyées.

La bonté du prince se manifesta dans tous les actes qui émanaient directement de sa volonté; mais il ne pouvait tout faire et quelques-uns des agens qui l'entouraient, cédant à des intérêts particuliers, portaient souvent dans les services dont ils étaient chargés la partialité la plus évidente, et même quelquefois l'esprit de vengeance.

C'était une chose curieuse que de rencontrer dans les salons du prince, d'anciens courtisans blanchis dans la diplomatie, qui, sous le dernier stathouder, avaient été ses fidèles sujets; sous le roi Louis, les premiers à l'assurer de leur inviolable fidélité; sous l'empereur, empressés de prêter au grand Napoléon le serment d'une fidélité incorruptible, et aujourd'hui encore également empressés de jurer au prince d'O-range une fidélité à toute épreuve; et comment ne pas croire en effet à la fidélité, à la franchise de sujets qui depuis si long-temps n'ont pas varié dans la formule de leurs protestations!

Les habitans de la Haye jouissaient d'une félicité que ceux de la capitale ambitionnaient ardemment, c'était le bonheur de voir leur nouveau souverain. Amsterdam était impatiente de posséder dans ses murs le prince, arbitre désormais de ses destinées, qui, cédant à leurs désirs, annonça qu'il se montrerait dans la capitale de ses états.

Jamais entrée de souverain ne s'annonça sous des dehors plus modestes, moins fastueux;

point d'état-major, aucune garde d'honneur, aucune escorte urbaine. Ils ont été trompés dans leur attente, ceux qui croyaient que le prince s'entourerait d'un grand cérémonial, de ce que les courtisans appellent de la dignité royale. Rien de tout cela; le prince, vêtu très-simplement, s'était affranchi du gênant cortége de la souveraineté; il parut dans une simple voiture, espèce de char-à-bancs que conduisaient deux gros chevaux attelés avec des traits en corde. Dans cette voiture, il y avait auprès du prince trois Hollandais, sujets favorisés d'une bienveillance particulière, et qui se trouvaient sans doute très-honorés de monter dans les voitures de la cour. Au lieu d'aides-de-camps, d'écuyers cavalcadours, de pages, de chambellans et de grands valets chamarrés de riches livrées, on remarquait seulement derrière la voiture du souverain trois à quatre dinders (employés de police), gens bien dévoués sûrement pour qu'il leur fût permis d'approcher de si près de la personne du prince.

Ce modeste équipage était suivi d'une autre voiture du même genre, et dans laquelle étaient entassés des hommes et des femmes du peuple.

Des étrangers, qui n'auraient pas eu l'honneur

de connaître le prince d'Orange, n'eussent pu croire que le cortége fût celui d'un souverain, qui, après une très-longue absence, rentrait dans la capitale de ses états. Mais aux acclamations du peuple, on jugea de l'amour des sujets pour leur prince; toutes les rues et tous les canaux sur la route où passèrent les deux voitures étaient en partie pavoisés et décorés.

Ce jour là le prince ne resta que quelques heures dans Amsterdam, le temps nécessaire pour recevoir les magistrats de la ville, et les habitans qui pouvaient obtenir l'honneur de lui être présentés. Le reste de cette journée, n'eut rien de ces acclamations fanatiques, rarement sincères, que la canaille profère à la vue des brillans cortéges; tout fut calme, mais on lisait sur toutes les figures l'expression de la satisfaction générale.

Le lendemain, la princesse douairière fit aussi son entrée, dans la capitale. Son entourage, sans être fastueux, avait quelque chose de plus recherché que celui du souverain; et sans doute, avec la louable intention d'effacer une partie des torts que les Hollandais avaient eu envers cette princesse, la ville principale la fit escorter par la garde nationale, espèce de réparation à laquelle l'illustre offensée parut être très-sensible. Le peuple l'accueillit de manière à bannir de son cœur toute espèce de ressentiment.

Pour ménager les plaisirs des habitans de la ville d'Amsterdam, on ne voulut point qu'ils jouissent à la fois du bonheur de revoir dans un même jour, tout ce qui composait la famille du souverain ; car ce ne fut que quelques jours après l'entrée de la princesse douairière, que l'auguste épouse du prince d'Orange se montra dans la capitale, accompagnée de son fils le prince Guillaume Frédéric Georges Louis, et de quelques dames d'honneur. Tout ce qui se trouva sur son passage, lui donna les plus touchantes marques d'affection et de respect, et peut-être dut-elle une partie de ces vifs témoignages d'amour du peuple à l'attention qu'elle avait eue de s'habiller à peu près comme l'étaient jadis les dames hollandaises. Savoir caresser les préjugés de la multitude, flatter adroitement sa vanité, a souvent beaucoup d'influence en politique, et ces moyens infimes ne sont pas toujours à dédaigner.

Peu à peu les esprits se calmèrent, les partis se réunirent dans l'amour de la patrie, et la nouvelle révolution, qui venait de replacer sur le trône des stathouders la maison d'Orange, s'étant consolidée par la suite des événemens, il fut permis aux Français, que le gouvernement impérial avait amenés en Hollande, de quitter un pays qui n'était plus pour eux une patrie. Ils avaient perdu leurs emplois, une partie de leur fortune; un grand nombre était sans ressources; mais ils tressaillirent de joie en revoyant la France, et pourtant le sol paternel était alors couvert des soldats de l'Europe si souvent vaincus; les malheurs de la patrie la leur rendaient encore plus chère. La Belgique bientôt cessa aussi d'être terre de France; réunie à la Hollande, ces deux riches provinces formèrent, par suite du traité conclu le 16 mars 1815, le royaume des Pays-Bas, dont la couronne fut placée sur la tête du prince d'Orange.

Ainsi finit le rôle destiné à la Hollande dans le grand drame de l'élévation et de la chute de l'empire français. Terre d'asile pour quelques-uns de nos compatriotes victimes du malheur des temps, la Hollande est redevenue, pour la France, une terre amie, souvent embellie par la présence de nos beaux-arts; la liberté légale, cette grande nourricière des peuples, y règne sous l'égide constitutionnelle d'un prince sans fanatisme; enfin la nation hollandaise, le roi et ses successeurs peuvent compter sur des règnes heureux et tranquilles, puisqu'en Hollande il n'y a pas de Jésuites.

FIN DES MÉMOIRES SUR LA HOLLANDE.

NOTES
BIOGRAPHIQUES.

NOTES
BIOGRAPHIQUES.

BONAPARTE (Louis), ci-devant roi de Hollande, est né à Ajaccio, le 2 septembre 1778. Il entra de très-bonne heure au service militaire, et accompagna son frère Napoléon dans les campagnes d'Italie et d'Egypte. En mars 1799, il rapporta d'Egypte au directoire-exécutif des dépêches de son frère. Au commencement de 1800, Napoléon, qui venait de se faire proclamer premier consul, chargea Louis d'une mission diplomatique pour le cabinet de Saint-Pétersbourg ; mais Louis ayant appris en route la mort de Paul Ier, ne jugea pas à propos de passer Berlin, et séjourna plus d'un an dans cette ville. De retour à Paris, il commanda le cinquième régiment de dragons, et devint ensuite général de brigade. En 1802, il épousa Hortense-Fanny de Beauharnais, fille de l'impératrice Joséphine. En 1803, Louis fut envoyé à Turin pour présider le collége électoral du département du Pô, faisant partie du Piémont, qui venait d'être réuni à la

France. Au mois d'avril de l'année suivante, il fut nommé conseiller-d'état et général de division. Napoléon, devenu empereur, nomma son frère Louis connétable de l'empire, et colonel-général des carabiniers. En 1805, Louis accompagna en Italie Napoléon, qui le nomma gouverneur-général du Piémont, où sa santé ne lui permit pas de séjourner. De retour à Paris, l'empereur le fit, par intérim, gouverneur de la capitale, en remplacement du grand-duc de Berg (Murat), et ensuite il l'envoya en Hollande, commander l'armée du nord. Napoléon, mécontent de la république batave, l'érigea en royaume, et proclama, en 1806, son frère Louis, roi de Hollande. Louis allégua la faiblesse de sa santé, qui ne pourrait résister à l'humidité du climat ; mais Napoléon insista, et lui dit : *qu'il valait mieux mourir roi que de vivre prince.* Peu de temps s'était écoulé depuis le règne de Louis, que déjà Napoléon s'aperçut que le roi, en favorisant le commerce avec l'Angleterre, agissait directement contre son système continental. A la fin de 1809, quand Napoléon réunit à Paris tous les souverains alliés de la France, Louis, malgré la répugnance qu'il éprouvait à quitter ses états, se rendit aussi dans la capitale de la France. Là, l'empereur lui témoigna tout son mécontentement, et lui fit pressentir l'occupation de la Hollande par des troupes françaises, si, à l'avenir, il avait à se plaindre à l'égard des mesures prohibitives qu'il avait prescrites pour s'opposer à la prospérité du commerce anglais. Louis, tout en promettant de concourir à l'exécution du système continental, répondit avec une grande fermeté à l'empereur : « Que, dès l'instant où un soldat

» français mettrait le pied sur son territoire, il se consi-
» dérerait comme ayant cessé de régner. » Louis n'abdiqua pas positivement aussitôt qu'il y eut des troupes françaises sur les terres de la Hollande; mais ses représentations contre l'occupation de quelques places hollandaises ayant été toutes sans résultat auprès du gouvernement français, il ne voulut pas volontairement subir ce joug étranger, ni opposer de résistance, afin d'éviter l'effusion du sang. Il abdiqua donc, mais en faveur du prince royal de Hollande, son fils, sous la régence de la reine, assistée d'un conseil de régence. Il partit secrètement du pavillon de Haarlem, dans la nuit du 1er juillet 1810, n'emmenant avec lui que deux officiers de sa maison [1], et son premier valet-de-chambre, ne dérangeant rien à l'ordre de la maison royale, qu'il destinait au service du roi mineur et de la régente. Il fut d'abord à Cassel, visiter son frère Jérôme, roi de Westphalie; et, après avoir pris les eaux de Toeplitz, en Bohême, d'où il protesta contre la réunion de la Hollande à la France, il se retira à Gratz, en Styrie, où il passa trois années dans la retraite, sous le nom de comte de Saint-Leu, ayant renoncé à ses anciens titres. On fit près de lui de vaines instances pour l'engager à rentrer en France. Un sénatus-consulte, du 10 décembre 1810, lui accordant, ainsi qu'à sa famille, un brillant apanage, en dédommagement de la Hollande, il le refusa généreusement, ordonnant à la reine de refuser aussi pour

---

[1] MM. Travers, capitaine des Gardes, et Bloys Van Treslong, aide-de-camp.

elle et pour ses enfans toute espèce de don de la part du gouvernement français. En 1813, quand l'Autriche déclara la guerre à la France, Louis, profondément affligé des souffrances et des pertes de la grande armée, offrit ses services à Napoléon, qui les accueillit. Il passa quelque temps en Suisse, dans le canton de Vaud; et, malgré ses offres et la réponse favorable qu'y fit l'empereur, il resta inoccupé. A la fin de 1813, quand la Hollande se fut insurgée, en s'affranchissant du joug de la domination française, Louis, de sa retraite en Suisse, s'adressa aux magistrats d'Amsterdam, pour revendiquer ses droits au trône de Hollande ; mais cette réclamation ne s'accordant point avec les vues politiques des puissances alliées, la nation hollandaise reprit pour chef du gouvernement le prince d'Orange. L'ex-roi Louis, sans être revenu à Paris pendant les cent jours, n'en a pas moins été compris dans les dispositions de la loi d'armistice du 12 juin 1816, qui exclut du royaume de France, à perpétuité, et sous peine de mort, la famille de Bonaparte. Louis Bonaparte, comte de Saint-Leu, réside maintenant dans les états du pape, avec quelques autres membres de sa famille. Exempt d'ambition, non sans regretter les Hollandais, il vit paisible et heureux dans la retraite, partagé entre l'étude, l'amitié, et de grands souvenirs.

Appelius, né à Midelbourg, en Zélande, où son père était ministre du culte des réformés, exerça la profession de notaire, avant d'entrer dans la carrière politique. Il y débuta comme membre de l'assemblée nationale de la république batave, dans laquelle il se distingua par une extrême activité et une sagacité peu commune. Il se maintint en place pendant tous les changement qui s'opérèrent successivement dans cette république, et, lorsque la Hollande fut érigée en monarchie, sous Louis Bonaparte, il fut nommé ministre secrétaire d'état. Il conserva, dans ces nouvelles fonctions, la réputation qu'il avait justement acquise, d'une clarté d'idées fort remarquable, et d'une grande aptitude aux différentes branches de l'administration. Quand ce pays perdit son indépendance et fut réuni à l'empire français, M. Appelius fut appelé à Paris, en qualité de conseiller-d'état. Il quitta cette capitale, le 12 avril 1814, pour rentrer dans sa patrie, qui venait de secouer le joug de la domination française. Il fut nommé d'abord conseiller-d'état pour la province de Zélande, sa patrie ; ensuite placé à l'administration des finances, pour les provinces méridionales du royaume ; et, enfin, ces provinces ayant été comprises dans l'organisation générale des finances du royaume, en 1815, et sa place se trouvant par là supprimée, le roi l'a nommé directeur-général des imposition indirectes. C'est en cette qualité qu'il organisa le système de l'impôt indirect, tel qu'il existe maintenant dans ce royaume. Dans la session de 1815 des états-généraux, il présenta à la deuxième chambre un projet de loi sur les successions, qui, vivement combattu par MM. Reyphins, Surlez de Chokier, et quelques autres députés des provinces méridionales, fut enfin rejeté à une faible majorité.

Arjuzon (le comte d'), ancien receveur-général des finances, fut nommé premier chambellan de la princesse Hortense, qui avait pour dame du palais la comtesse d'Arjuzon. Arrivé à La Haye, le roi, sans le nommer son grand-chambellan, lui en confia les fonctions, qu'il remplit environ un an, au bout duquel, après avoir accompagné la dépouille mortelle du prince royal, le roi lui retira ses bonnes grâces, sort commun à tous les Français qui étaient à la cour de Hollande. M. d'Arjuzon resta en France. Avant d'aller en Hollande, Napoléon lui avait confié, le 14 mai 1806, la présidence du collége électoral du département de l'Eure; il signa, en janvier 1814, l'adresse des officiers de la garde nationale de Paris, à l'empereur. Sa conduite, lorsqu'il était chef de bataillon de ce corps, ne mérita jamais que des éloges. M. d'Arjuzon se montra, dans toutes les circonstances, fidèle à ses premiers sermens. Il attacha beaucoup de prix à être nommé membre de la chambre des pairs, lors du retour de Napoléon, et fut secondé avec chaleur dans cette démarche par le duc d'Otrante, alors ministre de la police générale. La conduite de M. d'Arjuzon lui donnait, à cette faveur, des droits qui ne pouvaient être méconnus. Pendant les discussions tumultueuses qui s'élevèrent si souvent dans cette chambre, M. d'Arjuzon ne prit jamais la parole. Une fois seulement, et ce fut à la séance du 24 juin, il exprima ses regrets sur le départ de M. de Pontécoulant, que la commission du gouvernement avait nommé l'un des plénipotentiaires chargés de négocier la paix avec les puissances alliées. On sait que cette démarche n'eut d'autre résultat que de faire presser les mouvemens de l'ennemi.

De Broc (Armand-Louis), né le 16 février 1772, à la Villau-Fourier, département de Maine-et-Loire, de M. Alexandre-Louis-Michel de Broc, capitaine de dragons au régiment d'Orléans. M. Armand-Louis de Broc, en 1788, entra simple dragon au deuxième régiment; en 1789, sous-lieutenant; en 1792, lieutenant et capitaine : en 1803, major dans le cinquième régiment de dragons, et aide-de-camp du prince Louis : en 1804, colonel du cinquième régiment de dragons. M. de Broc, en faisant toutes les guerres de la révolution, trouva de fréquentes occasions de signaler son courage, et il était aussi généreux et bon qu'il était brave. En 1806, quand le prince Louis monta sur le trône de Hollande, il appela auprès de lui M. de Broc, en qualité de grand-maréchal du palais, avec le titre de général de brigade. En 1807, en épousant mademoiselle Adèle Auguié, à laquelle la reine de Hollande voua une affection toute particulière, M. de Broc devint le beau-frère du maréchal Ney, qui avait aussi épousé une demoiselle Auguié, dont le père était administrateur-général des postes de France. M. de Broc ayant partagé, avec tous les Français qui étaient à la cour de Hollande, la prévention qui animait le roi Louis contre ses anciens compatriotes, vit chaque jour décroître sa faveur, sans qu'il eût rien fait pour le mériter; et le roi n'ayant pas la force d'éconduire ouvertement ceux qui ne lui plaisaient plus, donna à son grand maréchal la mission d'aller à Madrid féliciter le roi Joseph sur son avénement au trône d'Espagne; mais, arrivé à

Vittoria, où se trouvait le frère du roi de Hollande, M. de Broc, après avoir rempli sa mission, apprit bientôt sa disgrâce ; ce qui le détermina à rentrer au service de France, en 1808, sous les ordres du maréchal Ney, comme colonel d'état-major ; il revint en France, alla faire la guerre en Italie, et mourut à Milan des suites d'une blessure.

CAULAINCOURT (Auguste-Armand-Gabriel, comte de), commandant de la Légion-d'Honneur, grand-croix de l'ordre de la Réunion, né à Caulaincourt, le 16 septembre 1777, entré au service en l'an III (1795) ; tué à la bataille de la Moskowa, le 7 septembre 1812 ; était fils cadet de feu le marquis de Caulaincourt, lieutenant-général des armées du roi, mort sénateur. Il avait été nommé sous-lieutenant dans le régiment des cuirassiers du roi, le 14 janvier 1792 ; aide-de-camp du général Aubert-du-Bayet, le 8 germinal an III ; lieutenant au premier régiment de carabiniers, le 1er pluviôse an V ; chef d'escadron au même régiment, le 12 pluviôse an VIII ; colonel du dix-neuvième régiment de dragons, le 6 fructidor an IX ; aide-de-camp du connétable de l'empire, le 20 prairial an XII ; général de brigade, le 10 juin 1806 ; grand-écuyer de la couronne, en Hollande, où il resta jusqu'en 1808, tant qu'il conserva la faveur du roi Louis. M. Auguste Caulaincourt rentra en 1809, au service de France avec le grade de général de division.

Comme capitaine au premier régiment de dragons, il combattit à Stock-och et à Muthen-Thal, sous les ordres des généraux Klein et Mortier, lorsque les Russes débouchèrent par le Saint-Gothard. Il y reçut un coup de lance. Comme chef d'escadron au même régiment, il ne se fit pas moins remarquer à Vede-Lago, à l'avant-garde de l'armée d'Italie, où il enleva, le 24 pluviôse an IX, à la tête d'un escadron, quatre cents hommes d'infanterie autrichienne. A Marengo, il fut blessé d'un coup de feu à la tête, ce qui lui valut le commandement du dix-neuvième régiment de dragons. Entré en Espagne en 1808, avec le grade de général de brigade, il est cité dans le rapport général de la première campagne, comme ayant commandé en chef, et avec succès, un corps de cinq mille hommes de différentes armes, et pour l'avoir ramené intact à Madrid, lors de la déplorable capitulation de Baylen, quoique ses communications fussent coupées. Il servit ensuite en Portugal et en Espagne, de manière à mériter d'être choisi par les maréchaux ducs de Dalmatie, de Trévise et d'Elchingen, dont les trois armées venaient de se réunir, pour exécuter le passage du Tage, au-dessous du pont de l'Arzo-Bispo, le 8 août 1809.

« Le général Caulaincourt, dit ce rapport, à la tête des
» dix-huitième et dix-neuvième régimens de dragons,
» traversa le Tage, malgré la mousqueterie, la mitraille
» et les boulets, que l'ennemi, six fois plus nombreux
» que cette brigade, faisait pleuvoir de la rive droite.
» Le choc fut terrible; mais ce général manœuvra avec
» tant d'habileté, que l'ennemi fut culbuté. Le général
» Caulaincourt a montré dans cette affaire autant de sang-
» froid que de valeur, et prouvé qu'il était un officier
» consommé dans son arme. »

Commandant du grand quartier général pendant une partie de la campagne de Russie, ami courageux de l'ordre et de la discipline, il allégea autant qu'il le put les maux inséparables de la guerre. Commandant le deuxième corps de cavalerie, composé de trois divisions, à la bataille de la Moskowa, dont il décida le succès, c'est là qu'il termina, par la mort la plus glorieuse, la plus honorable carrière. Le dix-huitième bulletin de la grande armée, daté de Mojaïsk, le 10 septembre 1812, rend compte, ainsi qu'il suit, de cet événement :

« Le général de division, comte de Caulaincourt, » commandant le deuxième corps de cavalerie, se porta » à la tête du cinquième régiment de cuirassiers, culbuta » tout, entra dans la redoute de gauche par la gorge ; dès » ce moment, la bataille est gagnée !.. Le comte de Cau- » laincourt, qui vient de se distinguer par cette belle » charge, avait terminé ses destinées : il tombe mort » frappé par un boulet ; mort glorieuse et digne » d'envie ! ! !... »

DAENDELS (Herman-Guillaume), gouverneur-général des possessions des Pays-Bas à la Côte-de-Guinée (Afrique), est né le 21 octobre 1762, à Hattem (province de Gueldre), où son père était bourguemestre. Les changemens survenus, en 1787, dans le nouveau gouvernement de la Hollande, le forcèrent de se réfugier en France, où il trouva, ainsi que plusieurs de ses concitoyens, un accueil hospitalier. Il s'établit successivement à Bergues-Saint-Winox et à Dunkerque, où il se livra à des spéculations commerciales ; mais, naturellement porté vers la carrière des armes, il obtint, en 1793, de l'emploi dans la légion franc-étranger, où beaucoup d'émigrés hollandais s'enrôlèrent. Il servait dans l'armée de Dumouriez, avec le grade de colonel, dans son expédition contre la Hollande. Il y rendit des services importans, et se distingua à l'affaire de Menin, où il fut sur le point d'être fait prisonnier. Elevé au grade de général de brigade, il fit la campagne de 1794 sous Pichegru, contribua, le 26 avril, à la prise de Courtray, et, les 10, 11 et 12 mai, aux victoires de Tournay, Courtray et Ingelmuinster. Après plusieurs tentatives inutiles, il s'empara, le 28 décembre, de l'île de Bomel et du fort de Saint-André; poursuivit l'ennemi jusqu'au delà du Waal, lui enleva soixante pièces de canon, et lui fit beaucoup de prisonniers. Le 20 juin 1795, il rentra comme lieutenant-général, au service de la république batave, et fut nommé général en chef de son armée. Il se montra favorable aux changemens qui amenèrent la formation du directoire-exécutif, le 22 janvier 1798. Le parti qui venait de triompher, outrant les mesures de réformes et destituant des fonctionnaires recommandables, Daendels, ami de la liberté, mais d'une liberté sage et bien ordonnée, improuva hautement la conduite des nouveaux gouvernans. Ils ordonnèrent son arrestation. Prévenu à temps, il eut le bonheur de s'y soustraire, et se rendit auprès du directoire-exécutif de France. Il lui peignit l'état de la république batave et les malheurs dont elle était menacée, si on n'y apportait un prompt remède. Il parvint à faire adopter ses vues par le gouvernement français, et à se faire autoriser à opérer une nouvelle révolution. Dans ce dessein, il se rendit secrètement à La Haye; là, après s'être concerté avec les chefs du parti des modérés, suivi de quelques compagnies de grenadiers bataves, il investit le directoire hollandais, le 12 juin, en plein jour; en fit garder les membres à vue, et contribua, de cette manière, à l'établissement d'un nouvel ordre de choses. Lorsqu'en 1799, les Anglais firent une descente sur les côtes de la Nord-Hollande, à peu de distance du Helder, Daendels commandait les troupes hollandaises. Dans toute cette campagne, il a montré beaucoup de courage, mais l'on n'est pas tout-à-fait d'accord sur son talent; on lui reproche d'avoir évacué trop tôt le point important du Helder, mesure par laquelle il rendit les Anglais maîtres de la flotte batave, couverte par les batteries de cette place. Il est cependant juste de dire, que le nombre des troupes sous ses ordres était beaucoup inférieur à celui que lui opposaient les Anglais, et qu'en se maintenant au Helder, il risquait d'être cerné et de perdre le peu de forces qu'il avait dans ce moment avec lui. En 1802, des écrits furent distribués dans l'armée batave; le gouvernement en conçut des craintes, et redouta quelque coup de main militaire. Il appela le général Daendels auprès de lui, pour avoir des explications à cet égard. Le général chercha à rassurer les directeurs, et protesta de son attachement à leurs intérêts. Cependant, ne pouvant détruire les soupçons élevés contre lui, il donna sa démission en 1803. Il s'appliqua alors au défrichement et à la culture des bruyères dans les environs de sa ville natale, mais avec peu de succès : la vie des champs étant trop tranquille et trop uniforme pour un homme d'un caractère aussi vif et aussi actif. La guerre ayant éclaté en 1806, le général Daendels offrit ses services au roi de Hollande, qui le mit en activité, avec le rang de général de division. Dans la campagne contre les Prussiens, il s'empara de l'Oost-Frise, au mois d'octobre; établit son quartier-général à Embden, et fut ensuite nommé gouverneur-général de Munster. Le 21 décembre de la même année, le roi le nomma colonel-général de la cavalerie hollandaise; et, dans le mois de février 1807, maréchal de Hollande, gouverneur-général des possessions hollandaises dans les Indes-Orientales, et grand'croix de l'ordre royal de l'Union de Hollande. Il gouverna ces possessions pendant les années 1808 à 1811. On ne peut mettre en doute les améliorations qu'il fit sous plusieurs rapports; mais on l'accusa d'avoir commis beaucoup d'actes arbitraires dans son administration, et employé des moyens trop rigoureux pour arriver à son but. Quoi qu'il en soit, M. Daendels a publié, à son retour dans sa patrie, quatre volumes in-folio, imprimés à La Haye, en 1814, contenant les pièces de son administration, et sa justification; et personne ne s'est élevé publiquement contre ces documens, aussi long-temps qu'il a été dans sa patrie; mais à peine fut-il parti, dans le mois d'octobre 1815, pour sa nouvelle destination, sur la Côte-d'Or de Guinée, dont il avait été nommé gouverneur-général, que plusieurs brochures furent publiées pour censurer son administration dans les Indes. Des auteurs anglais recommandables ont cependant parlé avantageusement de sa gestion dans cette partie du monde, surtout M. Guillaume Torn, aide-de-camp du gouverneur anglais, dans son ouvrage intitulé: *Memor of the Conquest of Java*, publié à Londres, en 1815; et M. Raffels, commandant en chef, après lord Minto, aux Indes, dans son *History of Java*, publié à Londres en 1817. M. Daendels fut remplacé dans le gouvernement des Indes-Orientales par le général Jansens. Il revint en Europe en 1811. Napoléon, après avoir favorablement accueilli son rapport, l'employa à l'armée qui devait agir contre la Russie. En 1812, après les désastres de cette campagne, il fut nommé gouverneur de Modlin, qu'il défendit vaillamment, et qu'il ne rendit à l'ennemi qu'après un long siége, et à la dernière extrêmité. Il revint en Hollande au mois de mars 1814, et offrit ses services au roi des Pays-Bas; mais ils ne furent point acceptés, pas même en 1815, lors de la guerre contre Napoléon. Désirant cependant servir sa patrie, il s'adressa au duc de Wellington, pour être employé dans son armée comme volontaire; mais cette offre resta sans réponse. Enfin, le roi lui confia le gouvernement des possessions des Pays-Bas sur la Côte de Guinée, où il se rendit en octobre même année. Il y a pacifié deux peuples voisins de son gouvernement, qui se faisaient la guerre pour fournir des esclaves à la traite, et l'a entièrement abolie dans la colonie. Il y a fait des préparatifs pour la culture du café, de l'indigo, du sucre, du cacao, du riz, etc. D'après les dernières nouvelles, sa plantation de coton était déjà fort avancée; et si sa santé lui permet de suivre sa carrière administrative, on peut espérer qu'il rendra cette colonie plus heureuse qu'elle ne l'était autrefois, et plus productive pour sa patrie.

DARU (Pierre-Antoine-Bruno, comte), grand-cordon de la Légion-d'Honneur, ancien ministre, pair de France, etc., né à Montpellier en 1767. La passion de l'étude, le goût des lettres et le service de l'administration de la guerre occupèrent utilement sa jeunesse. Plus tard, appelé par la juste confiance du souverain aux travaux de la haute administration, il a pris une place distinguée parmi les premiers hommes d'état dont s'honore la France, et il continua, à la chambre des Pairs, en 1822, la mission qu'il avait acceptée en 1799, en qualité de membre du Tribunat, celle de défendre courageusement les prérogatives nationales et toutes les libertés qui sont le résultat de la constitution jurée. A l'âge de seize ans, M. Daru entra au service, fut successivement lieutenant et commissaire des guerres, depuis 1783 jusqu'à la révolution. La révolution était alors la patrie tout entière; le jeune Daru s'y dévoua. La guerre éclata en 1792, et il servit en qualité d'ordonnateur. Sous la terreur, il fut arrêté à l'armée par suite d'une dénonciation du comité révolutionnaire, et il subit un emprisonnement de dix mois, pendant lequel il composa une épître gaie et philosophique à son *sans-culotte*. Il ne recouvra sa liberté qu'après le 9 thermidor. Appelé, en l'an IV, comme chef de division au ministère de la guerre, il donna sa démission de cet emploi au 10 fructidor an V, et fut quelque temps après envoyé à l'armée comme commissaire-ordonnateur en chef. Toujours fidèle aux muses, au milieu de sa carrière administrative et de la vie des camps, il donna l'année suivante une traduction des poésies d'Horace, qui lui marqua une place honorable sur le Parnasse français. En l'an VIII, M. Daru publia *la Cléopide*, ou la théorie des réputations en littérature, poème d'une touche élégante et facile. La même année, il fut appelé aux fonctions, alors très-importantes, de secrétaire-général du ministère de la guerre, et prit rang parmi les inspecteurs aux revues. C'est de cette glorieuse époque que date la confiance que Napoléon n'a cessé d'accorder à M. Daru, pendant les quinze années où il a présidé aux destinées de la France. Les talens d'un tel administrateur ne pouvaient échapper à celui qui savait si bien deviner le mérite et le mettre à sa place. Aussi M. Daru fut-il nommé commissaire du gouvernement pour l'exécution de la fameuse convention de Marengo, qui donna subitement au vainqueur et à sa patrie une si puissante prépondérance dans les affaires du monde. Associé depuis sa première jeunesse aux intérêts de la liberté et de la gloire française, M. Daru trouva dans sa nomination au Tribunat le repos et la récompense de tant d'honorables services aux armées de l'Ouest et de Sambre-et-Meuse, à celles d'Helvétie, du Danube, et enfin à l'armée d'Italie, où la dernière victoire du premier consul avait donné le repos à l'Europe et la paix intérieure à la France. Depuis cette époque, la fortune politique de M. Daru devint inséparable de celle de son souverain. En l'an XII, il fut nommé conseiller-d'état et intendant-général de la liste civile.

Les travaux de M. Daru au conseil-d'état ne peuvent être appréciés que par ceux qui en faisaient partie. Tout le monde sait que les séances commençaient à sept heures du matin et duraient jusqu'à sept heures du soir, que Napoléon était le plus laborieux de l'empire, et M. Daru du conseil-d'état; de là cette grande habitude des grandes affaires qui distinguera toujours M. Daru, et qui en fait un des hommes les plus utiles aux intérêts de la France. En 1805 il fut nommé intendant-général de la grande armée et des pays conquis; fut commissaire pour l'exécution des traités de Presbourg, de Tilsitt, de Vienne, et ministre plénipotentiaire à Berlin; ministre-secrétaire-d'état en 1811; et cette année, lors de la réunion de la Hollande à la France, il fut chargé de son organisation; comme ministre secrétaire-d'état, M. Daru en 1813, eut l'administration de l'armée, et termina sa carrière politique, sous l'empire, par le portefeuille de l'administration de la guerre. C'était aussi en qualité de ministre-secrétaire-d'état qu'il se trouvait à Moscow, lorsqu'il fut obligé de se charger encore des fonctions d'intendant-général de l'armée, le lieutenant-général Mathieu Dumas se trouvant frappé d'une grave maladie le jour même où commença la retraite; et ici se représente encore l'occasion de faire remarquer au lecteur une des mille erreurs répandues dans un ouvrage biographique publié depuis la restauration. Il y est dit (pag. 306, tom. II), en parlant de la retraite de Moscow : « Les vivres étant venus à manquer, on » s'en prit à l'intendant-général; toute l'armée l'accabla » de malédictions et lui imputa une partie des désastres

» qui signalèrent cette fatale époque. Ces reproches
» n'empêchèrent point qu'il ne fût encore l'objet des
» faveurs de Bonaparte, qui lui confia, en 1813, l'in-
» tendance des biens de la couronne dans les départe-
» mens de Rome et du Trasimène. » Ceci est inexact.
M. Daru n'a jamais eu de mission à Rome; c'est son
frère Martial qui y a été intendant de lacouronne; mais
ce qui est évidemment faux, ce sont ces prétendues imprécations. Dans cette retraite, les privations comme
les périls étaient pour tout le monde; tout le monde y
fit d'incroyables efforts, et les reproches ne s'adressaient
qu'aux élémens. Ce qui est tout-à-fait injuste, c'est cette
protection éclatante qu'on suppose accordée par Napoléon à un homme qui eût mérité les murmures de cette
malheureuse armée!!! On ajoute un peu plus bas:
« M. Daru se vit l'objet des ressentimens du général
» Blucher, qui fit séquestrer pendant plusieurs jours la
» terre qu'il possède près de Meulan, voulant punir
» ainsi l'ex-intendant de Bonaparte des exactions qu'il
» a exercées en Prusse. » Le rédacteur de cet article
aurait dû savoir que le général Blucher ne se serait pas
contenté d'un séquestre de huit jours, si l'Allemagne,
comme la France, n'eût rendu témoignage de cette
administration. M. Daru ne réclama pas contre une
mesure que les souverains alliés désapprouvèrent spontanément et firent révoquer. Les titres du comte Daru à
l'estime de ses concitoyens sont quarante années de
services irréprochables et distingués, ses travaux légis-
latifs au Tribunat, parmi lesquels on remarque un rapport sur la rupture du traité d'Amiens; différentes opi-

nions sur l'instruction publique, le système monétaire, la conscription et les finances, ses travaux administratifs aux armées, au conseil et au ministère. Il est impossible d'en donner une idée, en raison de la prodigieuse activité qui animait ces époques de la vie politique de M. Daru. Ses travaux académiques, couronnés en 1800 par la palme de l'Institut, appelèrent M. Daru à succéder à Collin-d'Harleville; le discours de réception qu'il prononça à cette occasion, son rapport célèbre sur *le Génie du Christianisme*, et celui sur le *Système métrique* appliqué à la poésie, ses ouvrages publiés antérieurement à sa réception à l'Institut, et enfin sa *Vie de Sully*, et son *Histoire de Venise*, en 7 vol. in-8°, 1819, ouvrage remarquable par une profonde érudition, par une laborieuse investigation des documens historiques les plus précieux, ainsi que par la mollesse et l'énergie du style, le placent au premier rang des écrivains. Une citation qui n'est pas sans à propos fera connaître la manière de l'auteur. « On eût dit que pour la première fois il y avait » à Venise liberté de penser et d'écrire, et l'on » éprouva dans cette occasion que les princes n'ont rien » à craindre de cette liberté, quand le gouvernement » ne se met pas en opposition avec l'esprit public. » Cette histoire manquait aux bibliothèques de l'Europe. Parmi les titres aussi récens que M. Daru a su mériter de la reconnaissance de ses concitoyens, se placent naturellement ses opinions à la chambre des Pairs, où le roi l'a appelé en 1818. Les plus remarquables sont celles sur les comptes des ministres en 1819, en 1820, sur le droit de pétition, sur la liberté individuelle, sur la censure, sur les élections, et la même année, le bel éloge dont il honora à la chambre la mémoire de l'illustre Volney; en 1821, son opinion sur le budget des administrations financières; en 1822, celle sur la loi de la presse et sur la liberté des journaux; et en 1827, un grand travail statistique, où il est mathématiquement démontré combien la loi sur la police de la presse serait préjudiciable aux intérêts de la France.

Dumonceau (Jean-Baptiste), comte de Bergendal, grand-officier de la Légion-d'Honneur, grand'-croix de l'ordre de la Fidélité de Bade, chevalier de Saint-Louis, naquit à Bruxelles vers la fin de 1760, de parens qui appartenaient à la bourgeoisie. Il fit ses études au collége des Jésuites à Bruxelles, et y remporta plusieurs prix. Parvenu à sa seizième année, il suivit avec succès un cours d'architecture, et partit pour Rome afin de se perfectionner dans cet art. A son retour d'Italie, il s'appliqua à l'architecture, et quelques bâtimens construits d'après ses plans sont encore l'ornement de sa ville natale. Malgré les avantages que cette carrière semblait lui promettre, un penchant insurmontable l'entraînait vers la profession des armes, et les troubles qui, en 1787, commencèrent à se manifester dans la Belgique lui offrirent bientôt l'occasion de s'y livrer. Les états de Brabant, pour contre-balancer par le développement de la force nationale l'autorité arbitraire dont quelques agens du gouvernement autrichien paraissaient disposés à faire usage, avaient organisé des compagnies de volontaires; le jeune Dumonceau fut l'un des premiers à s'enrôler, et se fit distinguer par son zèle et son intelligence. Toutefois une convention conclue entre les états et la régence autrichienne, ordonna le désarmement de cette milice citoyenne; mais bientôt de nouveaux motifs de mécontentement portèrent un grand nombre de Belges à émigrer. Ils se réunirent sur le territoire hollandais, où la cour de La Haye toléra leur rassemblement, et ils y jetèrent les bases d'une organisation militaire. Leur correspondance avec les mécontens de l'intérieur leur ayant fait connaître qu'ils pouvaient commencer à agir, ils rentrèrent sur le sol de la patrie, et, commandés par le général Vandermersch, ils occupèrent Diest, et Dumonceau alla les joindre vers la fin de 1788. Il franchit rapidement les grades subalternes et parvint au commandement d'un corps d'infanterie légère, auquel la couleur de son uniforme fit donner par les soldats le nom de *canaries*, et qui se signala, pendant toute la durée de cette guerre, par son audacieuse valeur. Dumonceau avait lui-même formé ce corps, et se distingua à sa tête dans un grand nombre d'affaires d'avant-postes, entre autres à la montagne d'Ausermens, au-dessus de Dinant, où il protégea la retraite de la division dont son corps faisait partie, et à Falmagne, où, par des dispositions conçues avec autant d'intelligence qu'exécutées avec valeur, il surprit un fort détachement autrichien, qui fut entièrement détruit ou fait prisonnier. Plus heureux dans une seconde attaque contre la montagne d'Ausermens qu'il ne l'avait été dans la première, il assaillit l'ennemi à la tête de ses *canaries*, soutenus d'un bataillon d'infanterie et de deux escadrons de dragons, le chassa de ses retranchemens et s'y établit. Quelque temps après, un personnage de distinction, envoyé par le cabinet de Saint-James pour prendre connaissance de l'état des choses, se rendit à l'armée belge, commandée par le général Hoehler, Prussien d'origine, et dont le corps, sous les ordres de Dumonceau, faisait partie. L'Anglais ayant témoigné le désir de voir les troupes belges aux prises avec l'ennemi, Dumonceau passa la Meuse avec son corps, appuyé du régiment de West-Flandre, culbuta les avant-postes ennemis, et les poussa, de position en position, jusqu'au pied de leurs retranchemens. Dumonceau fut blessé à cette affaire. Le 22 septembre, il se distingua encore dans l'affaire générale qui eut lieu devant Falmagne, et qui, sur le point de se décider en faveur des Belges, déjà maîtres des redoutes ennemies, leur devint fatale par l'explosion de plusieurs caissons, laquelle porta le désordre dans leurs rangs. Cette défaite eut les suites les plus funestes. Dès ce moment, les troupes autrichiennes prirent un ascendant qui, favorisé par les agitations intestines de la Belgique et la perfidie ou l'incapacité des chefs du gouvernement insurrectionnel, rendit bientôt désespérée la cause pour laquelle la nation avait pris les armes. Dumonceau persista cependant à la défendre jusqu'au dernier instant, et ce ne fut qu'après l'entrée des vainqueurs à Bruxelles qu'il se retira dans ses foyers; mais bientôt il apprit que l'on cherchait à le rendre suspect au gouvernement autrichien, qui n'avait jusque-là exercé aucun acte de rigueur; il crut prudent de s'éloigner, et forma le dessein de se retirer en France, où le prince de Béthune l'invitait depuis long-temps à se rendre. Arrivé à Douai, il y fut accueilli avec empressement par un grand nombre de militaires belges réfugiés comme lui. En 1792, la France ayant déclaré la guerre à l'Autriche, Dumonceau se rendit à Paris pour offrir au ministre de la guerre ses services et ceux de ses compagnons d'armes. Cette offre ayant été acceptée, les réfugiés eurent l'ordre de se réunir à Lille, où ils furent organisés en bataillons, sous la dénomination de troupes légères belges. Dumonceau fut nommé lieutenant-colonel, et envoyé avec son bataillon au camp de Maulde, où il occupa les avant-postes. Il s'y signala dans diverses affaires, entre autres à la bataille de Jemmapes, où les Belges enlevèrent à l'arme blanche la formidable redoute de Carrignant; puis dans une vive escarmouche qui eut lieu aux portes même de Bruxelles, où l'armée française entra le lendemain. La conduite du lieutenant-colonel Dumonceau dans ces divers combats, et dans ceux qui eurent lieu sur les bords de la Roër, le fit élever au grade de colonel. Après la perte de la bataille de Nerwinde et la défection de Dumouriez, il reçut l'ordre de se porter sur la route de Lille à Courtrai, qu'il défendit avec succès contre un corps hollandais qui fut défait après un combat sanglant. Quelque temps après, il tendit, avec le plus grand succès, une embuscade aux corps émigrés des hulans britanniques, commandés par Charles de Bouillé, fils du célèbre général de ce nom. Cet officier, distingué par sa valeur fougueuse et la haine qui l'animait contre les républicains, fut mortellement blessé dans cette affaire, et les vainqueurs firent grand nombre de prisonniers, que le colonel Dumonceau laissa évader pour les soustraire à l'exécution de la loi, qui prononçait la peine de mort contre les émigrés pris les armes à la main; ils rentrèrent tous en France par divers chemins, en s'annonçant comme déserteurs. A la suite de cette affaire, le colonel Dumonceau fut élevé au grade de général de brigade. Vers le milieu d'octobre, il reçut l'ordre d'attaquer Menin, défendu par les Hanovriens et un corps d'émigrés. Il commença cette attaque à midi, s'empara en moins d'une heure du village fortifié d'Hallouin qui couvrait cette place, se rendit maître de toute l'artillerie de cette position et entra le même soir dans Menin. Au commencement de la campagne de 1797, il forma avec l'adjudant-général Regnier un plan pour la conquête de la Belgique, plan si bien combiné, d'après la connaissance qu'il avait des localités, que le général Pichegru le fit exécuter au mois de mai suivant. Après la bataille de Fleurus, le général Dumonceau assista successivement aux siéges de Bois-le-Duc et de Nimègue. Profitant adroitement de l'habitude qu'avaient les factionnaires hollandais de laisser approcher les soldats français pour causer avec eux, il s'empara, par surprise, des forts de Munikhof et de Stuivezande. Peu de jours après, il enleva, par une attaque brusque et imprévue, trois autres forts et quarante bouches à feu et d'immenses magasins. Le lendemain il entra dans Rotterdam; et au mois d'avril suivant, le général Pichegru le nomma commandant supérieur de La Haye.

La manière dont il remplit ses nouvelles fonctions lui concilia à tel point l'estime du gouvernement batave, que peu après, une députation de ce gouvernement vint lui offrir d'entrer au service de la Hollande avec le grade de lieutenant-général, offre qu'il accepta avec l'agrément du gouvernement français. Au commencement de 1797, il eut à réprimer un mouvement révolutionnaire qui avait éclaté dans la province de Frise; il eut le talent et le bonheur de réussir sans effusion de sang. Cet heureux succès irrita quelques factieux, qui l'accusèrent d'être le protecteur de l'aristocratie, imputation à laquelle il ne répondit que par de nouveaux services. En mai 1797, il s'embarqua dans la rade du Texel avec sa division, destinée à faire partie de l'expédition d'Irlande, que devaient exécuter les forces combinées de la France et de la Hollande; mais cette entreprise échoua par l'impossibilité de débarquer sur les côtes de ce royaume. En 1799, l'armée anglo-russe ayant effectué une descente en Hollande, le lieutenant-général Dumonceau attaqua, le 19 novembre, près de Bergen, un corps ennemi de 15,000 hommes qu'il défit complétement; mais vers la fin de l'action il fut grièvement blessé d'un coup de mitraille qui le mit hors de combat. Néanmoins les dispositions qu'il avait prises décidèrent le résultat de cette affaire, où le général Hermann, commandant en chef les troupes russes, tomba entre les mains des vainqueurs, avec trois mille prisonniers, ses drapeaux et toute son artillerie. Le général en chef, Brune, fit hommage du succès de cette journée au général Dumonceau, en venant le féliciter en personne, et en faisant déposer au pied de son lit les étendards conquis. Le 5 octobre, quoique encore souffrant de sa blessure, le général Dumonceau reprit le commandement de sa division pour s'opposer à la marche de l'armée anglaise qui venait de recevoir des renforts ; et peu après fut conclue la capitulation d'Alkmaër, par laquelle le duc d'Yorck, commandant en chef l'expédition, s'engageait à évacuer le territoire hollandais et à se rembarquer. En juillet 1800, le général Dumonceau fut appelé au commandement du corps d'armée auxiliaire qui devait agir en Franconie, de concert avec les troupes françaises. Il assista aux diverses opérations de cette campagne, et fut chargé de la direction du siége de la citadelle de Marienburg, que la résistance obstinée de l'ennemi força de convertir en blocus. Par la convention qui fut la suite de la bataille d'Hohenlinden, cette citadelle fut remise à l'armée gallo-batave; et après la conclusion de la paix de Lunéville, le général Dumonceau se retira dans ses foyers, où il resta jusqu'au moment où la rupture du traité d'Amiens, au commencement de 1803, le rappela sous les drapeaux. En 1805, il fut chargé de la réorganisation de toute l'armée hollandaise, ainsi que de celle de la garde du grand-pensionnaire, laquelle forma plus tard le noyau de la garde royale, qui devint bientôt, par le choix des hommes et la superbe tenue des divers corps qui la composaient, une fort belle maison militaire. Au mois de juillet, l'armée gallo-batave s'embarqua dans la rade du Texel pour coopérer à la descente projetée en Angleterre ; mais les démonstrations hostiles de l'Autriche ayant forcé Napoléon de changer son plan, cette armée fut remise à terre, et se dirigea aussitôt sur le Danube. Le général Dumonceau fut chargé d'abord de garder Augsbourg et Donawerth; puis de couper la retraite à l'archiduc Ferdinand, qui, après l'affaire d'Ulm, voulait se retirer sur Nordlingen, mission dont le général Dumonceau s'acquitta avec succès. La bataille d'Austerlitz termina cette guerre, et le général rentra de nouveau dans ses foyers jusqu'au moment où la république batave fut érigée en royaume. Il fut péniblement affecté de ce changement politique, et ne dissimula point ce qu'il en pensait; néanmoins, le nouveau roi, Louis Napoléon, ne lui témoigna pas moins de bienveillance que d'estime, et bientôt il le nomma son ministre plénipotentiaire près la cour de France. La guerre ayant éclaté entre cette puissance et la Prusse, le général Dumonceau fut rappelé pour prendre le commandement des troupes chargées de la défense du royaume, tandis que le roi lui-même se mit à la tête du corps auxiliaire qui devait seconder les opérations de l'armée française. En novembre, le roi, rentrant dans ses états, appela ce général pour le remplacer en Allemagne, où il fut chargé du siége de Hameln, qui capitula bientôt après. De là, il se dirigea sur Bremen et Hambourg. En février 1807, il fut nommé maréchal de Hollande, et décoré de la grande-croix de l'ordre de l'Union. Au mois d'août, il marcha avec son armée, forte de vingt-cinq mille hommes, vers la Poméranie suédoise; mais les opérations qu'il commençait furent interrompues par l'armistice conclu entre le roi de Suède et le maréchal Mortier. Après la paix de Tilsitt, il rentra en Hollande, et, suivant le vœu du roi, s'établit à Amsterdam. En 1808, il fut nommé conseiller-d'état ; en 1809, il dirigea les opérations de l'armée hollandaise pour la défense des points menacés par l'expédition anglaise qui venait de débarquer dans l'île de Walcheren. L'année suivante il fut nommé comte de Bergen, en récompense des services qu'il avait rendus à la bataille de ce nom. Quelque temps après, le roi se voyant dans l'impossibilité de concilier les intérêts de son peuple avec les volontés despotiques de Napoléon, prit la résolution d'abdiquer. Les troupes françaises entrèrent dans Amsterdam avec une pompe triomphale, à laquelle le général Dumonceau refusa formellement d'assister. Au bout de quelques jours, la Hollande fut réunie à l'empire, et ses troupes incorporées dans l'armée française. Le général Dumonceau fut appelé à Paris et créé comte de l'empire, puis successivement commandant de la Légion-d'Honneur et de la deuxième division militaire, l'une des plus importantes de la France, par la grande quantité de places fortes qu'elle renferme. Au commencement de 1813, il fut chargé d'un commandement dans la grande armée ; il manœuvra vis-à-vis du général russe Czernitscheff, de manière à l'empêcher de lier ses opérations à celles du corps d'armée qui assiégeait Hambourg. Il reçut ensuite l'ordre de se porter sur Dresde. Le 26 août, il livra aux Russes, retranchés sur la hauteur de Pirna, un combat sanglant où ces derniers furent défaits. Le lendemain, il réussit également dans une nouvelle attaque ; et quatre jours après, il se couvrit de gloire à la bataille de Culm, où les Français furent battus, en effectuant sa retraite dans le meilleur ordre et sans être entamé, quoique attaqué en front par les Autrichiens, tandis qu'un corps prussien travaillait à lui couper la retraite. L'empereur lui donna, le 7 septembre suivant, en passant la revue des troupes échappées à cette terrible affaire, des témoignages éclatans de satisfaction. Par l'effet des événemens que nous venons de rapporter, le général Dumonceau se retira devant Dresde, puis dans cette ville même, et eut divers engagemens avec l'ennemi. Enfin, le 12 novembre, la garnison française évacua la place, en vertu d'une capitulation qui ne fut point respectée. Le général conduisit sa colonne sur les frontières de la Hongrie et se retira lui-même à Oldenbourg. Il ne rentra en France que le 1er juin 1814, époque à laquelle sa patrie étant devenue indépendante, il éprouva un vif désir de lui offrir ses services; mais ayant appris que plusieurs officiers-généraux belges et hollandais avaient reçu l'invitation de rentrer, et remarquant, avec un sentiment pénible, qu'il n'était point de ce nombre, il se décida à rester en France, où les premiers fonctionnaires de l'État lui manifestaient le désir de l'attacher au service du roi; il fut présenté à Louis XVIII, à la famille royale, et reçut sa nomination au commandement de la deuxième division militaire, commandement dont il avait été revêtu à une époque antérieure. Au commencement de juillet il fut nommé chevalier de Saint-Louis. En mars 1815, Napoléon ayant débarqué au golfe Juan, le général

Dumonceau offrit ses services au roi dans une adresse, et les lui fit renouveler par un de ses fils et son premier aide-de-camp, qu'il envoya à Paris; mais il ne reçut aucune réponse. Peu après, Napoléon arriva dans la capitale; partout on arborait la cocarde tricolore, et ce mouvement général commençait à gagner Mézières, chef-lieu de la division. Le général Dumonceau, dans cette position difficile, avait fait demander des instructions au maréchal duc de Bellune; mais tout à coup il apprit que ce maréchal avait traversé Mézières sans s'y arrêter. Alors il assembla tous les officiers qui se trouvaient dans la place, et le résultat de cette assemblée ayant été l'avis unanime de se soumettre au nouveau gouvernement, le général Dumonceau publia un ordre du jour qui autorisait les troupes à arborer la cocarde tricolore. Peu de temps après, il apprit qu'il était remplacé dans son commandement, et reçut l'ordre de se rendre à Paris, où il fut accueilli de l'empereur, qui, après une courte explication, lui offrit même un commandement dans l'armée. Le général Dumonceau crut devoir refuser. Quelques jours après, Napoléon lui donna une preuve éclatante de sa confiance en lui rendant le commandement de la deuxième division militaire, fonctions auxquelles la journée de Waterloo, et l'invasion subséquente du territoire français, ne tardèrent pas à mettre un terme. Immédiatement après la reddition de Mézières, le général Dumonceau partit pour Paris, où il demanda sa démission, qui lui fut accordée. Il se rendit ensuite dans sa patrie, où il offrit ses services et ceux de ses fils au roi des Pays-Bas. Le roi lui répondit que les grades auxquels il pouvait prétendre étaient occupés; mais il lui donna l'espoir que ses fils seraient avantageusement placés. Le général Dumonceau habite aujourd'hui Bruxelles, où il jouit de la considération due à une vie sans tache. Aussi distingué par son désintéressement et son humanité que par sa valeur et ses talens militaires, il a constamment tâché d'adoucir le sort des victimes de la guerre, et fait observer la plus stricte discipline par les troupes confiées à ses divers commandemens. En 1795, il avait protégé efficacement, auprès des autorités supérieures, plusieurs émigrés français et belges, réfugiés à Delft et à La Haye, et donna même chez lui l'hospitalité à quelques-uns de ces infortunés, au nombre desquels était l'évêque de Clermont.

DUPONT-CHAUMONT (le comte Antoine), né à Chabanais, en Périgord, le 27 décembre 1759, entra, à l'âge de dix-huit ans, dans le régiment de La Fère, infanterie, devint, au commencement de la révolution, aide-de-camp de M. de Lafayette, et fut, en 1790, nommé président de la députation de Strasbourg, à la fédération du champ de Mars. Employé ensuite à l'armée du Nord, comme aide-de-camp du général d'Aumont, il se distingua dans la malheureuse affaire de Tournay, où il fut blessé. Décoré, ainsi que son frère, de la croix de Saint-Louis, qui lui fut décernée par un décret de l'assemblée législative, il combattit avec valeur à Jemmapes, en qualité d'adjudant-général, sous les ordres du général Dumouriez, et obtint ensuite le grade de général de brigade et le commandement de Douai. Laissé sans activité pendant la terreur, il reçut, à la fin de l'an II (1794), le commandement du camp de Paris; fut promu au grade de général de division le 1er septembre 1795, et envoyé, par la Convention nationale, dans les départemens de l'Ouest, pour s'y opposer au débarquement des Anglais. Nommé inspecteur-général à la suite de cette mission, le premier consul lui confia, après le 18 brumaire, le commandement de la quatorzième division militaire, et le chargea, en décembre 1799, de l'inspection des troupes de l'armée du Rhin. Devenu, en 1805, commandant de la vingt-septième division militaire (Turin), quelques démêlés élevés entre lui et le général Menou, gouverneur-général, le firent passer à l'armée de Hollande. Louis Bonaparte ayant été proclamé souverain de ce royaume, le général Dupont fut nommé ministre plénipotentiaire de France près la cour de La Haye. En 1806, il accompagna Louis en Prusse, et continua à servir militairement et diplomatiquement. Après les événemens du 31 mars 1814, le roi lui confia l'inspection générale de l'infanterie de la première division militaire. Le 29 juillet, il fut fait grand-officier de la Légion-d'Honneur, commandeur de l'ordre de Saint-Louis le 23 août, comte le 24 septembre 1814, et enfin gouverneur de l'École militaire de La Flèche. Destitué, en mars 1815, par Bonaparte, une ordonnance du roi l'a réintégré en août suivant. Il est encore au nombre des lieutenans-généraux en activité.

Gogel (Isaac-Jean-Alexandre), né à Vucht, village près de Bois-le-Duc (Brabant septentrional), vers l'an 1770, dans un petit château ou maison de campagne, où son père, ancien militaire, vivait retiré du service. Il fut d'abord destiné à la marine, carrière dans laquelle il devait entrer sous les auspices de son oncle maternel, le contre-amiral Guillaume Krul; mais la mort de ce brave officier, tué dans un combat naval contre les Anglais, changea sa destination, et lui fit embrasser une autre profession. Il s'établit à Amsterdam pour apprendre le commerce; mais à peine fut-il lancé dans cette carrière, que la révolution de 1795, qu'il avait embrassée avec chaleur, la lui fit abandonner pour suivre celles des affaires publiques. Après avoir été successivement membre des administrations communales et provinciales, il fut, par suite des événemens du 22 janvier 1798, lors du triomphe du parti révolutionnaire, auquel il appartenait, appelé à la place d'agent des finances. Avec des notions générales sur cette branche importante de l'administration publique, et une application soutenue au nouveau travail dont il se vit chargé, il se mit bientôt à la hauteur de sa place. La lutte de son parti avec celui des modérés avait particulièrement pour objet l'unité dans l'administration, les dettes de l'État, les finances et les impositions. L'amalgame des dettes provinciales ayant été décrété, une des conséquences nécessaires de cette mesure, commandée par les circonstances, était l'uniformité des charges. M. Gogel s'occupa donc de l'établissement d'un système conçu dans ce sens; mais il n'eut pas la satisfaction de pouvoir y mettre la dernière main, à cause des changemens survenus dans le gouvernement en 1801, lorsque le département des finances fut confié à un conseil. Il se retira alors des affaires publiques pour ne s'occuper que de celles de son commerce, qui avait toujours été continué à Amsterdam, sous son nom, mais dont la direction, pendant son ministère, avait été confiée à un associé. M. Schimmelpenninck ayant été, en 1804, appelé à la tête du gouvernement de la république, sous le titre de grand-pensionnaire, un de ses premiers soins fut d'offrir à M. Gogel le département des finances, que celui-ci accepta. C'est à cette époque que M. Gogel déploya les plus grands talens avec la plus rare activité, administrant à lui seul les finances, le trésor, les impositions directes et indirectes, les domaines, les convois, les licences et la monnaie; il fit face à tout, et trouva encore le temps d'achever son projet d'uniformité d'impositions pour toutes les provinces de la république. Ce nouveau système trouva d'abord de chauds partisans et des adversaires opiniâtres. Quelque opinion qu'on puisse avoir à cet égard, on ne pouvait guère contester au système dont il s'agit l'avantage de présenter un ensemble parfait, étant conçu, sans égard aux localités, pour une société nouvelle, toutes les classes de cette société s'y trouvaient comprises, et partout il y avait compensation. Si, d'un côté, il y avait unité de charges, ce système offrait de l'autre unité d'avantages et liberté entière de circulation des produits de l'industrie nationale, quel que fût le lieu de leur origine. Malheureusement ce système, adopté en 1805, et introduit en 1806, fait pour un besoin limité et à concurrence fixe de produit, fut, dans la suite, entre les mains d'un gouvernement dépensier, un instrument facile et propre à la levée de contributions sans aucune proportion avec les moyens de la nation. Les centimes additionnels de cinq, huit, dix, et à l'égard de quelques impositions, de cinquante pour cent, réveillèrent la haine contre le ministre novateur. Celui-ci avait d'ailleurs à soutenir une lutte continuelle contre les grands propriétaires de biens-fonds et de moulins à blé, pour l'impôt foncier et celui de la mouture. Les habitans des villes murmuraient; tout en profitant des contributions que les habitans de la campagne étaient obligés de payer dans la même proportion, ils insistaient sur le rétablissement des corps de métiers, tâchaient d'entraver la libre circulation, garantie par le nouveau système, et d'éloigner de leurs murs les productions de l'industrie rurale. Ces contrariétés furent encore augmentées par un arrêté royal, qui séparait du département des finances l'administration des domaines. On ne sait pas positivement si ce furent les plaintes qu'on élevait de toutes parts contre l'inconvenance qu'il y avait de voir à la tête du département des finances un ministre exerçant lui-même le commerce, ou bien si c'était le désir du roi de restreindre l'autorité trop étendue de ce fonctionnaire, doué d'ailleurs d'une extrême roideur de caractère, qui ont donné lieu à cette mesure inattendue; mais toujours est-il certain que voyant s'accroître progressivement les besoins d'un État, dont les sources de prospérité tarissaient de jour en jour, et s'apercevant que ses vues d'économie s'alliaient peu avec celles du roi, M. Gogel se dégoûta enfin de sa place et demanda sa démission, qui fut acceptée en 1808. Dès lors il se livra aux soins de son commerce, qu'il n'avait jamais voulu quitter pour un sort incertain dans la politique; mais deux ans après il en fut de nouveau distrait par Napoléon, qui savait apprécier et voulait utiliser ses grands talens en finances. La Hollande étant réunie à la France, Napoléon, désirant connaître le véritable esprit d'un pays jadis florissant, mais appauvri sous la tutelle française, fit nommer une commission des notables pour conférer avec ses ministres à Paris, principalement sur le parti qu'il conviendrait de prendre relativement aux finances de ses nouvelles possessions. M. Gogel était à la tête de cette commission, mais il ne put empêcher que les dettes de la Hollande, qui s'étaient élevées à une hauteur effrayante, ne fussent réduites au tiers. Napoléon le nomma ensuite conseiller-d'état et intendant-général des finances dans les départemens hollandais. M. Gogel retourna en cette nouvelle qualité à Amsterdam, et reprit alors, des mains de M. Appelius, le portefeuille du département des finances, qu'il lui avait remis en 1808. Une des premières mesures de M. Gogel fut l'organisation du syndicat. Pendant tout le temps que dura la domination étrangère, M. Gogel s'est trouvé constamment à la tête des finances de son pays, et a rendu à ses concitoyens autant de services que les circonstances le lui permettaient. Resté ferme à son poste lorsque la révolution de 1813 éclata, il contribua par sa contenance à sauver du pillage l'intendance générale des finances, qui était menacée par le peuple. Ayant prêté volontairement serment de fidélité à Napoléon, il se crut lié par ce serment, et refusa, en conséquence, de faire cause commune avec ceux de ses compatriotes qui, dégagés des liens qui les retenaient, s'étaient mis en opposition ouverte avec le gouvernement qu'il servait, et faisaient tous leurs efforts pour reconquérir l'indépendance de la patrie; efforts auxquels, sans doute, M. Gogel, comme citoyen, applaudissait au fond de son cœur, mais auxquels il ne pouvait coopérer par la raison que nous venons d'alléguer. Il quitta Amsterdam le jour même où les cosaques investirent la ville du côté de Muyden. Il fut porté à cette démarche, indépendamment du serment de fidélité qu'il avait prêté à Napoléon, par la considération qu'en sa qualité de conseiller-d'état, il était censé avoir son domicile à Paris, et n'être en Hollande que pour remplir une mission extraordinaire, celle d'intendant-général des finances. Ayant traversé, non sans beaucoup d'obstacles, plusieurs villes et villages de la Hollande, où l'insurrection s'était manifestée, M. Gogel arriva à Paris au mois de décembre. Il prit séance au Conseil-d'état, et y resta jusqu'au moment de l'approche des alliés vers la capitale. Il fut alors du nombre des conseillers-d'état, qui, sur l'invitation qu'ils en avaient reçue, suivirent le gouvernement à Blois; et ce n'est qu'après avoir été présent à la remise de l'impératrice aux commissaires autrichiens, qu'il profita du rétablissement des communications avec la Belgique pour rejoindre sa famille ; ce qui eut lieu au mois de mai 1814. De retour dans sa patrie, M. Gogel ne pouvait d'abord se résoudre à aller offrir ses hommages au nouveau souverain, jugeant que cette démarche paraîtrait dictée par le désir de rentrer en place ; cependant la crainte de voir attribuer ce manque d'égards à d'autres motifs moins honorables fit cesser ses scrupules, et il demanda au prince une audience qu'il obtint. Le prince le reçut avec bonté, s'entretint long-temps avec lui, et lui offrit peu de jours après, à ce qu'on assure, une place que, toutefois, M. Gogel ne crut pas devoir accepter, préférant retourner dans le sein de sa famille pour s'occuper de l'éducation de ses enfans. Il vit actuellement à Overven, village près de Haarlem, où il a acheté une fabrique modeste de bleu ou tournesol, et réfute assez par une vie laborieuse et bien éloignée de l'opulence tout ce que la calomnie a répandu sur ses prétendues richesses. Doué par la nature d'un jugement profond, de la mémoire la plus heureuse et de la plus rare assiduité au travail, M. Gogel réunit en sa personne toutes les qualités d'un excellent administrateur.

Krayenhoff (Corneille-Rodolphe-Théodore), lieutenant-général, inspecteur-général du génie, au service des Pays-Bas, est né à Nimègue, en 1759. Son père, ayant éprouvé quelques désagrémens dans le même service, ne voulut pas que son fils embrassât l'état militaire ; il l'envoya à l'université de Harderwych, pour y apprendre la médecine. Après avoir suivi, avec beaucoup de succès, les leçons de ses professeurs, et reçu le grade de docteur en médecine, M. Krayenhoff s'établit comme médecin à Amsterdam, et y exerça cet état jusqu'à la révolution de 1795, époque à laquelle il fut nommé lieutenant-colonel-ingénieur, et contrôleur-général des fortifications hollandaises. En 1798, il fut chargé, par son gouvernement, de faire une nouvelle carte de la république batave : c'est une des plus belles qui aient été faites en Hollande, et elle est très-estimée à cause de sa grande exactitude. Nommé, au mois d'août 1799, chef d'une brigade d'ingénieurs, il rendit des services essentiels pendant la campagne de cette année dans la Nord-Hollande, contre l'armée anglo-russe. Le 17 décembre 1805, il fut nommé commissaire-général du gouvernement batave, auprès du prince Louis Napoléon. Il servit avec distinction dans les campagnes de 1805, 1806 et 1809, en Zélande. Le roi Louis le nomma, peu de temps après son avénement au trône, son aide-de-camp, ensuite directeur-général de la guerre, général-major ; et enfin, en 1809, ministre de la guerre. Après la réunion de la Hollande à l'empire, il resta pendant quelque temps sans fonctions, à cause du dévouement qu'il avait montré au roi Louis, et du patriotisme qui le porta à engager celui-ci à prendre une attitude ferme, et même à défendre Amsterdam, s'il le fallait. Cependant, Napoléon qui sut apprécier les talens de cet officier, le nomma, par décret du 21 septembre 1810, inspecteur-général du génie, place qu'il a occupée jusqu'à ce que les événemens de la guerre aient fait, en 1813, recouvrer à la Hollande son ancienne indépendance. M. Krayenhoff qui embrassa tous les partis avec chaleur, sans se rappeler, comme son compatriote Gogel, ses premiers sermens, fut nommé, le 24 novembre, gouverneur d'Amsterdam. Il commanda, à cette époque, le siége de Naarden, ville dans laquelle les Français s'étaient renfermés, et qui ne se rendit qu'après la prise de Paris par les armées alliées. Il obtint, le 17 janvier 1814, le commandement de la première division militaire des Provinces-Unies des Pays-Bas ; et, quelque temps après, la place d'inspecteur-général du génie, qu'il occupe encore aujourd'hui. M. Krayenhoff joint au courage militaire des talens distingués dans la partie à la tête de laquelle il se trouve, ainsi que dans celle du waterstaat (administration des ponts et chaussées). Sous la république batave, il fut de même commissaire-inspecteur du waterstaat, et membre du comité central de cette administration. On lui doit quelques ouvrages recommandables ; il a traduit en hollandais, et publié avec des remarques savantes, l'ouvrage de Jaquet sur l'électricité. Il remporta le prix au concours ouvert par une société savante, à Toulon, sur l'électricité physique et médicale ; son mémoire, écrit en latin, a été traduit en français par M. le professeur Van-Swinden. M. Krayenhoff est encore auteur d'une description étendue de la composition de sa belle carte du royaume de Hollande. M. Krayenhoff est commandeur de l'ordre militaire de Guillaume, et chevalier de la Légion-d'Honneur.

Lebrun (Charles-François), duc de Plaisance ; né d'une famille honorable, reçut une éducation très-soignée, et manifesta de bonne heure une intelligence peu commune. Devenu secrétaire du chancelier Maupeou, sous Louis XV, il passa pour avoir composé, en 1775, les discours prononcés par le nouveau chef de la justice, dans sa querelle avec les parlemens. Il s'attacha ensuite à M. Turgot, et devint administrateur des domaines. Il vivait depuis quelque temps dans la retraite, uniquement occupé de l'éducation de sa famille, lorsqu'il fut nommé, en 1789, député du tiers-état de la sénéchaussée de Dourdan aux états-généraux, où il se fit remarquer par sa modération. Uniquement occupé d'objets de police, de finances et d'administration, il fit rendre plusieurs décrets sur ces matières, et vota l'aliénation des biens du clergé. Échappé heureusement au régime révolutionnaire, pendant lequel il fut presque toujours incarcéré, il entra, vers la fin de 1795, au Conseil des Anciens, et s'y livra de nouveau à des travaux sur les finances; il appuya aussi l'admission de Job Aymé; fut nommé, le 21 janvier 1796, secrétaire, et le 20 février président, applaudit à la journée du 18 brumaire, présida à cette époque la commission intermédiaire du Conseil des Anciens, et devint troisième consul en décembre 1799, élévation à laquelle contribua beaucoup, sans doute, la part qu'il avait prise au changement politique qui venait de s'opérer, mais qu'il justifia complétement par sa conduite. Elu, en 1803, membre de la troisième classe de l'Institut, qu'il présida ensuite, il fut élevé, en 1804, à la dignité d'architrésorier de l'empire; décoré, peu de temps après du grand-cordon de la Légion-d'Honneur, et alla, en 1805 et 1806, organiser les états de Gênes, réunis à l'empire, et dont il eut quelque temps le gouvernement général. En 1810, il remplit les mêmes fonctions en Hollande, et y resta comme gouverneur-général, jusqu'à l'instant où le pays se souleva, et proclama son indépendance. Il est juste de dire que la manière dont il sut concilier, avec les ménagemens dus aux habitans, ce qu'exigeaient les fonctions dont il était revêtu, lui mérita l'estime de tous les hommes capables d'apprécier les difficultés de sa position. Le 6 avril 1814, il signa l'acte qui rappelait au trône la maison de Bourbon; fut créé, le 4 juin, pair de France; reprit les fonctions d'architrésorier, après l'invasion de Napoléon, en 1815; fut nommé par lui grand-maître de l'Université, le 7 mai, et enfin, le 2 juin, membre de la nouvelle chambre des pairs. Compris ensuite dans l'ordonnance du roi, du 24 juillet 1815, il cessa de faire partie de la chambre haute, et se retira des affaires, pour vivre au sein de sa famille, emportant au moins la satisfaction de ne point avoir abusé de l'autorité dont il s'était vu investi à différentes époques, et, par conséquent, de ne point laisser après lui la haine, qui, trop souvent, s'attache et survit à l'existence du pouvoir. Si la carrière politique du prince Lebrun est honorable, ses travaux littéraires lui assurent un rang distingué parmi les écrivains de l'époque actuelle. Son principal titre à ce genre de gloire, est sa traduction de la *Jérusalem délivrée*, ouvrage du premier ordre, où, par la noblesse, l'élégance et l'harmonie du style, le prosateur s'est montré plus réellement poète que ne le sont beaucoup de versificateurs. La singularité de la préface fit, dans le temps, attribuer à Jean-Jacques Rousseau cette traduction remarquable, à laquelle l'auteur n'avait point attaché son nom. Quoique moins complétement heureux à l'égard d'Homère qu'à l'égard du Tasse, M. Lebrun a traduit l'*Illiade* en prose avec un talent qui nous porte à regarder sa traduction comme la meilleure qui existe de ce chef-d'œuvre du génie antique; elle est surtout remarquable par la chaleur et la rapidité. Quelques critiques ont reproché à sa phrase une concision qu'ils ont taxée de sécheresse; ce reproche ne paraît fondé qu'en partie à ceux qui se font une juste idée de la différence des deux idiomes, et qui sentent que, réduit à l'impossibilité de transporter dans sa langue, sans la plus fatigante diffusion, l'abondance de la diction homérique, le traducteur a dû s'assurer au moins des effets par lesquels il pouvait espérer d'atteindre quelquefois à la pittoresque énergie de l'original. Lors de la première apparition de la traduction de M. Lebrun, on l'accusa de ne pas savoir le grec, et d'avoir seulement écrit dans un meilleur style ce que d'autres avaient réellement traduit avant lui. Il ne chercha nullement à démentir ce bruit; il attendit avec patience la publication d'une seconde édition; et, celle-ci, il la fit précéder d'une préface écrite en grec.

MICHAUD (Claude-Ignace-François), lieutenant-général des armées françaises, né à Pontarlier, en 1751, fit avec distinction les campagnes de 1792 et 1793, et fut promu au grade de général de division le 4 vendémiaire an II. Lorsque Pichegru eut quitté le commandement de l'armée du Rhin au commencement de l'année 1794, Michaud en fut nommé provisoirement général en chef. Il ouvrit cette campagne par la reprise du fort Vauban, dans la nuit du 18 janvier. De nouveaux succès l'attendaient dans le Palatinat, où, le 24 mai, l'ennemi, l'ayant attaqué sur tous les points, fut complètement battu malgré la supériorité de ses forces. Cependant la gauche de l'armée de la Moselle éprouvait quelques revers; le général Ambert avait été repoussé de Kaiserslautern. Le général Michaud ordonna alors la retraite sur les lignes, et l'effectua dans le plus grand ordre. Au mois de juillet, l'armée du Rhin prit l'offensive et fut victorieuse le 3 à Offenbach. Le 12, elle s'empara de Freibach et de Friesmersheim, et successivement des montagnes de Platzberg, de Saukopf, de Tripstadt et Kerweiller, le 28; elle entra à Spire, à Neustadt, et reprit encore une fois le fort de Kaiserslautern. Après le 9 thermidor (27 juillet 1794), le général Michaud transmit à la convention les félicitations de l'armée sur les résultats de cette journée. Dans la campagne d'hiver de 1795, il s'empara du fort du Rhin, près Manheim, après quatorze heures de bombardement, et se démit quelque temps après du commandement en chef, qu'il considérait comme supérieur à ses forces. En acceptant cette démission, la Convention applaudit à la modestie du général; cependant il avait conservé le commandement d'une division avec laquelle il pénétra en Hollande, au mois de janvier 1795, et, le 29, il occupa Flessingue et Middelbourg, dans 'île de Zélande. Ayant été obligé de quitter l'armée au mois d'avril, par la fracture d'une jambe, il fut remplacé par Kléber, reçut aussitôt le commandement de la Flandre orientale et de la Flandre hollandaise, et envoya à la Convention, dans la journée des 1er et 4 prairial (20 et 23 mai 1795), une adresse énergique dans laquelle il la félicitait de la victoire qu'elle venait de remporter sur les continuateurs et les partisans de la tyrannie abattue au 9 thermidor. Nommé, en 1799, commandant de la treizième division militaire, il mit en état de siége, et fit occuper militairement les communications de Rieux, Lapotérie et Allaire en Bretagne, comme ayant donné asile à des assassins. Au mois de juillet 1799, il fut désigné par *interim* comme général de l'armée d'Angleterre. Le général Michaud fit la campagne de l'an IX en Italie; il y commandait l'arrière-garde de l'armée aux ordres du général Brun, et se distingua aux passages de l'Adige et du Mincio. Plus tard, il soutint, à la tête de l'avant-garde, un combat opiniâtre entre Citadella et Castel-Franco; poursuivit l'ennemi jusqu'à Salva-Rosa, et lui fit huit cents prisonniers. A la paix il fut nommé inspecteur-général d'infanterie, commandant de la Légion-d'Honneur en 1804, et obtint, en septembre 1805, le commandement des troupes françaises en Hollande, en remplacement du général Marmont. Appelé, en 1806, aux fonctions de gouverneur des villes anséatiques, il marcha, le 7 mai, contre le major Schill, et le mit en fuite. Le général Michaud conserva ce poste jusqu'en 1813; et, en 1814, il fut nommé grand-officier de la Légion-d'Honneur, et inspecteur d'infanterie de la quinzième division. C'est avec peine que, depuis le licenciement de l'armée en 1815, on ne retrouve plus le nom de ce brave officier sur la liste des officiers-généraux en activité. Il est vrai qu'il est maintenant très-âgé; mais le commandement des divisions de l'intérieur ne devrait-il pas être la retraite et la récompense des braves que leur âge, leurs services ou leurs blessures ont forcé d'abandonner les rangs de l'armée, dont ils ont été long-temps l'exemple et la gloire!

Mollerus (Jean-Henri), est né vers 1753 à La Haye, où son père était président de la haute cour de justice. En 1784, il fut nommé greffier du Conseil-d'état, corps chargé particulièrement de la direction des affaires de la guerre. Après la révolution de 1787, il fut membre de la commission envoyée à Bois-le-Duc, pour y prendre des informations sur les désordres et le pillage commis dans cette ville par des militaires. M. Mollerus, de retour à La Haye, continua d'exercer les fonctions de greffier du Conseil-d'état jusqu'en 1795, époque à laquelle ce corps fut remplacé, à la suite de la révolution qui venait d'avoir lieu, par un comité composé de personnes dévouées au nouvel ordre de choses. Le nouveau gouvernement, appréciant les talens de M. Mollerus, ainsi que son expérience des affaires, lui offrit, malgré ses opinions politiques opposées à celles du moment, le poste de secrétaire du comité qui remplaça le Conseil-d'état; mais M. Mollerus le refusa, et resta sans place tant que l'agitation produite par la révolution de 1795 ne permit pas aux personnes attachées à la maison d'Orange de prendre part au gouvernement. En 1799, il se trouva, avec M. Van Stralen, au Helder, où était alors établi le quartier-général de l'armée anglo-russe. Ce fait est certain, mais nous n'oserions affirmer s'il concourut, avec M. Van Stralen, à favoriser les tentatives pour changer l'ordre de choses établi dans la république batave. Quoi qu'il en soit, le mauvais succès de l'expédition rendit ses efforts inutiles. Lorsqu'après la paix d'Amiens, l'esprit du gouvernement eut pris une autre direction, et qu'il fut permis d'espérer qu'un ordre de choses plus stable succèderait aux commotions qui avaient ébranlé la république, M. Mollerus ne balança plus à accepter la place de secrétaire des états provinciaux de la Hollande. Nommé, en 1804, membre du conseil des possessions de la république en Asie, il fut continué dans cet emploi sous le grand-pensionnaire Schimmelpenninck. Le roi Louis l'appela au Conseil-d'état, le nomma peu après ministre de l'intérieur, et ensuite ministre du culte. M. Mollerus fut membre de la commission hollandaise que Napoléon avait mandée à Paris, pour délibérer sur le projet qu'il avait formé d'incorporer la Hollande à l'empire français. On assure que M. Mollerus fut assez mal accueilli de ce monarque, instruit de son attachement à l'ancien gouvernement; cependant il fut nommé membre du Corps-législatif en 1811, pour le département des Bouches de la Meuse. Chargé d'y présenter le budget de cette année, il prononça à cette occasion un discours fort étendu où il présentait le tableau le plus séduisant de l'état des finances de l'empire. Le rapport de M. Mollerus fut aussitôt converti en loi, mais il essuya de vives critiques en Angleterre. Un journal (the Day) se fit surtout remarquer par une sortie violente contre ce budget et celui qui l'avait présenté. M. Mollerus fut ensuite chargé du service des ponts-et-chaussées dans les départemens hollandais. Quoique cette partie lui fût étrangère, il se mit bientôt à la hauteur de sa place, et rendit en cette qualité des services essentiels à son pays. Par l'arrêté du souverain, en date du 6 avril 1814, qui nomma les chefs des nouveaux départemens ministériels, M. Mollerus fut chargé du porte-feuille de la guerre avec le titre de commissaire-général, la direction suprême étant confiée au prince héréditaire d'Orange. Sur ses demandes réitérées, il fit agréer, le 2 décembre de cette année, sa démission dans les termes les plus honorables, et eut pour successeur le lieutenant-général Janssens. L'arrêté qui acceptait sa démission le nommait, en même temps, membre du Conseil-d'état. M. Mollerus faisait partie de la commission nommée pour la rédaction d'un projet de loi fondamentale pour le royaume des Pays-Bas. Lorsqu'en 1816, M. Van Hogendorp se fut démis de la vice-présidence du Conseil-d'état, M. Mollerus le remplaça, et c'est cette place qu'il occupe encore aujourd'hui. Officier de la Légion-d'Honneur et commandeur de l'ordre de la Réunion, sous l'empire, il est actuellement commandeur de l'ordre du Lion-Belgique. M. Mollerus a la réputation de joindre à des talens distingués une grande aptitude aux affaires et beaucoup d'activité.

Roell (le baron Guillaume-Frédéric), issu d'une famille noble d'Allemagne, dont une branche vint s'établir en Hollande entre 1670 et 1680, est né à Amsterdam vers 1768. Après avoir fait d'excellentes études à l'université de Leyde, où il fut gradué en philosophie et en droit, il se fixa dans sa ville natale, et commença en 1793 sa carrière administrative par les fonctions d'échevin. Au commencement de l'année suivante, il fut nommé conseiller-pensionnaire d'Amsterdam, et occupa cette place jusqu'au moment de la révolution de 1795, dont M. Roell n'embrassa nullement les principes. Fidèle à la cause de la maison de Nassau, il resta toutefois tranquille spectateur de tout ce qui se passait dans le gouvernement de son pays, sans vouloir y prendre aucune part active, jusqu'à l'an 1802, époque à laquelle les membres de l'ancien gouvernement stathoudérien n'avaient plus de motifs de refuser de participer au nouveau gouvernement, la paix d'Amiens ayant ôté aux princes de la maison de Nassau tout espoir de reprendre, dans la république des Provinces-Unies, l'autorité qu'y avaient exercée leurs ancêtres. M. Roell fut alors nommé membre du conseil, député de la province de Hollande, et remplit ensuite successivement les places de secrétaire-général des états provinciaux de la Hollande (1804), et de membre du conseil de surintendance des digues. Le roi Louis ayant, peu de jours après son avénement au trône, nommé M. Roell ministre secrétaire-d'état, celui-ci accompagna le nouveau souverain dans le voyage qu'il fit en France en 1807. Ce prince avait pour M. Roell une estime particulière. Voulant supprimer la dignité de ministre-secrétaire-d'état, il lui offrit successivement la place de vice-président du Conseil-d'état, celle de ministre de la marine et des colonies; mais M. Roell crut ne pas devoir les accepter, et préféra le ministère des affaires étrangères, qui lui fut confié en 1808. C'est en cette qualité qu'il fit, avec le roi Louis, un second voyage en France, vers la fin de 1809. L'objet de ce voyage politique était d'abord de réunir dans Paris tous les souverains alliés de la France, pour assister au mariage de Napoléon avec l'archiduchesse d'Autriche, et, par rapport au roi de Hollande, de tâcher de terminer à l'amiable les différends qui s'étaient élevés entre Louis et l'empereur. M. Roell dirigea, dans le commencement, les négociations entamées à cet effet avec le duc de Cadore, ministre des affaires étrangères de France, espérant obtenir un arrangement convenable aux deux pays; mais lorsqu'il vit qu'il n'y avait rien à espérer, et que le vrai but de Napoléon était la réunion de la Hollande à la France, M. Roell, en vrai patriote, s'opposa avec la plus grande énergie à ce projet. Sachant apprécier le résultat inévitable des conditions dictées par l'empereur, il ne voulut plus prendre aucune part aux conférences, pour ne pas concourir à des arrangemens qui lui paraissaient, non-seulement inexécutables, mais encore contraires au bien-être et à l'honneur de son pays. Cette conduite franche et loyale lui valut, comme on le pense bien, la disgrâce de Napoléon, peu accoutumé à rencontrer de l'opposition à ses projets; mais il ne faut pas attribuer à cette disgrâce le refroidissement que le roi témoigna dans la suite à M. Roell, ce prince avait trop de sens et d'équité pour éprouver le moindre ressentiment contre un ministre qu'il estimait, et qui avait plaidé avec énergie la cause de l'indépendance de son pays. On ne doit donc attribuer la conduite du roi, dans cette circonstance, qu'à un caractère peu accoutumé à lutter, et à des habitudes de déférence qui ne lui permirent pas peut-être, malgré les sentimens de son cœur, de témoigner toute sa bienveillance à un ministre qui avait eu le courage de s'opposer à des projets désastreux pour son pays. Quoi qu'il en soit, M. Roell s'étant aperçu de ce refroidissement, demanda itérativement sa démission, mais en vain, et se rendit aux eaux pour rétablir sa santé. Cette dernière circonstance fut cause qu'il n'était pas présent à l'abdication du roi Louis. Le gouvernement provisoire ayant invité M. Roell, comme étant le plus ancien des ministres, et conformément aux vœux du roi lui-même, à venir en prendre la présidence, il refusa de se rendre à cette invitation, convaincu que l'abdication du roi serait bientôt suivie de la réunion de la Hollande à l'empire français, et de tous les maux que cette mesure entraînerait après elle. Les événemens n'ont que trop justifié l'opinion de M. Roell. Il rentra dès lors dans la vie privée, et n'en sortit qu'au moment où sa patrie eut repris sa place parmi les nations indépendantes. M. Roell fut alors, vers la fin de 1813, nommé par le prince souverain des Provinces-Unies membre de la commission chargée de rédiger un projet de constitution. Au mois d'avril 1814, le prince l'appela au ministère de l'intérieur, et le confirma dans cette place, lors de la réunion de la Belgique et de la Hollande. Cette dernière nomination date du 16 septembre 1815 L'impartialité et l'intégrité qui distinguèrent son administration firent beaucoup regretter que la faiblesse de sa santé l'ait obligé, au commencement de 1817, de demander sa démission. Le roi, en la lui accordant, lui conserva le titre et le rang de ministre d'état, ainsi que sa place au conseil des ministres; il le nomma en outre grande-croix chancelier de l'ordre du Lion-Belgique, et membre de la première chambre des États-généraux, dont il fut président pour la session de 1818 à 1819. M. Roell est aussi membre de l'ordre de Saint-André de Russie, de l'Aigle-Noir de Prusse, et de l'Aigle-d'Or de Wurtemberg.

Schimmelpenninck (Rutger-Jean), naquit le 31 octobre 1760, à Deventer, d'une famille ancienne de la province d'Overyssel. Ses parens, favorisés par la fortune, lui donnèrent une éducation distinguée, et le destinèrent au barreau. Il fit d'abord ses humanités dans sa ville natale, et partit en 1780, pour l'université de Leyde, où il s'appliqua principalement à la jurisprudence, sous les célèbres professeurs Pestel et Van-der-Kessel. Ses rares dispositions et les progrès qu'il fit dans ses études, lui méritèrent l'estime et la bienveillance de ses maîtres; l'aménité de son caractère et la douceur de ses mœurs lui concilièrent en même temps l'amitié et la confiance de ses camarades. Ceux-ci lui en donnèrent une marque bien frappante en le nommant, en 1784, leur chef, à l'occasion d'un tumulte qui avait éclaté dans la ville, et pour la répression duquel le corps des étudians avait pris les armes. Le jeune Schimmelpenninck se conduisit dans ces momens critiques avec un courage et une prudence qui déterminèrent la régence de Leyde à lui offrir une médaille d'honneur comme récompense de sa bonne conduite. Au mois de décembre de la même année, Schimmelpenninck prit ses degrés en droit, en soutenant publiquement, et avec le succès le plus complet, une dissertation sur la forme convenable d'un gouvernement démocratique (*de imperio populari cause temperato*). Cet essai, aussi sagement pensé que bien écrit, préluda d'une manière brillante à la haute réputation que M. Schimmelpenninck s'est dans la suite acquise au barreau et dans la politique; peu de temps après la publication de sa dissertation, il en parut une traduction hollandaise faite par M. l'avocat Swart, de Leyde, honneur qu'obtiennent très-rarement les productions académiques de cette espèce. Dans cette dissertation, le jeune Schimmelpenninck manifestait déjà sa profonde haine pour le despotisme, sous quelque forme qu'il puisse se présenter, et exprimait, avec la plus énergique franchise, son amour ou plutôt son enthousiasme pour une sage liberté circonscrite dans un cercle de bonnes lois. Ayant choisi Amsterdam pour le théâtre de ses travaux juridiques, M. Schimmelpenninck y exerça la pratique du droit avec un succès si prodigieux, que bientôt il n'y eut presque pas de cause célèbre dans cette ville, sans qu'il fût choisi comme avocat. Dans les troubles qui eurent lieu pendant les années 1785, 1786 et 1787, s'étant rangé du parti de ceux qui désiraient un changement dans la forme du gouvernement, il se prononça sans détour, pour l'introduction d'un système représentatif, dans lequel les droits assurés des citoyens seraient reconnus. Mais, en même temps, il s'opposa de tous ses moyens aux efforts des démagogues qui exagéraient les principes dont M. Schimmelpenninck s'était montré le défenseur. Les armes prussiennes ayant mis un terme, en 1787, aux troubles qui désolaient la république des provinces unies, M. Schimmelpenninck resta tranquillement à Amsterdam, et s'y fit remarquer par le talent avec lequel il plaida un grand nombre de procès importans, parmi lesquels on distingue ceux qu'il soutint pour les citoyens dits *constitués* de cette ville, ainsi que pour les régens du parti antistathoudérien, qui avaient fait partie du comité de défense de la république. La grande révolution de 1795 vint changer tout-à-fait la carrière de M. Schimmelpenninck. L'effervescence des esprits ne lui permit pas de refuser la place de président de la municipalité d'Amsterdam, à laquelle il venait d'être nommé. Quelque répugnance que lui inspirât sa nouvelle destination, il n'en développa pas moins, dans ce poste important, une activité, un courage et une fermeté de caractère, qui firent changer en admiration l'estime dont il avait jusqu'ici joui auprès de ses concitoyens. En entrant en fonctions, il prononça un discours remarquable par la sagesse des idées, et dans lequel il énonça avec énergie sa ferme résolution de veiller à la sûreté des personnes et des propriétés, ainsi qu'au maintien de l'ordre et de la tranquillité publiques. Dans ces momens d'exaltation, son discours produisit l'impression la plus salutaire, et rassura les gens de bien des deux partis. Un arrêté de la municipalité d'Amsterdam, rendu sur la proposition de son président, au mois de février 1795, offrit à M. Schimmelpenninck l'occasion de donner de nouveaux développemens aux principes qu'il regardait comme la meilleure base du nouvel ordre de choses que l'on venait d'établir. Ces développemens et le discours qui les avait précédé, sont peut-être ce qui contribua le plus à donner à la révolution de 1795 la direction modérée qu'on l'a vue prendre dans la suite : le sang batave ne fut point répandu dans des dissensions civiles et, sous ce rapport, les services que M. Schimmelpenninck rendit alors à l'État, sont vraiment dignes de la reconnaissance nationale : aussi le célèbre Luzac, en insérant dans la gazette de Leyde, l'arrêté rédigé par M. Schimmelpenninck, n'a-t-il pas balancé à dire *que cette pièce irait à la postérité.* Toujours sage et modéré, M. Schimmelpenninck apporta les mêmes sentimens dans la première convention nationale, à laquelle il fut député encore malgré lui, et où il brilla par son patriotisme éclairé, manifesté dans des discours d'un sens droit, et d'une éloquence entraînante; discours qui mériteraient, comme ceux de Mirabeau et autres orateurs distingués de la Convention nationale de France, d'être recueillis pour l'instruction des hommes d'état, et pour la jouissance des amis des belles-lettres. Réélu pour la seconde Convention nationale, M. Schimmelpenninck, convaincu de l'impossibilité d'y être utile à son pays, dans la disposition où étaient alors les esprits, refusa de faire la déclaration exigée des membres pour pouvoir prendre séance, et par ce moyen il eut la faculté de pouvoir se retirer. De retour à Amsterdam, il s'adonna de nouveau au barreau espérant qu'il n'en serait plus distrait; mais cet espoir fut déçu par le triomphe des modérés, au 12 juin 1798. Il fallait alors à Paris, un ambassadeur hollandais, professant les principes du parti triomphant, afin de faire connaître au Directoire exécutif de la France, la véritable situation des choses dans la république batave, et de lui prouver la nécessité absolue de la révolution qui venait de s'opérer. M. Schimmelpenninck, sollicité vivement de la part de ceux qui s'étaient chargés du gouvernement, d'accepter cette mission importante, ne balança plus, dès qu'il crut pouvoir servir sa patrie, à rentrer dans la carrière politique, qui jusqu'alors n'avait eu aucun attrait pour lui, et à laquelle il préférait la tranquille et honorable profession d'avocat. Il eut la satisfaction de réussir complétement dans la mission qui lui avait été confiée. Mais cet heureux résultat eut, pour lui, des conséquences d'une nature fâcheuse, du moins d'après sa manière de voir et ses habitudes. Le gouvernement batave lui avait promis que, sa mission remplie, il pourrait retourner à Amsterdam pour y vivre à son gré, sans crainte d'être de nouveau appelé à un emploi politique. Mais la prudence et l'intelligence que l'ambassadeur Schimmelpenninck venait de déployer à Paris, persuadèrent au Directoire batave que les intérêts de l'État ne pouvaient être confiés à des mains plus habiles et plus sûres; il insista donc avec force auprès de M. Schimmelpenninck, pour qu'il continuât d'être l'interprète des sentimens de son gouvernement près le Directoire français, et le nomma son ambassadeur résidant à Paris. M. Schimmelpenninck, ayant également su mériter la confiance des personnes qui, à cette époque, étaient à la tête des affaires de France, remplit parfaitement l'attente de son gouvernement et rendit des services essentiels à son pays, en faisant maintenir l'indépendance de la république batave, qui, malgré les énormes sacrifices faits pour assurer sa conservation, se trouva bientôt dans une situation assez alarmante. Bonaparte, ayant été nommé premier consul, l'ambassadeur Schimmelpenninck reçut de lui des marques réitérées de son estime et de sa considération, auxquelles le caractère, énergiquement républicain de l'envoyé batave, ne lui permit de répondre que fort imparfaitement. Le nouveau gouvernement de la France, désirant que M. Schimmelpenninck assistât au congrés d'Amiens, en qualité de ministre plénipotentiaire de la république batave, le gouvernement de son pays n'hésita pas à se rendre à des vœux, d'ailleurs, entièrement conformes aux siens propres. A ce congrès, les talens et l'habileté de M. Schimmelpenninck brillèrent de tout leur éclat. Sa haute intelligence, son esprit conciliant, la confiance qu'il sut inspirer à la fois, au marquis de Cornwallis, plénipotentiaire anglais, et au frère du premier consul, Joseph Bonaparte, plénipotentiaire français, contribuèrent puissamment à la continuation des négociations qui étaient sur le point d'être rompues; le résultat en fut, comme l'on sait, la conclusion d'une paix tant désirée. Non-seulement les gouvernemens de France et d'Angleterre donnèrent au plénipotentiaire hollandais, dont ils reconnaissaient également l'influence, salutaire sur l'issue du congrès, les marques les plus flatteuses de leur reconnaissance. Le gouvernement batave lui manifesta la sienne en consentant à lui donner l'ambassade de Londres qu'il désirait. L'accueil le plus flatteur l'attendait dans la capitale de la Grande-Bretagne, et un tel accueil était bien dû au négociateur qui peut-être avait eu la plus grande part à la pacification récente de l'Europe. Indépendamment des témoignages qu'il reçut de l'estime de lord Cornwallis, des ministres, et en général des personnes les plus distinguées de Londres, il s'y concilia aussi celle de l'ambassadeur Français, le général Andréossy, qu'il avait déjà connu à Paris. M. Schimmelpenninck, jouissant à fa fois de la confiance des ministres anglais et de celle de l'envoyé de France, ne tarda pas à s'apercevoir que les dispositions des deux gouvernemens ne permettaient pas d'espérer une longue durée de la paix. La rupture qui éclata subitement entre les deux puissances rivales ne justifia que trop ses craintes. Dans ces circonstances difficiles, tous ses efforts tendirent à assurer à la république batave la neutralité, dont elle avait tant besoin, et peut-être n'auraient-ils pas été infructueux si le premier consul ne s'y était constamment opposé. Le ministre des affaires étrangères, lord Hawkesbury, maintenant comte de Liverpool, avait déjà, dans une note officielle, déclaré, au nom de son gouvernement, que l'Angleterre consentait à laisser jouir la république batave de la neutralité la plus absolue, à condition que le premier consul prendrait le même engagement. Le ministre anglais ajouta que, dans ce cas, il était disposé à rendre aux Hollandais les riches bâtimens capturés sur leur commerce, et qui se trouvaient dans les ports de l'Angleterre. L'opiniâtre refus du premier consul entraîna la république batave dans la nouvelle guerre qui fut si funeste à sa marine et à son commerce, et dont une des premières conséquences fut le rappel de M. Schimmelpenninck. Il quitta Londres, emportant le regret de n'avoir pu rendre des services réels à sa patrie. Ce malheur mit le comble au dégoût que M. Schimmelpenninck avait toujours manifesté pour la carrière politique; plus déterminé que jamais à n'y plus rentrer, il partit pour ses terres en Overyssel, afin d'y partager son temps entre des travaux littéraires et les jouissances d'une vie tranquille passée au sein de sa famille. Mais à peine fut-il établi à la campagne, qu'une lettre du premier consul, datée de Bruxelles, vint encore déranger ses projets. Par cette lettre, Bonaparte l'engageait, dans les termes les plus pressans, à se rendre à Bruxelles, afin d'avoir avec lui un entretien sur des affaires du plus haut intérêt pour les deux gouvernemens. A cette invitation du premier consul, se joignirent les instances du gouvernement batave auprès de M. Schimmelpenninck, pour le déterminer à céder au désir du chef du gouvernement français. L'amour de la patrie triompha encore une fois de la répugnance qu'éprouvait M. Schimmelpenninck à s'engager de nouveau dans une carrière qu'il croyait avoir abandonnée pour toujours. Arrivé à Bruxelles, il y eut, avec le premier consul, plusieurs conférences dont l'objet principal était la situation politique de la république batave. M. Schimmelpenninck ne négligea rien pour disposer Bonaparte en faveur de son pays, et pour l'engager à le traiter avec générosité. Le premier consul donna les assurances les plus positives de sa bienveillance envers la république batave, et de son estime personnelle pour celui qui, dans ce moment, lui parlait en son nom. Il témoigna en même temps à la commission hollandaise, alors à Bruxelles, le désir de voir par la suite M. Schimmelpenninck résider à Paris, comme ambassadeur de la république. Celui-ci, sollicité vivement par son gouvernement, se rendit encore à ses vœux, et partit pour Paris vers la fin de 1803. Là, jouissant de l'estime du chef de l'État, il usa constamment de son influence pour être utile à son pays, et surtout pour lui assurer son indépendance, devenue de jour en jour plus précaire. Les véritables projets du premier consul à l'égard de la république batave, ne tardèrent pas à devenir évidens aux yeux de l'ambassadeur. A plusieurs reprises et sous diverses prétextes, Bonaparte lui manifesta son mécontentement de la marche suivie par le Directoire batave, et lui dit enfin, en termes exprès, que sa position, par rapport avec l'état politique de l'Europe, ne permettait plus que la constitution de la république de Hollande restât telle qu'elle était ; il ajouta que le Directoire exécutif devait nécessairement être remplacé par un gouvernement plus concentré entre les mains d'une seule personne. Toutes les représentations pour détourner Bonaparte de cette résolution furent vaines. Peu de temps après s'être fait proclamer empereur, il insista fortement pour que ce projet fût mis à exécution. S'étant rendu vers l'automne de cette année, à Cologne, il invita l'ambassadeur batave à venir l'y joindre. C'est là que M. Schimmelpenninck apprit de lui son intention tout entière. Napoléon lui déclara qu'il n'y avait pas d'autre parti à prendre pour le gouvernement batave que de voir la république incorporée à l'empire français, ou de changer sa constitution, et de placer à la tête du gouvernement une seule personne. Il témoigna en même temps à M. Schimmelpenninck son désir de le voir choisi pour chef de l'État. L'ambassadeur hollandais fit en vain des observations ; la résolution de l'empereur était invariable ; de sorte que M. Schimmelpenninck se vit obligé de faire part à son gouvernement des ouvertures qui lui avaient été faites. Quelque fâcheuses qu'elles fussent, le gouvernement de la république batave ne balança pas un instant sur le parti à prendre dans ces circonstances. Il préféra à la perte totale de l'indépendance de la nation le changement de sa constitution. On trouva d'autant moins d'opposition que le chef futur du nouveau gouvernement était aimé de ses concitoyens, et donnait les garanties les plus sûres d'une administration sage et juste. Le gouvernement batave chargea donc M. Schimmelpenninck lui-même de poursuivre les négociations, et de conférer avec Napoléon sur la nature et la forme du nouveau gouvernement. Ces négociations eurent lieu à Paris, et M. Schimmelpenninck présenta alors à Napoléon un projet de constitution pour la république batave, semblable, quant aux principales dispositions, à la constitution des États-unis d'Amérique. Napoléon se déclara avec véhémence contre les articles qui plaçaient le gouvernement entre les mains d'un président électif, tel qu'il existe en Amérique, et ce ne fut qu'avec beaucoup de peine que M. Schimmelpenninck parvint à lui faire adopter une constitution, dont les formes au moins seraient républicaines. On convint donc entre autres dispositions, que le chef du gouvernement prendrait le titre de grand-pensionnaire, et le Corps-Législatif le titre collectif de hauts et puissans seigneurs. La constitution nommait en même temps M. Schimmelpenninck grand-pensionnaire; proposée à la nation hollandaise, elle fut adoptée presqu'à l'unanimité des votans. M. Schimmelpenninck fut installé dans ses fonctions, au mois de mars 1805. En saisissant les rênes du nouveau gouvernement, il prononça un discours dans lequel il développa les principes d'après lesquels il se proposait de gouverner, principes approuvés de tous les partis alors existans dans la république. Pendant les quinze mois de son gouvernement, M. Schimmelpenninck resta fidèle aux principes qu'il avait énoncés; il rétablit, par l'introduction d'un nouveau système général des finances conçu par

M. Gogel, le crédit public, et garantit l'État d'une banqueroute qu'on croyait presque inévitable. La confiance qu'inspirait M. Schimmelpenninck était telle que, pendant tout le temps qu'il fut investi du pouvoir suprême, la tranquillité publique ne fut troublée sur aucun point de la république, et qu'aucune arrestation n'y eut lieu pour délit politique. Tel était l'état des choses en Hollande, lorsque Napoléon, enivré du succès de la guerre contre l'Autriche qui venait d'être terminée, médita le grand projet de changer plusieurs dynasties de l'Europe, et de placer ses frères sur les trônes dont il dépouillait les anciens possesseurs. La république batave était destinée à subir un changement aussi imprévu qu'arbitraire ; elle fut forcée d'accepter pour roi Louis Bonaparte : mais le grand-pensionnaire s'honora dans toutes les conférences et délibérations qui eurent lieu à cet égard, par son refus constant de concourir à une mesure équivalente à l'anéantissement de la république dont il avait juré de maintenir l'indépendance. Il refusa également d'accepter la place de président à vie des *hautes puissances*, place qui lui avait été déférée par la nouvelle constitution. Il se retira en Overyssel, pour y vivre désormais en simple particulier. Pendant tout le temps du règne du roi Louis, M. Schimmelpenninck jouit des douceurs de la vie privée, auxquelles il attachait tant de prix; mais du moment où la Hollande fut incorporée à l'empire français, des titres et des honneurs qu'il dédaignait vinrent le frapper dans sa retraite. Quelques mois après cet événement, M. Schimmelpenninck fut fort surpris de se voir nommé comte de l'empire et grand-trésorier de l'ordre des Trois-Toisons-d'Or, nomination qui fut bientôt suivie de celle de membre du Sénat-Conservateur. Jamais disgrâce n'aurait pu être aussi douloureuse à M. Schimmelpenninck que ces marques de considération de la part de Napoléon. Cependant il ne crut pas pouvoir refuser les honneurs dont il venait d'être comblé, ou plutôt accablé, par un souverain qui souffrait difficilement un refus. Au Sénat, M. Schimmelpenninck se prononça souvent avec une franchise peu commune dans ce corps, et s'y concilia l'estime de ses collègues. Aussitôt que sa patrie eut recouvré son indépendance, et que la prise de Paris, par les alliés, lui permit de rentrer dans son pays, M. Schimmelpenninck retourna dans sa retraite, et fut, en 1815, nommé membre de la première chambre des États-Généraux. Grande-croix des ordres de l'Union et de la Réunion, lorsque ceux-ci existaient, M. Schimmelpenninck l'est actuellement de l'ordre du Lion-Belgique, et grand cordon de la Légion-d'Honneur. Louis XVIII, en le confirmant dans son grade de grand cordon, lui a en même temps conservé son titre de comte.

Six (Guillaume), était secrétaire de la flotte hollandaise, avant 1787. Attaché, comme son frère, au parti stathoudérien, la révolution de cette année lui fit obtenir la place de secrétaire de la direction et de la colonie hollandaise de Surinam. Ayant reçu sa démission, en

1795, il prit le parti de s'associer à une grande maison de commerce à Amsterdam. Le grand-pensionnaire Schimmelpenninck l'appela au conseil-d'état, et le chargea, avec le vice-amiral Verhuell et d'autres membres du gouvernement, de traiter avec Napoléon du projet formé par ce prince de changer la constitution de la république batave, et de placer son frère, Louis Bonaparte, à la tête de cet état, avec le titre de roi de Hollande. Louis étant monté au trône que son frère lui avait destiné, confirma M. Six dans son poste de conseiller-d'état, et le nomma ensuite son ambassadeur à Pétersbourg. Sous le régime français, M. Six était intendant-général des domaines de la couronne, en Hollande, place qu'il occupa avec intelligence, mais où il apporta, ainsi que dans toutes ses autres missions, une affectation de grandeur qui le faisait tourner en ridicule. Il n'eut pas la satisfaction de voir le rétablissement de la maison d'Orange, à laquelle il était si dévoué, ayant trouvé la mort dans un des canaux d'Amsterdam, dix-huit mois avant cet événement. M. Guillaume Six était grande-croix de l'ordre de l'Union, et officier de la Légion-d'Honneur.

VERHUELL (Charles-Henri), pair de France, naquit à Doesburg (Gueldre), vers 1770. Il embrassa de bonne heure la profession des armes, entra comme cadet dans la marine de son pays, et était lieutenant lors de la révolution de 1795. N'en ayant point embrassé les principes, il quitta le service. Il resta sans emploi jusqu'en 1804. Napoléon ayant, à cette époque, demandé un ancien officier de la marine au gouvernement de la Hollande, pour commander la flotte hollandaise à Boulogne, et le frère de M. Verhuell, ancien capitaine de haut-bord, et fort estimé, choisi en premier lieu, ayant refusé et indiqué son frère cadet, celui-ci accepta, et fut envoyé en France ; de sorte qu'il devint en un jour, de lieutenant, vice-amiral. Il commanda la flotille qui se rendit à Boulogne, avec autant de courage et d'habileté que de bonheur. Inquiété dans le passage par les vaisseaux et les frégates anglaises, il soutint un combat honorable, non loin du cap Guinez. Vice-amiral sous le gouvernement du grand-pensionnaire Schimmelpenninck, il fut, vers le printemps de 1806, nommé, par ce chef de l'état, membre de la députation hollandaise, qui, après quatre mois de négociations, finit par demander Louis Bonaparte, frère de l'empereur Napoléon, pour roi de Hollande, sans cependant y être autorisée par le grand-pensionnaire, constamment opposé à cette mesure destructive de la république. Ce fut l'amiral Verhuell qui prononça, le 5 juin 1806, dans une audience solennelle, devant l'empereur, le discours par lequel il fit cette demande, au nom des représentans de la nation batave, sans doute bien éloignée de vouloir transformer la république en royaume, et changer un chef recpectable né dans son sein, pour un prince étranger. Ministre de la marine sous le nouveau roi, il le servit d'abord avec zèle ; fut créé par lui maréchal du royaume, et comte de Sevenaar; mais sa fidélité devint suspecte au roi vers la fin de son règne. Le maréchal Verhuell, alors ambassadeur de Hollande à la cour de France, fut, en quelque sorte, soupçonné d'être plus dévoué aux intérêts de l'empereur qu'à ceux de son maître. Cependant, Louis lui rendit la justice de dire : « que la politique de ce temps était de nature à déconcerter les meilleurs esprits. » Le roi pensa encore que l'amiral Verhuell était, sans peut-être s'en douter, l'instrument et l'agent du duc de Cadore, au lieu d'être l'ambassadeur de Hollande. Sous la domination française, l'amiral Verhuell passa dans son grade au service de France, et fut investi du commandement du Helder, qu'il défendit en 1813 et 1814 avec persévérance contre ses compatriotes, les Hollandais, qui, après avoir secoué le joug français, au mois de novembre 1813, en firent le siége sous les ordres du général de Jonge. L'amiral Verhuell ne rendit la place qu'après l'entrée des alliés à Paris, et l'abdication de Napoléon. Croyant n'avoir rien à espérer du nouveau souverain de son pays, à cause de l'obstination qu'il avait mise à défendre ce poste important, il se retira en France, fut nommé l'un des inspecteurs de la marine, et enfin pair de ce royaume. M. Verhuell était grande-croix de l'ordre de l'Union, et est actuellement grande-croix de la Légion-d'Honneur.

Winter (Guillaume de), né à Campen, en Gueldre, le 23 mars 1761, amiral hollandais, entra de bonne heure dans la marine, fut lieutenant en 1787, et s'expatria après la révolution qui rétablit l'autorité du stathouder. Ses opinions politiques n'étant pas en harmonie avec celles du moment, il prit du service dans les armées françaises, se distingua par sa bravoure, et rentra dans sa patrie en 1795, avec le grade de général de brigade, qu'il obtint dans l'armée de Pichegru. Quoiqu'on lui connût des talens militaires, et qu'il ait été sans doute un bon général, ayant fait ses preuves sous l'un des plus grands capitaines des temps modernes, le gouvernement batave lui crut encore plus d'aptitude à la guerre maritime, et le nomma vice-amiral de ses flottes. Il se détermina à accepter cette nomination, d'autant plus aisément que les meilleurs officiers de marine, attachés pour la plupart à la cause du stathouder, venaient de donner leur démission, ne voulant pas servir le nouveau gouvernement. Après avoir été bloqué long-temps par les anglais dans le Texel, l'amiral de Winter reçut, vers les premiers jours d'octobre 1797, l'ordre exprès de sortir et d'attaquer l'ennemi. Forcé d'obéir, il mit à la voile : l'affaire s'engagea le 11; et, après un combat long et sanglant, dans lequel l'amiral hollandais montra de l'activité et beaucoup de courage, il fut obligé d'abandonner le champ de bataille aux Anglais; lui-même fut fait prisonnier. Au reste, la victoire coûta cher à l'ennemi, et tous les hommes impartiaux rendirent justice à M. de Winter. Contraint de livrer un combat qu'il regardait comme inégal, il avait déployé autant de zèle que de valeur. On le reçut à Londres avec la distinction qu'on doit aux braves.

Echangé par la suite, il conserva une grande influence dans la république batave. Le roi Louis le créa maréchal et comte de Huissen. M. de Winter passa au service de France en 1810, lors de la réunion de la Hollande à l'empire français, et mourut, en 1812, à Paris, où il a été enterré avec les honneurs dus à son rang. Ses restes ont été déposés au Panthéon.

FIN DES NOTES BIOGRAPHIQUES.

PIÈCES
JUSTIFICATIVES.

PIÈCES JUSTIFICATIVES.

N° I.

Discours des hautes puissances de la République batave, demandant à l'empereur Napoléon le prince Louis pour roi de Hollande.

SIRE,

Les représentans d'un peuple, connu par sa patience courageuse dans les temps difficiles, célèbre, nous l'osons dire, par la solidité de son jugement, et par la fidélité à remplir les engagemens contractés, nous ont donné l'honorable mission de nous présenter devant le trône de V. M.

Ce peuple a long-temps souffert des agitations de l'Europe et des siennes : témoin des catastrophes qui ont renversé quelques États, victime des désordres qui les ont ébranlés tous, il a senti que la force des intérêts et des rapports qui, aujourd'hui, unissent ou divisent les grandes puissances, lui faisait une loi de se placer sous la première des sauve-gardes politiques de l'Europe, et que sa faiblesse même lui prescrivait de mettre ses institutions en harmonie avec celles de l'État, dont la population seule peut le garantir contre les dangers de la servitude ou contre sa ruine.

Ses représentans ont mûrement et solennellement délibéré sur les circonstances du temps et sur les effrayantes probabilités de l'avenir. Ils ont vu même dans le temps des calamités dont l'Europe a été long-temps affligée, et les causes de leurs propres maux, et le remède auquel ils doivent recourir.

Nous sommes, Sire, chargés d'exprimer à V. M. le vœu des représentans de notre peuple; nous la prions de nous accorder, comme chef suprême de notre république, comme roi de Hollande, le prince Louis, frère de V. M., auquel nous remettons avec une entière et respectueuse confiance la garde de nos lois, la défense de nos droits politiques et tous les intérêts de notre chère patrie, sous les auspices sacrés de la providence, sous la glorieuse protection de V. M. impériale et royale, enfin sous la puissance du gouvernement paternel que nous lui demandons. Nous osons espérer, Sire, que la Hollande, assurée désormais pour toujours de l'affection du plus grand des monarques et unie étroitement par la même destinée à celle de votre immense et immortel empire, verra renaître les jours de son ancienne gloire, un repos qu'elle a depuis long-temps perdu, et sa prospérité que des pertes, qui ne seront plus considérées comme irréparables, n'auront que passagèrement altérées.

L'empereur Napoléon répondit à la députation de la République :

Messieurs les représentans du peuple batave, j'ai toujours regardé comme le premier intérêt de ma couronne de protéger votre patrie. Toutes les fois que j'ai dû intervenir dans des affaires intérieures, j'ai d'abord été frappé des inconvéniens attachés à la forme incertaine de votre gouvernement. Gouvernée par une assemblée populaire, elle eût été influencée par les intrigues et agitée par les puissances voisines. Gouvernée par un magistrat électif, tous les renouvellemens de cette magistrature eussent été des momens de crise pour l'Europe, et le signal de nouvelles guerres maritimes. Tous ces inconvéniens ne pouvaient être parés que par un gouvernement héréditaire. Je l'ai appelé dans votre patrie par mes conseils, lors de l'établissement de votre dernière constitution; et l'offre que vous faites de la couronne de Hollande au prince Louis est conforme aux intérêts de votre patrie, aux miens, et propre à amener le repos général de l'Europe. La France a été assez généreuse pour renoncer à tous les droits que les événemens de la guerre lui avaient donnés sur vous; mais je ne pouvais confier les places fortes qui couvrent mes frontières du nord à la garde d'une main infidèle ou douteuse. Messieurs les représentans du peuple batave, j'adhère au vœu de LL. HH. PP., je proclame roi de Hollande le prince Louis... Vous, prince, régnez sur ces peuples; leurs pères n'acquirent leur indépendance que par le secours de la France. Depuis, la Hollande fut alliée de l'Angleterre; elle fut conquise : elle dut encore à la France son existence. Qu'elle vous doive donc des rois qui protègent ses libertés, ses lois, sa religion; *mais ne cessez jamais d'être Français. La dignité de connétable de l'empire sera conservée pour vous et vos descendans; elle vous retracera les devoirs que vous avez à remplir envers moi, et l'importance que j'attache à la garde des places fortes qui garantissent le nord de mes états, et que je vous confie.* Prince, entretenez parmi vos troupes cet esprit que je leur ai vu sur le champ de bataille; entretenez dans vos sujets des sentimens d'union et d'amour pour la France; soyez l'effroi des méchans et le père des bons : c'est le caractère des grands rois.

Le roi Louis répondit :

Sire !

J'avais placé toute mon ambition à sacrifier ma vie au service de votre majesté. Je faisais consister mon bonheur à admirer de plus près toutes ces qualités qui la rendent si chère à ceux qui, comme moi, ont été souvent témoins de la puissance et des effets de son génie. Elle permettra donc que j'éprouve des regrets en m'éloignant d'elle, mais ma vie et ma volonté lui appartiennent. J'irai régner en Hollande, puisque ses peuples le désirent, et que votre majesté l'ordonne. Sire, lorsque votre majesté quitta la France pour aller vaincre l'Europe conjurée contre elle, elle voulut s'en rapporter à moi pour garantir la Hollande de l'invasion qui la menaçait. J'ai, dans cette circonstance, apprécié le caractère de ces peuples, et les qualités qui les distinguent. Oui, Sire, je serai fier de régner sur eux. Mais, quelque glorieuse que soit la carrière qui m'est ouverte, l'assurance de la constante protection de votre majesté, l'amour et le patriotisme de mes nouveaux sujets peuvent seuls me faire concevoir l'espérance de guérir des maux occasionés par tant de guerres et d'événemens accumulés en si peu d'années.

Sire, lorsque votre majesté mettra le dernier sceau à sa gloire, en donnant la paix au monde, les places qu'elle confie à ma garde, à celle de mes enfans, aux soldats hollandais qui ont combattu sous ses yeux à Austerlitz.., ces places seront bien gardées.

TRAITÉ

ENTRE LA FRANCE ET LA HOLLANDE, CONCLU LE 24 MAI 1806.

Considérant :

1° Que, vu la disposition générale des esprits et l'organisation actuelle de l'Europe, un gouvernement sans consistance et sans durée certaine ne peut atteindre le but de son institution ;

2° Que le renouvellement périodique du chef de l'État sera toujours en Hollande une source de dissensions, et, au dehors, un sujet constant d'agitations et de discordes entre les puissances amies ou ennemies de la Hollande ;

3° Qu'un gouvernement héréditaire peut seul garantir la tranquille possession de tout ce qui est cher au peuple hollandais : le libre exercice de sa religion, la conservation de ses lois, son indépendance politique et sa liberté civile ;

4° Que le premier de ses intérêts est de s'assurer d'une protection puissante, à l'abri de laquelle il puisse librement exercer son industrie, et se maintenir dans la possession de son territoire, de son commerce et de ses colonies ;

5° Que la France est essentiellement attachée au bonheur du peuple hollandais, à la prospérité de l'État et à la stabilité des institutions, tant en considération des frontières septentrionales de l'empire français ouvertes et dégarnies de places fortes, que sous le rapport des principes et des intérêts de la politique générale, sont convenus :

1° Sa Majesté l'Empereur des Français, Roi d'Italie, tant pour lui que pour ses successeurs à perpétuité, garantit à la Hollande le maintien de ses droits constitutionnels, son indépendance, l'intégrité de ses possessions dans les deux mondes, sa liberté politique, civile et religieuse, telle qu'elle est consacrée par les lois maintenant établies, et l'abolition de tout privilége en matière d'impôt.

2° Sur la demande formelle faite par les hautes puissances représentant la république batave, que le prince Louis Napoléon soit nommé et couronné roi héréditaire et constitutionnel de Hollande, Sa Majesté défère à ce vœu, et autorise le prince Louis Napoléon à accepter la couronne de Hollande, pour être possédée par lui et sa descendance naturelle, légitime et masculine, par ordre de primogéniture, à l'exclusion perpétuelle des femmes et de leur descendance. En conséquence de cette autorisation, le prince Louis Napoléon possédera cette couronne sous le titre de roi, et avec tout le pouvoir et toute l'autorité qui seront déterminés par les lois constitutionnelles que l'empereur Napoléon a garanties dans l'article précédent; néanmoins, il est statué que les couronnes de France et de Hollande ne pourront jamais être réunies sur la même tête.

3° Le domaine de la couronne comprend : 1° un palais à La Haye, qui sera destiné au séjour de la maison royale ; 2° le palais du Bois ; 3° le domaine de Zoesdyck ; 4° un revenu en biens fonds de cinq cent mille florins. La loi de l'Etat assure au roi une somme annuelle de quinze cent mille florins, argent de Hollande, payables chaque mois par douzième.

4° En cas de minorité, la régence appartient de droit à la reine, et, à son défaut, l'empereur des Français, en sa qualité de chef perpétuel de la famille impériale, nomme le régent du royaume. Il choisit parmi les princes de la famille royale, et, à leur défaut, parmi les nationaux. La minorité des rois finit à dix-huit ans accomplis.

5° Le douaire de la reine sera déterminé par son contrat de mariage. Pour cette fois il est convenu que ce douaire est fixé à la somme annuelle de deux cent cinquante mille florins qui sera prise sur le domaine de la couronne. Cette somme prélevée, la moitié du restant du revenu de la couronne servira aux frais de l'entretien de la maison du roi mineur ; l'autre moitié sera affectée aux dépenses de la régence.

6° Le roi de Hollande sera à perpétuité grand dignitaire de l'empire, sous le titre de connétable. Les fonctions de cette dignité pourront néanmoins être remplies, au gré de l'empereur des Français, par un prince vice-connétable, lorsqu'il jugera à propos de créer cette dignité.

7° Les membres de la maison régnante en Hollande resteront personnellement soumis aux dispositions du statut constitutionnel du 30 mars, formant la loi de la famille impériale de France.

8° Les charges et emplois de l'État, autres que ceux tenant au service personnel de la maison du roi, ne pourront être conférés qu'à des nationaux.

9° Les armes du roi seront les armes anciennes de la Hollande, écartelées de l'aigle impériale de France, et surmontée de la couronne royale.

10° Il sera incessamment conclu entre les puissances contractantes un traité de commerce, en vertu duquel les sujets hollandais seront traités en tous temps, dans les ports et sur le territoire français, comme la nation la plus spécialement favorisée. S. M. l'empereur et roi s'engage de plus à intervenir auprès des puissances barbaresques pour que le pavillon hollandais soit respecté par elles à l'égal de celui de S. M. l'empereur des Français.

Les ratifications du présent traité seront échangées à Paris dans l'espace de dix jours.

Paris, etc.

N° II.

Extrait du traité conclu en 1807 entre la France et la Hollande.

1° Sa majesté le roi de Hollande réunira à ses états la principauté d'*Ost-Frise*, ainsi que la seigneurie de *Jevers*, à lui cédée par l'empereur de Russie.

2° Sa majesté le roi de Hollande cède à la France le territoire de l'île de Loemel et la partie méridionale du territoire d'Eertel, en échange desquels l'empereur Napoleon cède à la Hollande la partie septentrionale du territoire de Gerstel.

3° Sa majesté le roi de Hollande exercera sur les seigneuries de Kniphausen et de Varel, appartenant au comte de Bentinck, tous les droits de souveraineté.

4° Sa majesté le roi de Hollande cède à l'empereur des Français la ville et le port de Flessingue, ainsi que les domaines et propriétés qui sont dans la ville.

N° III.

Lettre de Napoléon au roi de Hollande, auquel il offre le trône d'Espagne.

. . . . . 27 mars 1808.

Mon frère, le roi d'Espagne, Charles IV, vient d'abdiquer. Le peuple espagnol m'appelle à grands cris. Certain que je n'aurai de paix solide avec l'Angleterre qu'en donnant un grand mouvement au continent, j'ai résolu de mettre un prince français sur le trône d'Espagne. Le climat de la Hollande ne vous convient pas; d'ailleurs, la Hollande ne saurait sortir de ses ruines. Dans le tourbillon du monde, que la paix ait lieu ou non, il n'y a pas de moyen pour qu'elle se soutienne. Dans cette situation des choses, je pense à vous pour le trône d'Espagne. Répondez-moi catégoriquement quelle est votre opinion sur ce projet. Si je vous nomme roi d'Espagne, l'agréez-vous? puis-je compter sur vous? Répondez-moi d'abord seulement ces deux mots : j'ai reçu votre lettre de tel jour, je réponds *oui*, et alors je compterai que vous ferez ce que je voudrai; ou bien *non*, ce qui voudra dire que vous n'agréez point ma proposition. Ne mettez personne dans votre confidence, et ne parlez, je vous en prie, à qui que ce soit de l'objet de cette lettre ; car il faut qu'une chose soit faite pour qu'on avoue d'y avoir pensé.

NAPOLÉON.

N° IV.

Lettre de l'empereur Napoléon au roi de Hollande, sur la cession du Brabant et de la Zélande.

St.-Cloud, le 17 août 1808.

Mon frère, je reçois votre lettre relative à la lettre qu'a faite le sieur de la Rochefoucauld. Il n'a été autorisé qu'à le faire indirectement. Puisque cet échange ne vous plait pas, il n'y faut plus penser. Il était inutile de me faire un étalage de principes, quoique je n'aie jamais dit que vous ne deviez pas consulter la nation. Des Hollandais instruits avaient fait connaître qu'il serait indifférent à la Hollande de perdre le Brabant, semé de places fortes, qui coûtent beaucoup, qui a plus d'affinité avec la France qu'avec la Hollande, en l'échangeant contre des provinces du Nord, riches et à votre convenance. Encore une fois, puisque cet arrangement ne vous convient pas, c'est une affaire finie. Il était inutile même de m'en parler, puisque le sieur de la Rochefoucauld n'a eu ordre que de sonder le terrain.

NAPOLÉON.

N° V.

Lettre de l'Empereur au Roi.

Trianon, le 20 décembre 1808.

Monsieur mon frère, je reçois la lettre de votre majesté, elle désire que je lui fasse connaître mes intentions sur la Hollande; je le ferai franchement. Quand votre majesté est montée sur le trône de Hollande, une partie de la nation hollandaise désirait la réunion à la France; l'estime que j'avais puisée dans l'histoire pour cette brave nation m'a porté à désirer qu'elle conservât son nom et son indépendance. Je rédigeai moi-même sa constitution, qui devait être la base du trône de votre majesté, et je l'y plaçai. J'espérais, qu'élevée près de moi, elle aurait eu pour la France cet attachement que la nation a droit d'attendre de ses enfans, et à plus forte raison de ses princes. J'espérais, qu'élevée dans ma politique, elle aurait senti que la Hollande, qui avait été conquise par mes peuples, ne devait son indépendance qu'à leur générosité; que la Hollande, faible, sans alliance, sans armée, pouvait et devait être conquise le jour où elle se mettrait en opposition directe avec la France; qu'elle ne devait point séparer sa politique de la mienne; qu'enfin la Hollande était liée par des traités avec la France. J'espérais donc qu'en plaçant sur le trône de Hollande un prince de mon sang, j'avais trouvé le *mezzo termine* qui conciliait les intérêts des deux états, et les unissait dans un intérêt commun et dans une haine commune contre l'Angleterre; et j'étais fier d'avoir donné à la Hollande ce qui lui convenait, comme par mon acte de médiation j'avais trouvé ce qui convenait à la Suisse; mais je n'ai pas tardé à m'apercevoir que je m'étais bercé d'une vaine illusion, mes espérances ont été trompées. Votre majesté, en montant sur le trône de Hollande, a oublié qu'elle était française, et a même tendu tous les ressorts de sa raison, tourmenté la délicatesse de sa conscience pour se persuader qu'elle était hollandaise. Les Hollandais qui inclinaient pour la France ont été négligés et persécutés; ceux qui ont servi l'Angleterre ont été mis en avant. Des Français, depuis l'officier jusqu'au soldat, ont été chassés, déconsidérés; et j'ai eu la douleur de voir, en Hollande, sous un prince de mon sang, le nom français exposé à la honte. Cependant je porte dans mon cœur, j'ai su soutenir si haut, sur les bayonnettes de mes soldats, l'estime et l'honneur du nom français, qu'il n'appartient ni à la Hollande, ni à qui que ce soit d'y porter atteinte impunément. Les discours émanés de votre majesté à sa nation se sont ressentis de ces mauvaises dispositions. On n'y voit que des allusions sur la France; au lieu de donner l'exemple de l'oubli du passé, ils le rappellent sans cesse, et par là flattent les sentimens secrets et les passions des ennemis de la France. Eh! cependant, de quoi se plaignent les Hollandais? N'ont-ils pas été conquis par nos armes? ne doivent-ils pas leur indépendance à la générosité de mes peuples? ne devraient-ils pas bénir plutôt la générosité de la France, qui a constamment laissé ouverts ses canaux et ses douanes à leur commerce, qui ne s'est servi de sa conquête que pour les protéger, et qui n'a fait jusqu'à cette heure usage de sa puissance que pour consolider leur indépendance? Qui a donc pu justifier la conduite insultante pour la nation et offensante pour moi, qu'à tenue votre majesté? Vous devez comprendre que je ne me sépare pas de mes prédécesseurs, et que, depuis Clovis jusqu'au comité de salut public, je me tiens solidaire de tout; le mal qu'on dit de gaieté de cœur contre les gouvernemens qui m'ont précédé, je le tiens comme dit dans l'intention de m'offenser. Je sais qu'il est venu de mode, parmi de certaines gens, de faire mon éloge et de décrier la France; mais ceux qui n'aiment pas la France ne m'aiment pas, ceux qui disent du mal de mes peuples, je les tiens pour mes plus grands ennemis. N'aurais-je eu que cette seule raison de mécontentement, de voir le mépris dans lequel était tombé le nom français en Hollande, que les droits de ma couronne m'autoriseraient à déclarer la guerre à un souverain, mon voisin, dans les états duquel on se permettrait des insultes contre mes peuples; je n'en ai rien fait.

Mais votre majesté s'est bien fait illusion sur mon caractère; elle s'est fait une fausse idée de ma bonté et de mes sentimens envers elle, elle a violé tous les traités qu'elle a faits avec moi; elle a désarmé ses escadres, licencié ses matelots, désorganisé ses armées; de sorte que la Hollande se trouve sans armée de terre ni de mer, comme si des magasins de marchandises, des négocians et des commis pouvaient consolider une puissance; cela constitue une association, mais il n'est pas de roi sans finances, sans moyens de recrutement assurés et sans flotte.

Votre majesté a fait plus, elle a profité du moment où j'avais des embarras sur le continent pour laisser renouer les relations de la Hollande avec l'Angleterre, violer les lois du blocus, seul moyen de nuire efficacement à cette puissance. Je lui ai témoigné mon mécontentement de cette conduite en lui interdisant la France, et je lui ai fait sentir que sans le secours de mes armées, en fermant le Rhin, le Weser, l'Escaut et la Meuse à la Hollande, je la mettrais dans une position plus critique que si je lui eusse déclaré la guerre, et je l'isolais de manière à l'anéantir.

Ce coup a retenti en Hollande. Votre majesté a imploré ma générosité, et en a appelé à mes sentimens de frère, a promis de changer de conduite; j'ai pensé que cet avertissement serait suffisant. J'ai levé la prohibition de mes douanes; mais votre majesté est revenue à son premier système. Il est vrai qu'alors j'étais à Vienne, et j'avais une pesante guerre sur les bras. Tous les bâtimens américains qui se présentaient dans les ports de Hollande, tandis qu'ils étaient repoussés de ceux de France, votre majesté les a reçus. J'ai été obligé une seconde fois de fermer mes douanes au commerce hollandais ; certes il était difficile de faire une déclaration de guerre plus authentique. Dans cet état de choses, nous pouvions nous regarder réellement en guerre. Dans mon discours au Corps-législatif, j'ai laissé entrevoir mon mécontentement; car je ne vous cacherai pas que mon intention est de réunir la Hollande à la France, comme complément de territoire, comme le coup le plus funeste que je puisse porter à l'Angleterre, et comme me délivrant des perpétuelles insultes que les meneurs de votre cabinet ne cessent de me faire. En effet, l'embouchure du Rhin et celle de la Meuse doivent m'appartenir. Le principe, en France, que le *Thalweg* (chemin de halage) du Rhin, est notre limite, est un principe fondamental. Votre majesté m'écrit, dans sa lettre du 17, qu'elle est sûre de pouvoir empêcher tout commerce de la Hollande avec l'Angleterre; qu'elle peut avoir des flottes, des finances, des armées; qu'elle rétablira les principes de la constitution en ne donnant aucun privilége à la noblesse, en réformant les maréchaux, grade qui n'est qu'une caricature, et qui est incompatible avec une puissance du second ordre; enfin, qu'elle fera saisir les entrepôts de marchandises coloniales, et tout ce qui est arrivé sur des bâtimens américains qui n'auraient pas dû entrer dans ses ports. Mon opinion est que votre majesté prend des engagemens qu'elle ne peut pas tenir, et que la réunion de la Hollande à la France n'est que différée. J'avoue que je n'ai pas plus d'intérêt à réunir à la France le pays de la rive droite du Rhin, que je n'en ai à y réunir le grand duché de Berg et les villes anséatiques. Je puis donc laisser à la Hollande la rive droite du Rhin, et je leverai les prohibitions données à mes douanes toutes les fois que les traités existans, et qui seront renouvelés, seront exécutés. Voici mes intentions:

1° L'interdiction de tout commerce et de toute communication avec l'Angleterre.

2° Une flotte de quatorze vaisseaux de ligne, de sept frégates et de sept bricks ou corvettes armés et équipés.

3° Une armée de terre de vingt-cinq mille hommes.

4° Suppression des maréchaux.

5° Destruction de tous les priviléges de la noblesse contraires à la constitution que j'ai donnée et que j'ai garantie.

Votre majesté peut faire négocier sur ces bases avec le duc de Cadore, par l'entremise de son ministre; mais elle peut être certaine qu'au premier paquebot qui sera introduit en Hollande, je rétablirai la défense des douanes; qu'à la première insulte qui sera faite à mon pavillon je ferai saisir à main armée, et pendre au grand mât l'officier hollandais qui se permettra d'insulter mon aigle. Votre majesté trouvera en moi un frère, si je trouve en elle un Français; mais si elle oublie les sentimens qui l'attachent à la commune patrie, elle ne pourra trouver mauvais que j'oublie ceux que la nature a placés entre nous. En résumé, la réunion de la Hollande à la France est ce qu'il y a de plus utile à la France, à la Hollande, au continent; car c'est ce qu'il y a de plus nuisible à l'Angleterre. Cette réunion peut s'opérer de gré ou de force, j'ai assez de griefs contre la Hollande pour lui déclarer la guerre. Toutefois je ne ferai pas de difficulté pour me prêter à un arrangemen qui me cédera la limite du Rhin, et par lequel la Hollande s'engagera à remplir les conditions stipulées ci-dessus.

Votre affectionné frère,

NAPOLÉON.

N° VI.

Lettre du roi de Hollande à l'Empereur.

Paris, le 23 mars 1810.

Mon frère,

Si vous voulez consolider l'état actuel de la France, et obtenir la paix maritime, ou attaquer heureusement l'Angleterre, ce n'est point par des mesures semblables à celles du blocus que vous y parviendrez; ce n'est pas en détruisant un royaume érigé par vous; ce n'est pas en affaiblissant vos alliés, et en ne respectant ni leurs droits les plus sacrés, ni les premiers principes du droit des gens et de l'équité; mais au contraire en faisant aimer la France, en consolidant et renforçant des alliés aussi sûrs que vos frères. La destruction de la Hollande, loin d'être un moyen d'atteindre l'Angleterre, est un moyen de l'accroître par toute l'industrie et toutes les richesses qui s'y réfugieront. Il n'y a que trois moyens d'atteindre réellement l'Angleterre : ou en détachant d'elle l'Irlande, ou en s'emparant des Indes orientales, ou par une descente. Ces deux derniers moyens, quoique les plus efficaces, sont inexécutables sans marine;

mais je suis étonné qu'on ait aussi facilement renoncé au premier : c'est là un moyen plus sûr d'obtenir la paix et de bonnes conditions, que celui du système de se nuire à soi-même et aux siens, dans l'attente de produire un plus grand mal à l'ennemi.

Signé LOUIS.

N° VII.

Lettre du marquis de Beauharnais, ambassadeur en Espagne, à la reine de Hollande [1].

Madrid, 3 avril 1807.

Depuis long-temps, ma chère nièce, je désirais me rappeler à votre souvenir, à celui du roi de Hollande; mais le sentiment de mes devoirs à mon arrivée en Espagne m'a entraîné, et j'ai pensé que ma belle-nièce comprendrait qu'il n'y avait, qu'il ne pouvait y avoir que ce motif puissant pour me priver du plaisir de m'informer de ses nouvelles et de celles de S. M.

L'empereur a bien voulu me traiter avec bonté pendant mon séjour à Paris, et le sentiment de la bienveillance pouvait seul avoir accès dans le cœur d'un sujet vraiment français.

S. M. I. a daigné me témoigner sa satisfaction sur ma conduite en Italie; je suis assuré *qu'il* ne sera pas moins content de celle que j'aurai en Espagne. J'ai cessé d'être *moi*, et j'ai fait abnégation de moi-même

---

[1] François de Beauharnais, frère d'Alexandre vicomte de Beauharnais, premier mari de l'impératrice Joséphine.

dès que j'ai eu le bonheur de me trouver *sujet* d'un monarque digne de l'être. Si le hasard avait fait de moi un souverain, *on m'aurait obéi*, ou je serais mort au lit d'honneur; j'ai la gloire d'être son sujet, je mourrai fidèle, et ce sera toujours à mes yeux une distinction flatteuse et honorable : voilà, ma chère nièce, *ma profession de foi :* les hommes de cette trempe sont encore rares. Je ne vous parlerai pas de mes plaisirs en Espagne; j'ai des devoirs à remplir, et je puis vous assurer que je connais l'Espagne, comme si j'étais déjà depuis dix ans en Ibérie. S. M. le roi de Hollande a désigné ici pour ministre M. Verhuell ; on doit regretter et on regrette assez généralement le chargé d'affaires par intérim, M. Oskamp. Il a rempli ici sa mission provisoire avec honneur; il avait mérité par sa moralité l'estime du gouvernement espagnol.

M. Oskamp, bon serviteur, très-dévoué au souverain de Hollande, m'a paru affecté de se voir un successeur sans avoir démérité et sans avoir encore de mission. Je lui ai assuré que le roi était juste, et que sa conduite était le plus honorable passe-port.

Je le recommande, ma chère nièce, à la justice et à la bonté du roi, au souvenir duquel je vous prie de me rappeler.

Le nom des souverains de Hollande est déjà dans tous les cœurs. Vous me connaissez assez, ma chère nièce, pour savoir que je ne dis jamais que ce que je pense, et V. M. est déjà adorée en Hollande comme si elle y régnait depuis vingt ans.

Agréez, madame, l'hommage d'un serviteur fidèle, et les sentimens d'un ami et d'un oncle qui vous est tout dévoué.

DE BEAUHARNAIS.

N° VIII.

Lettre de l'Empereur au roi de Hollande.

Ostende, 20 mai 1810.

Mon frère, dans la situation où nous sommes, il faut toujours parler franchement : je connais vos plus secrètes dispositions, et tout ce que vous me direz en contradiction ne sert de rien. La Hollande est dans une situation fâcheuse, cela est vrai ; je conçois que vous désirez en sortir ; ce n'est pas moi qui y puis quelque chose, c'est vous, et vous seul. Quand vous vous conduirez de manière à persuader aux Hollandais que vous agissez par mon inspiration, que toutes vos démarches, que tous vos sentimens sont conformes aux miens, alors vous serez aimé, vous serez estimé, et vous acquerrez la consistance nécessaire pour reconstituer la Hollande. Lorsque être l'ami de la France et le mien sera un titre pour être bien à votre cour, toute la Hollande se trouvera dans une situation naturelle. Depuis votre retour de Paris, vous n'avez rien fait pour cela. Quel sera le résultat de votre conduite ? Vos sujets se trouvant ballotés entre la France et l'Angleterre, se jetteront dans les bras de la France, et demanderont à grands cris la réunion comme un refuge contre tant d'incertitude. Si la connaissance de mon caractère, qui est de marcher droit à mon but, sans qu'aucune considération puisse m'arrêter ne vous a pas éclairé, que voulez-vous que j'y fasse? Je puis me passer de la Hollande, la Hollande ne peut se passer de ma protection. Si, soumise à un de mes frères, attendant de moi seul son salut, elle ne trouve pas en lui son image, vous détruisez toute confiance dans votre administration; vous brisez vous-même votre sceptre. Aimez la France, aimez ma gloire, c'est l'unique manière de servir le roi de Hollande. La Hollande, devenue partie de mon empire, si vous eussiez été ce que vous deviez être, m'eût été d'autant plus chère, que je lui avais donné un prince qui était presque mon fils. En vous mettant sur le trône de Hollande, j'avais cru y placer un citoyen français; vous avez suivi une route diamétralement opposée; je me suis vu forcé de vous interdire la France, et de m'emparer d'une partie de votre pays. Lorsque vous vous montrez mauvais Français, vous êtes moins pour les Hollandais qu'un prince d'Orange, auquel ils doivent le rang de nation et une longue suite de prospérité et de gloire. Il est prouvé à la Hollande que votre éloignement de la France lui a fait perdre ce qu'elle n'aurait pas perdu sous Schimmelpenninck ni sous un prince d'Orange. Soyez d'abord Français et frère de l'empereur, et soyez sûr que vous serez dans le chemin des intérêts de la Hollande. Le sort en est jeté, vous êtes incorrigible; déjà vous voulez chasser le peu de Français qui vous restent : ce n'est ni des conseils, ni des avis, ni de l'affection qu'il faut vous montrer, mais la menace et la force. Qu'est-ce que ces prières et ces jeûnes mystérieux que vous ordonnez? Louis, vous ne voulez pas régner long-temps; toutes vos actions décèlent mieux que vos lettres intimes les sentimens de votre ame. Revenez de votre fausse route; soyez bien Français de cœur, ou votre peuple vous chassera, et vous sortirez de la Hollande l'objet de la risée, et de la risée des Hollandais. C'est avec de la raison et de la politique que l'on gouverne les états, et non avec une lymphe âcre et viciée.

NAPOLÉON.

N° IX.

Lettre de l'Empereur au Roi.

Lille, le 23 mai 1810.

Mon frère, au moment où vous me faites les plus belles protestations, j'apprends que les gens de mon ambassadeur ont été maltraités à Amsterdam. Mon intention est que ceux qui se sont rendus aussi coupables envers moi me soient livrés, afin que la vengeance que j'en tirerai serve d'exemple. Le sieur Serrurier m'a rendu compte de la manière dont vous vous êtes conduit à l'audience diplomatique. Je vous déclare donc que je ne veux plus d'ambassadeur de Hollande à Paris; L'amiral Verhuell a ordre d'en partir dans vingt-quatre heures. Ce ne sont plus des phrases et des protestations qu'il me faut; il est temps que je sache si vous voulez faire le malheur de la Hollande, et, par vos folies, causer la ruine de ce pays. Je ne veux pas non plus que vous envoyiez de ministre en Autriche; je ne veux pas non plus que vous renvoyiez les Français qui sont à votre service. J'ai rappelé mon ambassadeur; je n'aurai plus en Hollande qu'un chargé d'affaires. Le sieur Serrurier, qui y reste en cette qualité, vous communiquera mes intentions. Je ne veux plus exposer un ambassadeur à vos insultes. Ne m'écrivez plus de vos phrases ordinaires; voilà trois ans que vous me les répétez, et chaque instant en prouve la fausseté.

C'est la dernière lettre de ma vie que je vous écris.

NAPOLÉON.

N° X.

Message du Roi au Corps-Législatif sur les motifs de son abdication.

Messieurs, je charge les ministres, réunis en conseil, de présenter à votre assemblée la résolution à laquelle je me suis vu forcé par l'occupation militaire de la capitale. Les braves soldats de la France n'ont point d'autres ennemis que ceux de la cause commune à la Hollande et à moi; ils ont dû et doivent être reçus avec tous les égards et toutes les prévenances possibles; mais il n'est pas moins vrai que dans la situation actuelle de la Hollande, quand une armée entière, une foule de douaniers, et l'armée nationale même mise hors du pouvoir du gouvernement; quand tout, pour ainsi dire, à l'exception de la capitale, se trouve sous les ordres d'un officier étranger, j'ai dû déclarer au commandant français et au chargé d'affaires de l'empereur que, si l'on occupait la capitale et son arrondissement, je considérerais cette occupation comme une violation du droit des gens et des droits les plus sacrés parmi les hommes. C'est ce qui m'a porté à refuser l'entrée de Minden, de Naarden et de Diemen aux douaniers; j'étais en droit de le faire, parce que le traité n'autorise la présence des douaniers que sur les bords de la mer et à l'embouchure des rivières.

Le 16 juin, je reçus du chargé d'affaires de sa majesté l'empereur l'assurance que son intention n'était point d'occuper Amsterdam; vous en trouverez la copie ci-jointe, et cela me faisait espérer que l'on reviendrait à suivre strictement et à ne point dépasser un traité imposé par sa majesté l'empereur même.

Malheureusement l'erreur n'a pas été longue et j'ai reçu la communication que vingt mille hommes de troupes françaises se réunissaient à Utrecht et aux environs. J'ai consenti, malgré la pénurie extrême et l'embarras de nos finances à leur fournir des vivres et autres choses nécessaires, quoique le traité porte qu'il n'y aura précisément que six mille hommes aux dépens de la Hollande; mais je craignais que ce rassemblement n'annonçât d'autres intentions défavorables à notre gouvernement, et je n'ai point tardé à recevoir, avant-hier 29, l'information officielle que sa majesté l'empereur insistait sur l'occupation d'Amsterdam, et l'établissement du quartier-général français dans cette capitale.

Dans cette position, vous ne pouvez pas douter, messieurs, que je me fusse résigné à souffrir, pour mon peuple, de nouvelles humiliations, si j'avais pu concevoir l'espérance de pouvoir supporter un tel état de choses, et surtout de prévenir de nouveaux malheurs; mais je ne puis me faire illusion plus long-temps, j'ai ratifié conditionnellement le traité dicté par la France, dans la conviction que ses parties les plus désagréables pour la nation et pour moi ne seraient pas suivies, et que satisfaisant de l'abnégation de moi-même, pour ainsi dire, qui résulte de ce traité, tout serait aplani entre la France et la Hollande. Ce traité offre à la vérité un grand nombre de prétextes à de nouveaux griefs et à de nouvelles accusations; mais peut-on jamais manquer de prétextes? J'ai donc dû me confier dans les explications et les communications qui m'ont été faites lors de ce traité, et dans les déclarations formelles et précises que je n'ai pu manquer de faire : telles que les douaniers ne se mêleraient que des mesures relatives au blocus; que les troupes françaises ne resteraient que sur les côtes, que les domaines des créanciers de l'État et ceux de la couronne seraient respectés, que les dettes du pays cédé viendraient à la charge de la France; enfin, que dans le nombre des troupes à fournir on défalquerait celles qui sont maintenant à la disposition de la France en Espagne, de même que pour l'armement maritime, on donnerait le temps nécessaire.

Je me suis même toujours flatté que le traité aurait été adouci, je me suis trompé; et si le dévouement absolu que j'ai montré pour mes devoirs, le 1er avril dernier, n'a servi qu'à prolonger l'existence du pays pendant trois mois; j'ai la satisfaction cruelle, douloureuse (mais c'est la seule que je puisse avoir) que j'ai rempli ma tâche jusqu'au bout; que j'ai, s'il m'est permis de m'expliquer ainsi, sacrifié à l'existence et à ce que je croyais le bien du pays, plus qu'il n'est permis de le faire.

Mais après la soumission et la résignation du premier avril, je serais trop blâmable, si je pouvais rester avec le titre de roi, n'étant plus qu'un instrument, ne commandant non-seulement pas dans le pays, mais même pas dans la capitale, et peut-être même plus dans mon palais. Je serais cependant témoin de tout ce qui serait fait sans pouvoir rien pour mon peuple; responsable de tous les événemens sans pouvoir les prévenir ni les influencer, je serais en butte aux plaintes des deux côtés, et cause apparente de tous les malheurs; je trahirais ma conscience, mon pays et mes devoirs en le faisant.

Il y long-temps que je prévois l'extrémité où je suis réduit; mais je n'aurais pu l'éviter qu'en trahissant les plus sacrées de mes obligations, qu'en cessant de prendre les intérêts et d'attacher mon sort à celui du pays; je ne pouvais le faire.

Maintenant que la Hollande est réduite à cet état, je n'ai, comme roi de Hollande, qu'un parti, et c'est celui d'abdiquer en faveur de mes enfans; tout autre parti aurait encore augmenté les malheurs de mon règne. J'aurais rempli avec affliction ce pénible devoir, j'aurais bravé le spectacle de la ruine de tant d'habitans trop souvent victimes des querelles des gouvernans; mais comment soutenir l'idée d'une résistance quelconque? aurais-je pu endurer le spectacle, pour mes enfans, nés Français comme moi, pour une cause juste, mais qu'on aurait pu croire seulement la mienne, couler le sang français.

Je n'ai donc qu'un parti. Mon frère, fortement aigri contre moi, ne l'est pas contre mes enfans, et sans doute il ne voudra pas détruire ce qu'il a fait, et leur ôter leur héritage, puisqu'il n'a et n'aura jamais de sujet de plainte contre mon enfant, qui de long-temps encore ne régnera pas par lui-même. Sa mère, à qui la régence appartient par la constitution, fera tout ce qui sera agréable à l'empereur, mon frère, et y réussira mieux que moi, qui ai eu le malheur de ne pouvoir jamais y réussir; et, à la paix maritime, avant, peut-être, mon frère, connaissant l'état des choses dans ce pays, l'estime que méritent ses habitans, combien leur bien-être est d'accord, bien entendu, avec l'intérêt de son empire, fera pour ce pays tout ce qu'il a droit d'attendre de ses nombreux sacrifices à la France, de sa loyauté et de l'intérêt qu'il ne peut manquer d'inspirer à ceux qui le jugent sans prévention.

Et que sait-on? peut-être suis-je le seul obstacle à la réconciliation de ce pays avec la France; et, si cela était, j'aurais pu, je pourrais trouver quelque espèce de consolation à traîner un reste de vie errante et languissante loin des premiers objets de toutes mes affections.

Ce bon peuple et mon fils, voilà une grande partie de mes motifs; il en est d'autres, d'aussi impérieux que je dois taire, et que l'on devinera (l'impossibilité de résister efficacement).

L'empereur doit sentir que je ne puis faire autrement; quoique fortement prévenu contre moi, il est grand, il doit être juste étant calme.

Et quant à vous, messieurs, je serais bien plus malheureux, s'il est possible, si je pouvais penser que vous ne rendissiez pas justice à mes intentions.

Puisse la fin de ma carrière prouver à la nation et à vous que je ne vous ai jamais trompés; que je n'ai eu qu'un but, celui de l'intérêt du pays, et que les fautes que j'ai commises tiennent uniquement à mon zèle, qui me faisait désirer, non le bien, mais le mieux possible, malgré la difficulté des circonstances.

Je ne m'étais jamais préparé à gouverner une nation aussi intéressante, mais aussi difficile que la vôtre. Veuillez, messieurs, être mon avocat auprès d'elle, et prendre confiance et quelque attachement pour le prince royal, qui le méritera, si j'en juge par son heureux naturel. La reine a les mêmes intérêts que moi.

Je ne dois point finir sans vous recommander, avec les plus vives instances, au nom de l'intérêt et de l'existence de tant de familles et de tant d'individus dont la vie et les biens seraient infailliblement compromis, de recevoir et de traiter tous les Français avec les égards et l'accueil de l'amitié dus aux braves de la première nation du monde, vos amis et vos alliés, dont l'obéissance est le premier des devoirs, mais qui ne peuvent qu'aimer et estimer davantage, à mesure qu'ils connaîtront une nation brave, industrieuse, et digne d'estime sous tous les rapports.

Quelque part que se termine ma vie, le nom de *la Hollande* et mes vœux les plus vifs pour son bonheur seront mes dernières paroles, et occuperont mes dernières pensées.

Au pavillon royal d'Haarlem, le 1ᵉʳ juillet 1810.

Signé, LOUIS.

N° XI.

Acte d'abdication du roi de Hollande.

Considérant que la malheureuse situation du royaume résulte de l'indisposition de l'empereur mon frère contre moi;

Considérant que tous mes efforts et sacrifices possibles ont été inutiles pour faire cesser cet état de choses;

Considérant enfin qu'il est indubitable que la cause en est dans le malheur que j'ai eu de déplaire et d'avoir perdu l'amitié de mon frère, et qu'en conséquence je suis un véritable obstacle à la fin de toutes ces discussions et mésintelligences continuelles; nous avons résolu, comme nous résolvons par le présent acte, patent et solennel, émané de notre volonté, d'abdiquer, comme nous abdiquons en cet instant, le rang et la dignité royale de ce royaume de Hollande, en faveur de notre bien-aimé fils *Napoléon-Louis*, et à son défaut, en faveur de son frère *Charles-Louis-Napoléon*. Nous voulons en outre que, conformément à la constitution, sous la garantie de S. M. l'empereur notre frère, la régence demeure à S. M. la reine, assistée d'un conseil de régence qui sera composé provisoirement de nos ministres, auxquels nous confions la garde du roi mineur jusqu'à l'arrivée de S. M. la reine.

Nous ordonnons en outre que les différens corps de notre garde sous les ordres supérieurs de notre grand écuyer et lieutenant-général Bruno, et sous celui du général Cels, fassent et continuent leur service auprès du roi mineur de ce royaume, et que les grands-officiers de la couronne comme les officiers civils et militaires de notre maison fassent et continuent leur service auprès de sa personne.

Fait et clos de notre main le présent acte, lequel sera porté à la connaissance du Corps-Législatif, dans le sein duquel il restera déposé, sauf à en donner les copies nécessaires, et à le faire publier authentiquement dans les formes convenables.

Au pavillon royal d'Haarlem, le 1er juillet 1810.

LOUIS-NAPOLÉON.

N° XII.

Proclamation du Roi au peuple hollandais lors de son abdication.

Hollandais !

Intimement convaincu que je ne puis plus rien pour votre intérêt comme pour votre bien-être; me croyant, au contraire, un obstacle au retour des bons sentimens de mon frère envers le pays, je viens d'abdiquer en faveur de mon fils aîné, le prince royal, Napoléon-Louis, et de son frère, le prince Charles-Louis-Napoléon. Sa Majesté la reine est régente de droit, d'après la constitution; en attendant son arrivée, la régence est confiée au conseil des ministres.

Hollandais ! je n'oublierai jamais un peuple bon et vertueux comme vous; ma dernière pensée comme mon dernier soupir seront pour votre bonheur. En vous quittant, je ne saurais trop vous recommander de bien recevoir les soldats et les agens français : c'est le meilleur moyen de plaire à Sa Majesté l'empereur, de qui votre sort, celui de vos enfans, de votre pays, dépendent entièrement.

A présent que la malveillance et la calomnie ne peuvent plus m'atteindre, du moins pour ce qui vous regarde, j'ai le juste espoir que vous trouverez enfin la récompense de tous vos sacrifices et de votre courageuse persévérance et résignation.

Fait au pavillon royal d'Haarlem, le 1er juillet 1810.

LOUIS-NAPOLÉON.

N° XIII.

Protestation du roi Louis contre la réunion de la Hollande à la France.

Les événemens qui m'ont forcé à remettre la couronne au prince royal sont à peu près connus des souverains avec lesquels j'étais en relation. Ce n'est que dans quelque temps encore que tous les détails pourront être dévoilés. Retiré chez S. M. l'empereur et roi François II, je voulais me contraindre au silence ; mais je suis obligé de le rompre aujourd'hui que les journaux m'apportent le décret du 9 juillet. J'y suis obligé, pour l'intérêt de mon pays, pour ma justification, et au nom du jeune roi mineur dans ce moment, mais qui doit parvenir à sa majorité sans perdre les droits que Dieu et la nation lui ont donné à la couronne.

Les circonstances actuelles qui rendent impossible la publication des moindres actes et documens sans l'aveu de l'empereur mon frère, l'état d'incertitude et d'isolement dans lequel je suis, environné de gens non éprouvés, tout rendra la remise et la publication de cet acte difficiles ; mais les sentimens que je porte à l'empereur François et à l'empereur Alexandre me font espérer de trouver un jour l'occasion de le leur remettre sûrement, et de donner ainsi à la nation et à mon fils le moyen de faire valoir leurs droits et de justifier ma mémoire quand les circonstances le permettront.

La constitution de l'État, garantie par l'empereur mon frère, me donnait le droit d'abdiquer en faveur de mes enfans. Cette abdication a eu lieu dans la forme et teneur prescrites par la constitution.

L'empereur n'avait aucun droit de déclarer la guerre à la Hollande, et il ne l'a point fait.

Il n'y a aucun acte, aucun assentiment, aucune demande de la nation hollandaise qui puisse autoriser la réunion prétendue.

Mon abdication ne laisse point le trône vacant; je n'ai abdiqué qu'en faveur et pour mes enfans.

Cette abdication laissant la Hollande pour douze ans encore sous une régence, c'est-à-dire sous l'influence directe de l'empereur, aux termes de la constitution, il n'avait aucun besoin de cette réunion pour faire exécuter toutes ses volontés contre le commerce et contre l'Angleterre, puisqu'il n'y avait plus, par là, que sa volonté en Hollande.

D'après cette dernière considération, il est donc prouvé aux yeux de l'univers, à ceux des souverains en paix avec la France et la Hollande, aux yeux de tous les Français, que les querelles, les reproches, les accusations si souvent répétées dans les journaux et les pièces officielles contre la Hollande et contre moi, n'étaient que des calomnies, des prétextes pour arriver à la réunion. Si cela n'avait point été depuis long-temps le but de la politique envers le roi de Hollande, on aurait approuvé son abdication, qui donnait une facilité et un pouvoir absolu à l'empereur sur la Hollande, puisque, d'après la constitution, il avait le droit de nommer le régent. Ainsi donc, on n'a pas craint de vouloir faire du nom de l'empereur, de son frère, un instrument de perfidie et de mort envers toute une nation.

Ainsi donc il est prouvé que le roi devait servir, malgré lui, d'intermédiaire à la réunion ; comme le gouvernement du grand pensionnaire a servi d'intermédiaire à la monarchie.

Mais je suis monté sur le trône sans autres conditions que celles que m'imposaient ma conscience, mes devoirs, l'intérêt et le bien-être de mon peuple. Je déclare donc, devant Dieu et les souverains indépendans auxquels je m'adresse :

1° Que le traité imposé le 16 mars 1810, qui a donné l'occasion de séparer de la Hollande les provinces de Zélande et de Brabant, a été accepté par force, et ratifié conditionnellement par moi à Paris, où j'étais retenu contre mon gré; qu'en outre il n'a jamais été exécuté de la part de l'empereur mon frère. Au lieu de six mille Français que je devais entretenir, aux termes du traité, ce nombre a été plus que doublé; au lieu de n'occuper que les embouchures des rivières et les côtes, les douaniers français ont envahi l'intérieur du pays; au lieu de ne se mêler que des mesures relatives au blocus de l'Angleterre, on s'est emparé des magasins de l'État; on a emprisonné les Hollandais arbitrairement; et enfin on n'a tenu aucune des promesses verbales faites par le ministre des affaires étrangères, duc de Cadore, au nom de l'empereur, d'accorder des indemnités pour les pays cédés par ledit traité; d'en adoucir l'exécution si le roi voulait s'en rapporter entièrement à l'empereur, etc., en conséquence je déclare en mon nom, en celui de la nation et de mon fils, le traité imposé, le 16 mars 1810, par l'empereur, comme nul et de nul effet.

2° Je déclare que mon abdication n'a eu lieu qu'à la dernière extrémité, forcé par l'empereur mon frère à ce seul parti; qu'il me convenait de conserver les droits de la Hollande et de mes enfans, et qu'elle n'a eu lieu et ne peut avoir lieu qu'en faveur de ceux-ci.

3° En mon nom, au nom du roi mineur, et de la nation hollandaise, je déclare la prétendue réunion de la Hollande à la France, mentionnée dans le décret de l'empereur mon frère, en date du 9 juillet passé, comme nulle et de nul effet, illégale, injuste, arbitraire aux yeux de Dieu et des hommes, dont elle blesse tous les droits; se réservant, la nation et le roi mineur, de faire valoir leurs justes droits quand les circonstances le permettront.

Donné à Tœplitz, en Bohême. Le présent acte écrit et signé de ma main, et scellé du sceau de l'État, ce 1er août 1810.

Signé, LOUIS-NAPOLÉON.

N° XIV.

Vienne, le 12 octobre 1810.

Sire,

L'empereur m'ordonne d'écrire à votre majesté dans les termes suivans:

Le devoir de tout prince français et de tout membre de la famille impériale est de résider en France, et il ne peut s'absenter qu'avec la permission de l'empereur. Après la réunion de la Hollande à l'empire, l'empereur a toléré que le roi résidât à Tœplitz en Bohême. Sa santé paraissait lui rendre les eaux nécessaires; mais aujourd'hui l'empereur entend que le prince Louis, comme prince français et comme dignitaire de l'empire, y soit rendu au plus tard au 1er décembre prochain, sous peine d'être considéré comme désobéissant aux constitutions de l'empire et au chef de sa famille, et traité comme tel.

Je remplis, Sire, mot pour mot, la mission qui m'est confiée, et j'envoie le premier secrétaire d'ambassade pour être assuré que cette lettre aura été remise exactement.

Je prie V. M. d'agréer l'hommage de mon profond respect.

L'ambassadeur de France près la Cour de Vienne.

Signé OTTO.

N° XV.

DITHYRAMBE

Sur les désastres de l'impiété et le rétablissement de la religion
en France dans l'année 1802.

Où courent, l'œil en feu, les cheveux hérissés,
Ces monstres altérés de sang et de carnage?
  Dans leur aveugle rage,
Ils vont, nouveaux géans contre le ciel dressés,
Saper les fondemens des saintes basiliques.
  Armés d'un fer profanateur,
  Ils renversent les murs antiques
Qui du Très-Haut long-temps redirent les cantiques;
Et sans se ralentir, leur avide fureur,
  Des saints martyrs foule aux pieds les reliques,
Brise le tabernacle et le bois révéré,
  Teint du sang adoré,
Dont le Christ apaisant le courroux de son père,
A lavé nos forfaits et racheté la terre.

Mais quel démon, sur ces vastes débris,
  Vient s'asseoir avec insolence?

Le Mensonge et le Crime, horribles favoris,
Ardens à s'abreuver du sang de l'innocence,
Lèvent à ses côtés leurs fronts audacieux;
D'un peuple de bourreaux la foule sacrilége
Environne son trône et forme son cortége :
Il parle: « O vous! dit-il, qui laissez dans les cieux
  » Dormir sur sa foudre inutile
  » Celui qu'adore une troupe imbécille
    » De femmes et de fainéans,
  » Qui sans trembler outragent ma puissance;
» Poursuivez aujourd'hui vos exploits triomphans!
» Courez les immoler à ma juste vengeance;
    » Et par vos coups méritez mes présens!
» Ma gloire pour offrande exige ces victimes..... »
  Ainsi l'impiété harangue ses soldats,
    Et ces monstres nourris de crimes,
    Armés d'horribles coutelas
    Et de torches incendiaires,
S'élancent furieux sur les lévites saints.

L'un d'eux, sans redouter ces bandes meurtrières,
  Levant au Ciel ses humides paupières,
  Sur un autel préservé de leurs mains,
  Accomplissait le plus grand des mystères.
Implorant le pardon de ses malheureux frères,
    Les bras tendus il offrait au Seigneur
Les restes consacrés de l'agneau rédempteur;
    Quand tout à coup, dans cette auguste enceinte,
Entrent vingt assassins écumans de fureur.
    Les fidèles glacés de crainte,
    Troupeaux timides et tremblans,
S'échappent à l'aspect de ces loups dévorans.
Seul, tranquille à l'autel, le ministre intrépide

Attend d'un front serein que le fer homicide
Vienne le retrancher du nombre des vivans.
 « Grand Dieu! qui, pour punir tes coupables enfans,
» Laisses de ces méchans triompher la colère,
 » Daigne exaucer mon ardente prière!
 » Écoute enfin la voix de la pitié;
» Arrête! ô Dieu clément! les malheurs de la terre;
 » Et sur mon front humilié
» Fais tomber tous les feux que lance ton tonnerre;
» Prends ma vie, et surtout pardonne à mes bourreaux. »
Il dit, et sous leurs coups il expire en héros.....
Mais tandis qu'il s'élève à la voûte sacrée,
Les tigres, à longs traits boivent son sang pieux :
Et soudain, devenant encor plus furieux,
Pour assouvir la soif de leur rage altérée,
 Ces monstres inhumains
Se déchirent entr'eux, s'égorgent de leurs mains,
Et l'enfer aussitôt s'empare de sa proie.
O vengeance! où des cieux le courroux se déploie,
 Poursuis, et prompte à foudroyer,
De tant de meurtriers écrase le dernier!
Mais le Ciel est couvert de nuages funèbres,
 Et le soleil ensanglanté,
 Jetant sur l'horreur des ténèbres
 Une effrayante et lugubre clarté,
 Annonce aux enfans de la terre
 Que l'Éternel, trop long-temps outragé,
 Contr'eux conservant sa colère,
 N'est point encore assez vengé.

L'Impiété triomphe et poursuit ses ravages.
 Ses barbares soldats, poussant des cris sauvages,
 Profanent les réduits pieux

Où veillent sous le voile et toujours suppliantes
    Les épouses du roi des cieux.
    O vierges pâles et tremblantes !
    Qui pourra de leurs mains sanglantes
    Arracher votre chasteté ?
Ni vos vœux, ni vos cris, ni vos larmes touchantes
N'ont pu vous dérober à leur brutalité.

Ils poussent leurs forfaits, ils redoublent de rage,
Et la France est changée en un champ de carnage.
Quel long débordement de crimes inouïs !
Le sceptre s'est rompu dans la main de Louis !
    Sur les débris du trône qui s'écroule,
    Que de héros, de martyrs égorgés !
Le sang, qui, comme un fleuve, en bouillonnant s'écoule,
Du roi même engloutit les restes outragés !
O France ! qu'as-tu fait de cet amour fidèle
Qui pour tes souverains t'enflammait d'un saint zèle ?
Tu laisses aujourd'hui mourir un feu si beau :
Ton roi descend du trône et monte à l'échafaud !.....
Son sang a rejailli sur la tête perfide ;
Et dix ans accablés sous le courroux des cieux,
Livrés à la fureur des tyrans factieux,
Tes enfans expieront cet affreux parricide.

L'effroyable anarchie, étendant ses cent bras,
Porte partout l'effroi, l'horreur et le trépas ;
La vertu poursuivie et long-temps déchirée
Sur des bords étrangers s'enfuit désespérée ;
La justice est proscrite, et la loi sans vigueur
Laisse de l'orphelin envahir l'héritage,
Des tyrans affamés riche et honteux partage ;
Cet ami des Français, ce fier et noble honneur,

Quittant avec dédain un vil peuple d'esclaves
Va régner dans les camps au milieu de nos braves.

Tandis que dissipant les ligues de vingt rois,
Ces guerriers, illustrés par d'immortels exploits,
Soutiennent en héros la gloire de nos pères,
    Leurs pâles et malheureux frères,
    Sous de lâches séditieux,
Tremblent, courbent leurs fronts jadis victorieux,
Et n'osent, tourmentés des plus dures misères,
Adoucir en pleurant leurs souffrances amères.
Il faut secrètement dévorer ses regrets :
Gémir est un forfait que la mort suit de près !
Aussi tout est plongé dans un morne silence
    Que troublent seuls, répétés dans la France,
      La voix sinistre des tyrans
      Et les cris plaintifs des mourans.

Mais, parmi les tombeaux, et du monde ignorée,
Une femme à genoux, saintement éplorée,
Veille dans la prière au milieu des tourmens ;
Et ses cheveux épars et ses noirs vêtemens,
    Les pleurs qui baignent son visage,
Sa douleur qui s'échappe en longs gémissemens,
Tout en elle à mes yeux atteste son veuvage.
Elle parle, et l'écho de ce triste rivage,
Fidèle à répéter ses plaintes, ses sanglots,
S'avance en soupirant et m'apporte ces mots :
« Vous qui, prompt à venger mes cruelles injures,
    » Lancez sur mes enfans parjures
    » Les foudres de votre courroux,
» Il est temps, ô Seigneur ! de suspendre vos coups,
» Qu'à la justice enfin succède la clémence!

» Abaissez par pitié vos regards sur la France;
» Sous le poids de ses maux elle va succomber :
» L'abîme est entr'ouvert, elle est près d'y tomber.....
» Secourez-là, grand Dieu ! dans ce péril extrême !
　　» La Religion elle-même,
» Oubliant leurs forfaits et ses longues douleurs,
» Vous implore à genoux pour ses persécuteurs ! »

　　L'écho retentit encore;
　　Mais déjà le Ciel plus pur
Revêt avec splendeur son long manteau d'azur;
　　Et de la rive où naît l'aurore
Un nuage éclatant s'élève sur les mers.
　　Deux anges, messagers fidèles,
Le portent balancé sur leurs brûlantes ailes.
D'un vol sûr et rapide ils traversent les airs,
S'avancent, et soudain, s'abaissant vers la terre,
Ils touchent de Fréjus le rivage illustré.
Le nuage s'entr'ouvre,..... et, brillant de lumière,
Un héros apparaît de lauriers entouré.
Son front est couronné de la sainte auréole;
De la paix en sa main brille l'heureux symbole;
Dans ses augustes traits règne la majesté :
Envoyé du Très-Haut, il en a la bonté.
De ses nobles travaux compagnons invisibles,
L'ange de la sagesse et l'ange des combats,
Garans de sa victoire, accompagnent ses pas.

Il s'avance, et déjà, sous ses mains invincibles,
L'hydre des factions expire en mugissant;
　　Et de son trône menaçant,
　　Tout à coup brisé par la foudre,
L'Impiété descend et rentre dans la poudre.

Prompt à réparer nos malheurs,
De la Religion il a séché les pleurs,
Et fils respectueux incliné devant elle,
Il promet à genoux de lui rester fidèle.
Parmi les prêtres saints que précède la croix,
Dans les temples détruits, relevés à sa voix,
  Il la reconduit triomphante!
Tout un peuple, suivant cette pompe éclatante,
Touché de repentir, plein de remords cuisans,
Offre au Ciel, en tribut, ses pleurs et son encens;
Et sur sa harpe d'or le monarque prophète,
Célébrant les douceurs de cette auguste fête,
  Redouble ses divins accens.
L'Hosanna retentit, et la foule des anges
De l'Éternel en chœur répète les louanges:
    Sion, de ces pieux accords
    Partageant la sainte allégresse,
    Fait éclater ses doux transports
Comme aux jours solennels, jours de gloire et d'ivresse,
Ou l'arche d'alliance, au milieu des Hébreux
Couronnés de festons, parés d'habits pompeux,
Fut dans Jérusalem en triomphe apportée.

    Mais parmi ces divins concerts,
Soudain par les échos longuement répétée,
Embrassant dans son vol et la terre et les mers,
Et du monde attentif en silence écoutée,
Une imposante voix éclate dans les airs:

« Sur son trône, entouré de gloire et de lumière,
» L'Éternel, ô Français! reçoit votre prière:
» En faveur du héros qu'il a conduit vers vous,
» Dans les eaux de sa grâce il éteint son courroux.

» Comme un fleuve, sorti d'une source profonde,
» S'épanche tous les ans dans les champs qu'il féconde;
» Tel sur vous ses bienfaits vont couler à grands flots.

» Des potentats ligués dissipant les complots,
» Napoléon poursuit ses hautes destinées :
» Du glaive qu'en ses mains Dieu lui-même a remis,
» Il terrasse l'orgueil de ses fiers ennemis,
» Voyez-vous sous ses pas les Alpes inclinées
» Abaisser, en tremblant, leurs cimes étonnées?
» L'Eridan, l'Oder, l'Elbe, et la Sprée, et l'Ister
   » Veulent en vain lui résister :
» Il s'élance, il triomphe, et l'antique Ausonie,
   » Et la Prusse et la Germanie
» Reconnaissent en lui leur maître ou leur vainqueur.
   » Champs inconnus qu'illustre sa valeur,
» Allez, retentissans du bruit de sa victoire,
» Remplir de vos grands noms les fastes de l'histoire,
» Et de ses faits guerriers étonnant l'avenir,
» De César, d'Alexandre effacer la mémoire!

» Mais si dans les combats il se couvre de gloire ;
» Il s'environne encor d'un plus beau souvenir.
» Il parle : l'encens fume et l'autel se relève :
» O France! tes enfans tristement exilés
» Dans ton sein maternel par lui sont rappelés :
» La justice reprend sa balance et son glaive ;
» Les coupables en vain lui voudraient échapper,
» Jusque dans les palais elle va les frapper :
» Son bras, qui des méchans réprime la licence,
» Protége la pudeur et défend l'innocence.
» O du héros sauveur adorables bienfaits !

» Il honore et soutient les ministres de paix ;
» Il rend au culte saint la pompe de ses fêtes ;
» Et du vice engraissé de dix ans de forfaits
» Ecrase sous ses pieds les innombrables têtes.
» L'honneur et la vertu, méprisés trop long-temps,
» Reparaissent comblés de ses dons éclatans.
» Conseillers éclairés autant qu'infatigables,
» De l'Etat raffermi soutiens inébranlables !
» D'un peuple de héros les nobles rejetons,
» Dirigés sous ses yeux par de sages leçons,
» Dans l'amour des vertus croissent pour la patrie ;
» Et la Religion, mère auguste et chérie,
» Aplanit sous leurs pas les sentiers glorieux
» Qu'ont avec tant d'éclat parcourus leurs aïeux.

» De tous les biens qu'il vous dispense,
» Quelle sera, Français, la digne récompense ?
» Au trône, rétabli par ses vastes travaux,
» Votre reconnaissance appelle ce héros,
» Et, propice à vos vœux, l'Eternel a lui-même
» Sur le front de son fils posé le diadème :
» Votre libérateur est aussi votre roi !
» Gardant de vos sermens l'inviolable foi,
» A jamais, dans vos cœurs, rallumez pour vos maitres
» Cet héroïque amour dont brûlaient vos ancêtres !
» Songez que ce flambeau, guide heureux de l'honneur,
» Sera toujours pour vous le flambeau du bonheur,
» Que ses feux, ornemens de votre noble histoire,
» Vous conduiront sans cesse au chemin de la gloire !
» Ah ! par vos longs malheurs vous avez trop appris
» Qu'en outrageant les rois d'un criminel mépris,
» Vous attiriez sur vous les désastres funestes,
» Effroyables effets des vengeances célestes.

» Mais vous l'avez promis : vous tiendrez vos sermens :
» On vous verra toujours défendre avec courage
　　　» Votre plus bel ouvrage,
» Le trône raffermi sur ses vieux fondemens,
» Le trône, d'un grand homme auguste et saint partage,
» Et de ses descendans éternel héritage.
» Quels beaux jours, sous son règne, éclaireront vos bords,
» Un astre glorieux, prolongeant sa carrière,
» Sur vous verse à flots d'or sa céleste lumière ;
» Le ciel pur et serein, ouvrant tous ses trésors,
» En fleuves de bienfaits épanche ses largesses,
» Et surpasse pour vous ses brillantes promesses,
» O vierge du Danube ! ô fille de cent rois !
» De vos douces vertus le héros a fait choix !
» Venez serrer les nœuds de l'union sacrée
» Qui du trône du monde assure la durée !
» Brillez flambeaux d'hymen ! ô temples, ouvrez-vous !
» Ministres des autels que l'esprit saint anime
» Célébrez ce grand jour d'une voix unanime;
　　　» Consacrez des liens si doux !
» Dieu lui-même bénit ces glorieux époux ;
» Et prompt à féconder leur couche nuptiale
　　　» Il accorde à Napoléon
» Un fils qui soutiendra la gloire de son nom.
« Levant sur l'avenir sa tête triomphale,
» Il verra l'univers à son sceptre soumis,
» Et les peuples changés en un peuple d'amis.
» Pour soulever les mers, dans sa rage infernale,
» Albion tenterait des efforts superflus ;
» Les mers depuis long-temps ne la connaîtront plus ! »
Tels sont de l'Eternel les fidèles oracles.
Français, n'en doutez pas, ces éclatans miracles
Sont le prix du retour à son culte immortel.

C'est la religion qui protége les trônes,
Qui sur le front des rois affermit les couronnes.
Et l'Etat fut toujours soutenu par l'autel!
Sur ses heureux enfans, dans sa bonté divine,
Elle verra les eaux de la félicité,
Tandis que de ses mains l'affreuse Impiété
Du peuple qui la suit avance la ruine.

N° XVI.

Sire !

Les approches de la guerre avec la France m'avaient fait songer depuis plusieurs mois à quitter ce pays; voulant être sûr de ne point me trouver enfermé dans un pays ennemi, je suis parti le 10 août. Je vous écris des frontières de la Bavière.

Le duc d'Otrante, que j'ai vu à son passage par Leibach, m'a beaucoup parlé; je lui ai caché mon dessein, parce que je voulais que vous l'apprissiez par moi seul.

Sire, j'avais le projet de me rendre dans une retraite sûre et définitive, dont j'ai plus besoin que jamais. La Bosnie m'était ouverte; confinant au pays que j'habitais, tranquille, amie naturelle de la France, elle me convenait sous tous les rapports, même sous celui du climat; mais, Sire, quand j'étais au moment de partir, j'ai appris les malheurs de l'Espagne, j'ai appris que les ennemis étaient de ce côté sur les frontières, j'ai vu que la guerre était imminente, que vous alliez avoir un million d'hommes armés contre vous..... Je ne me suis pas cru le maître de me soustraire à la crise imminente et terrible qui se présente. Je suis peu de chose ;

mais ce que je suis, je le dois à la Hollande, et après à la France et à vous. Je viens donc en Suisse pour pouvoir en être appelé par vous, quand vous croirez pouvoir le faire sans m'ôter l'espoir de rentrer en Hollande à la paix générale, ni d'une manière contraire au serment que je lui ai prêté; car, comme il est cependant impossible que vous ayez voulu faire de moi et de mes enfans des êtres provisoires, il est impossible que V. M. ne veuille pas leur rétablissement et le rétablissement de la Hollande, quand toutes les affaires relatives au commerce et à la navigation seront terminées. Enfin, Sire, si je puis jamais être utile à la France et à V. M., elle saura mieux que moi la manière dont cela convient à celui de ses frères qui est devenu roi de Hollande..... Si cela n'est jamais, dans tous les cas, je serai dans un pays qui du moins ne cessera jamais d'être ami de la France. Quand je suis venu en Autriche, j'étais persuadé que le pays de l'impératrice de France ne serait de long-temps en guerre avec elle, et à coup sûr de mon vivant.

Je vous prie de faire attention, Sire, que je viens à vous pour souffrir; que je le désire plus vivement à mesure que le péril augmente; que dans la malheureuse position où m'ont placé les événemens, j'ai dû ne plus partager la prospérité de ma maison, mais non me soustraire à ses dangers. Puissent, Sire, ceux qui la menacent n'être pas aussi réels que je le crains! Mais les armemens sont immenses et dans un tout autre ordre et esprit que précédemment. Tout le monde gémit et réclame la guerre contre la France. Sire, je fais mon devoir, et envers la Hollande, et envers la France, et envers vous, en me rapprochant de vous, en me mettant plus à votre portée. Jamais je n'aurai à me reprocher de les avoir privés par ma faute de mes faibles efforts, quels qu'ils puissent être, et cette conviction me consolera, quelque chose qui arrive.

Ischel, frontière de Bavière et d'Autriche, ce 4 août 1813.

Signé **LOUIS-NAPOLÉON.**

N° XVII.

Aux magistrats d'Amsterdam.

Soleure, ce 29 novembre 1813.

Messieurs,

Les nouvelles circonstances dans lesquelles se trouve la Hollande m'obligent à sortir de ma retraite; elles doivent ou compléter les obligations qui m'attachent à votre pays depuis huit ans, ou m'en dégager entièrement.

C'est donc pour connaître les sentimens de la nation, sentimens qui guideront ma conduite ultérieure, que je m'adresse à vous, non-seulement comme à la capitale des provinces-unies, mais comme à leurs représentans naturels, lorsqu'il n'y a point d'autre représentation générale du pays.

Lorsque la Providence permit que je montasse sur le trône de votre pays, sans que j'eusse recherché ou désiré cet honneur, je ne m'y décidai que par les considérations suivantes :

1° Que le dernier stathouder venait de mourir sans

avoir jamais voulu renoncer au stathoudérat, ni recevoir aucune indemnité ou compensation;

2° Que son fils, le prince héréditaire, avait renoncé formellement au contraire, et reçu la principauté de Fulde en dédommagement;

3° Que les princes de cette illustre maison, à laquelle votre pays a tant d'obligation, n'étaient cependant pas les souverains de la Hollande;

4° Enfin, je croyais que des relations d'amitié et de conformité d'intérêts avec la France pouvaient contribuer, plus que toute autre chose, à acquérir l'état de paix et de neutralité, première base et premier but politique de votre pays.

Après mon avénement, je m'aperçus bientôt qu'il fallait, pour agir en conscience, agir comme chef d'une nation indépendante, placé pour être son bouclier et son premier magistrat, et oublier entièrement que le hasard avait eu la plus grande part à mon élévation. C'est ce que j'ai tâché de faire. Si la nation a souffert sous mon règne, elle n'a point souffert cependant en comparaison de ce qu'elle aurait éprouvé sans cela. Sa situation depuis 1810, celle de la Pologne, de la Saxe et de Hambourg, ne le prouvent que trop.

Les années 1806, 1807, 1808, 1809 et 1810 ont été les plus pénibles que l'on puisse trouver dans l'histoire de l'administration intérieure d'un pays. Quand on croyait que la Hollande ne pourrait soutenir trois mois le poids énorme de ses finances, qu'aggravaient sans cesse ses relations extérieures, elle a résisté cinq ans au blocus de terre et de mer, à des armemens forcés, à toutes sortes d'obstacles, d'entraves et de piéges pour un homme entièrement étranger jusque-là à votre pays, et entièrement isolé entre les piéges de la politique qui aurait dû être son guide et son soutien, et ceux des ennemis du nouvel ordre de choses en Hollande et des ennemis de la France. J'ai fait tous les efforts humainement possibles; seul, je connais tout ce que j'ai eu à faire pour la Hollande dans le silence et l'isolement.

J'ai lutté sans cesse et avec persévérance, me prêtant aux innovations inévitables avec le plus de retard possible, et cherchant à gagner l'époque de la paix générale ou d'une indépendance réelle. Mon but était, à cette époque si désirée, de consulter la nation librement assemblée, et de faire, sans exception, tout ce qu'elle jugerait nécessaire et convenable à son bien-être.

Lorsqu'à la suite de la descente des Anglais à Walcheren, je fus obligé de me rendre à Paris, comme à l'époque de mon abdication, mon but fut de résister à la force toute puissante, dépouillée de tout autre argument; de disputer pied à pied l'époque de la catastrophe de la Hollande à qui avait vaincu toutes les grandes puissances de l'Europe; de conserver intacts les droits du pays, malgré les menées et les opinions des Hollandais pervertis secrètement, et quand il fallut céder, de céder à mes enfans seulement; de ne point hésiter à sacrifier mes intérêts personnels à la conservation des droits et de l'espérance réservés au pays par mon abdication et par l'élévation d'un roi mineur que la constitution mettait sous la garantie et presque sous la régence de la France; dont la nullité pendant treize ans encore ôtait jusqu'au moindre prétexte contre la Hollande, et de soustraire aussi à la puissance le roi que la France ne paraissait avoir élevé par son influence que pour en faire l'agent forcé de la réunion.

Si, en adoptant une autre conduite, comme j'ai été au moment de le faire, je fusse resté à Amsterdam simple machine, ou bien que nous nous fussions mis en état de guerre, le sort de la Hollande eût été celui de la Pologne, de la Saxe ou de Hambourg. Vous n'auriez pu, comme vous le pouvez en ce moment, réclamer de tous vos voisins puissans une neutralité et indépendance parfaites, comme éviter les retours inévitables de l'animosité. Je ne pouvais être utile à votre pays comme la maison d'Orange; un autre prince hollandais, sous la même protection, eût été au moins inutile, quand même j'aurais pu me laisser entraîner à une défense qui n'aurait servi qu'à donner le droit plausible de conquête. Je ne devais et ne pouvais vous être utile qu'en maintenant ma personne indépendante de la France, mais jamais son ennemie.

Depuis mon abdication, je suis donc resté à Gratz, en Autriche; et, après trois ans de séjour dans cette ville, je suis venu habiter les cantons Suisses, 1° pour ne point me mettre en état de guerre avec la France; 2° pour être plus à portée d'être utile à la Hollande si les circonstances le permettaient.

Déjà, en 1812, après la retraite de Russie, je fis, de Gratz, toutes les démarches que je pouvais faire pour la liberté de la Hollande; elles furent infructueuses, malgré tous mes soins.

Après mon arrivée en Suisse, trois mois s'étaient à peine écoulés, que j'appris, le 27 octobre dernier, étant à Bâle, la retraite des armées françaises sur le Rhin, et l'évacuation de l'Allemagne. Je prévis alors, ou que la Hollande s'insurgerait, ou qu'elle serait occupée par les alliés.

Fidèle à ma manière de penser, que l'expérience n'a que trop confirmée, je voulais profiter de l'occasion unique du rétablissement d'un contre-poids en Allemagne, et de l'évacuation prochaine de la Hollande, pour mettre le pays dans un état d'indépendance réelle et de neutralité parfaite, seul état qui convienne à la Hollande, sans lequel elle sera perdue tôt ou tard; ce qui d'ailleurs convient à toutes les puissances belligérantes. J'envoyai quelqu'un à Mayence, auprès de l'empereur français; j'en adressai un autre à l'impératrice régente à Paris; je demandais, avec l'évacuation de la Hollande, mon libre passage à travers la France; si cela avait eu lieu, sûr alors, par mon passage, de la non inimitié de la France, et de son consentement tacite mais prouvé, à peine arrivé, j'aurais convoqué la nation, je vous aurais dit mon opinion, et vous auriez fait ce que vous eussiez jugé le plus convenable, tant à l'égard de votre situation politique qu'à celui de votre constitution; prêt, si vous aviez préféré la maison d'Orange, à me retirer, mais non sans avoir rempli mon dernier devoir envers vous.

J'arrivai, le 3 novembre, à Pont-sur-Seine, près

Paris, où je reçus des réponses très-peu favorables sur une partie de mes demandes, et point sur les plus essentielles. J'appris alors qu'on ne se décidait point à évacuer la Hollande; je retournai donc dans ma retraite en Suisse, où seulement je reçus de Mayence une réponse indirecte plus que négative.

Dans cet état de choses, j'écrivis à M. Bylandt-Halt, l'un des derniers présidens du Corps-Législatif, à MM. Roell et Krayenhoff, anciens ministres; William Willink, conseiller d'état, et au professeur Van Gennap, dont je connais les lumières, le patriotisme et le caractère. J'ignore si ces lettres sont parvenues; mais, comme je leur envoie le duplicata par la même occasion que cette lettre, vous en aurez connaissance : mon but, comme vous le verrez, était de faire connaître en Hollande ma conduite et mes sentimens. Depuis, j'ai appris tout ce qui se passe; et, dans cet état de choses, j'ai considéré que depuis trois ans et demi je suis isolé, errant dans les pays étrangers; que j'ai renoncé à mon pays natal, à tout absolument, pour rester fidèle au système que j'ai cru devoir être le plus utile à votre pays; mais que si ma nouvelle patrie, depuis huit ans, m'échappe, je me trouve sans pays, sans ami, sans aucun lien; que cependant, dans les circonstances majeures de l'Europe, tout me presse de prendre un parti, et de ne plus être le jouet des événemens; de devenir entièrement maître de mes actions, d'achever de remplir tous mes devoirs envers votre pays.

En m'adressant à vous, Messieurs, en vous considérant comme les représentans de la nation quand elle n'a

JUSTIFICATIVES. 401

pas de représentation générale, et en demandant sa décision, c'est ce dernier devoir que je crois remplir. Quelle qu'elle soit, je vous prie de me la faire connaître le plus tôt possible.

Je termine cette déclaration, bien importante pour moi, par le vœu bien sincère du bonheur de la Hollande, et par la demande que je lui fais sous ce rapport:

1° De ne point s'en tenir à l'ancienne constitution, mais d'achever ce que l'acte d'union d'Utrecht n'a fait qu'esquisser; enfin, de constituer un gouvernement libre, mais monarchique, à l'instar de ceux d'Angleterre et de Suède; sans cela, l'état de la Hollande sera toujours précaire, et dépendant de diverses causes étrangères à elle-même.

2° De ne point se laisser entraîner par l'exagération et l'animosité; de considérer que l'état de paix et de neutralité est la seule sauve-garde du pays; que les armemens doivent être les plus forts possibles dans ce moment, mais uniquement pour maintenir l'indépendance de l'ancien territoire, et hors de lui la présence de toute armée étrangère; et d'éviter enfin soigneusement de devenir le théâtre de la guerre. Quelle que soit votre réponse, je suis et resterai toujours inaltérablement et tendrement attaché à votre pays.

Signé, LOUIS NAPOLÉON.

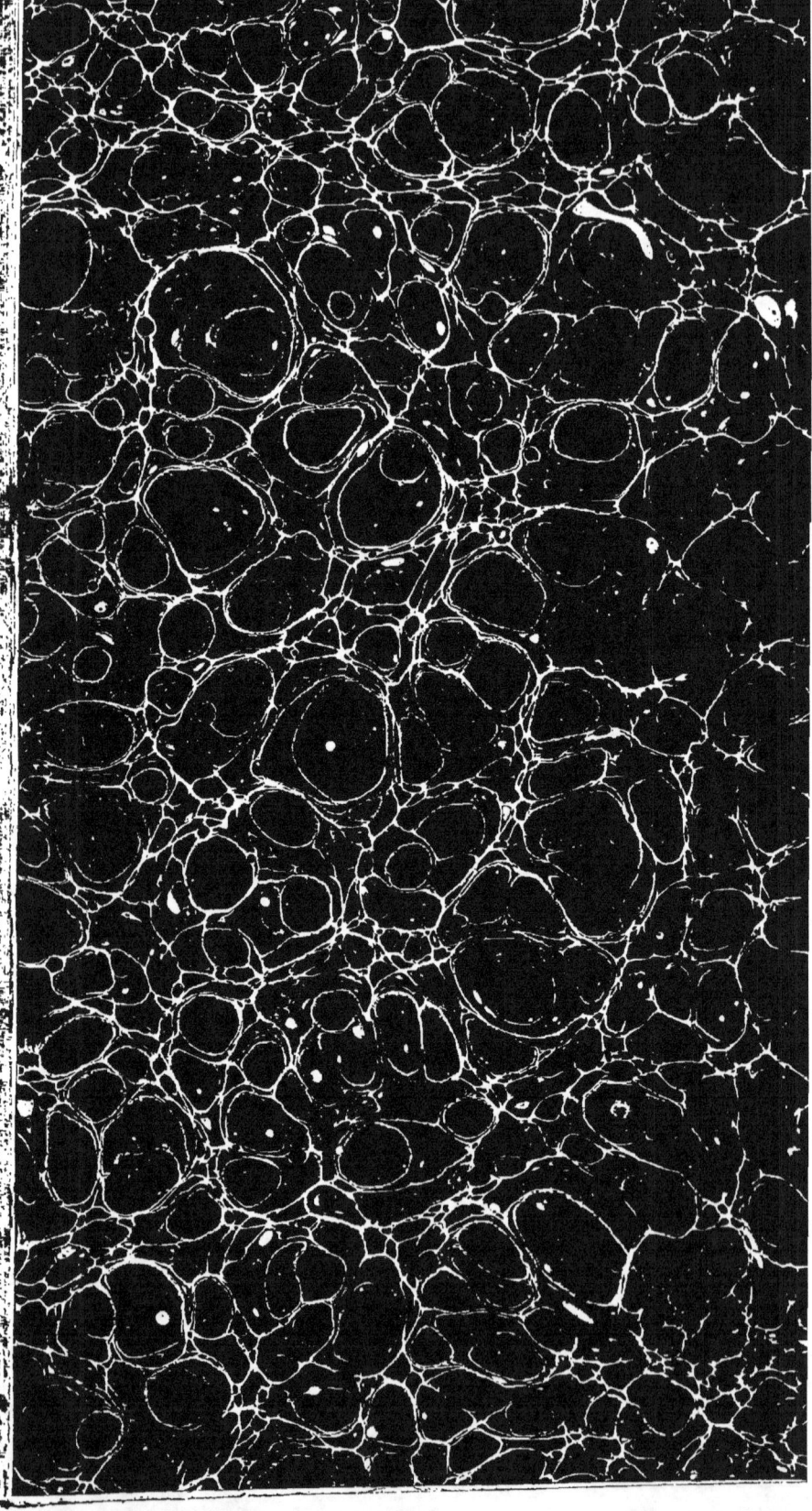

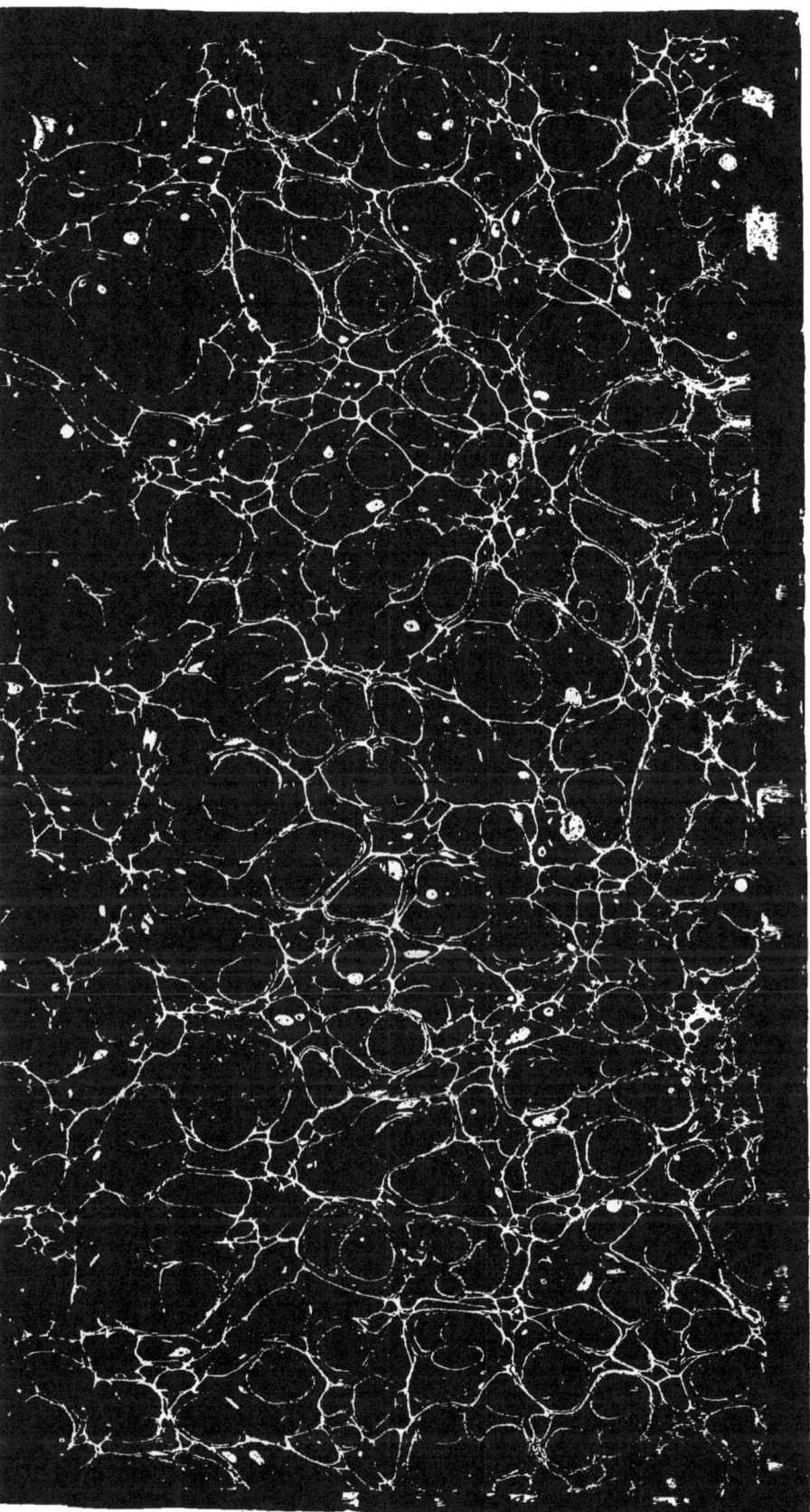

www.ingramcontent.com/pod-product-compliance
Lightning Source LLC
Chambersburg PA
CBHW071943220426
43662CB00009B/974